Von Bitche nach Thionville

06.05.2016

Für Arno Krause

in europäischer

Verbundenheit

[Unterschrift]

BAND 14

SAMMLUNG BÜCHERTURM
versteht sich als moderne Klassikersammlung der Großregion
Saar-Lor-Lux-Elsass. Ab Band 12 erscheint sie, herausgegeben
von Günter Scholdt, im Rahmen von MELUSINE.
Literarische Gesellschaft Saar-Lor-Lux-Elsass e.V.

Gedruckt mit großzügiger Unterstützung von Melusine, Gau un Griis,
Conseil Régional de Lorraine, Sparda Bank Saarbrücken.

Von Bitche nach Thionville

Lothringische Mundartdichtung der Gegenwart

Herausgegeben von
Hervé Atamaniuk und Günter Scholdt

Röhrig Universitätsverlag
St. Ingbert 2016

Bibliografische Information der Deutschen Nationalbibliothek
Die Deutsche Nationalbibliothek verzeichnet diese Publikation in der
Deutschen Nationalbibliografie; detaillierte bibliografische Daten
sind im Internet über http://dnb.d-nb.de abrufbar.

© 2016 by Röhrig Universitätsverlag GmbH
Postfach 1806, D-66368 St. Ingbert
www.roehrig-verlag.de

Umschlag: Jürgen Kreher,
unter Verwendung u.a. von Kartendaten von Google/GeoBasis-DE/BKG
Satz: Volker Schütz
Druck: Strauss GmbH, Mörlenbach
Printed in Germany 2016

ISBN 978-3-86110-593-0

INHALT

Lucien Schmitthäusler

wurde am 5. Februar 1935 in Sarreguemines geboren und ver-
lebte seine ersten Jahre in Sarreinsming, wohin er jetzt wieder
zurückgekehrt ist. Durch die politischen Umstände bedingt,
erfolgte der Volksschulunterricht zunächst in Deutsch, dann
in Französisch, was ihn von Kind auf für Sprachprobleme im
Grenzraum sensibilisierte. Als adäquates Verständigungsmit-
tel, das er später auch literarisch nutzte, erschien ihm dabei
das Lothringer Platt.

Nach dem Besuch des Collège technique von Sarreguemines
und einer Anstellung im Heizkraftwerk von Grosbliederstroff
folgte eine Zusatzausbildung zum Einsatz in Krankenhäusern.
Ihm schloss sich ein 14-monatiger militärischer Sanitätsdienst
in Algerien an während des dortigen Krieges. Auch danach ar-
beitete er als Krankenpfleger sowie in der Sozialarbeit, zuletzt
bis zu seiner Pensionierung 1995 als Erzieher im Rahmen der
Jugendpsychiatrie, insbesondere in Steinbach und Brumath.
Während seiner Jahre im Elsass engagierte er sich unter der
Leitung des Rektorats der Académie de Strasbourg und des
Haut Comité pour les langues régionales d'Alsace-Moselle für
das Projekt eines zweisprachigen Unterrichts. Als Autor von
Mundarttexten kooperierte er regelmäßig mit FR3 und Radio
France Alsace. In dieser Zeit beschäftigten ihn auch zahlreiche
Poeten der Weltliteratur, die er in Lothringer Platt übertrug,
darunter François Villon, Pablo Neruda, den armenische Au-
tor Daniel Varoujan oder Alphonse Daudet.

Auch für die Sendung *E Viertelstunn im Kohlekaschte* im
Rahmen der Kulturarbeit von Freyming-Merlebach war er
tätig. Bald kamen weitere Aktivitäten auch jenseits der Grenze
hinzu. Schmitthäusler ist Mitglied bzw. regelmäßiger Mitar-
beiter von *Paraple*, *Gau un Griis*, SR3, *Bosener Gruppe* sowie
Melusine.

9

Foto: Michel Müller

Bibliographie

1984: Bladd redde! niedd bladd mache!... Dichdungs-Prowe unner Druck: Gummi-Leesunge far'e Schprohch ze fliegge, Lemberg: Neiter

1986: Esch's Bier süfer. Biersüffer? Sonderdruck eines Plakats

1988: Zierat-noos von Lembergerack, Lemberg: Neiter

(Parodie der *Tirade des nez* aus Edmond Rostands *Cyrano de Bergerac*)

1989: Kinner-Lieder von geschert, heit unn morje, Freyming-Merlebach: Bei uns dahem; Saarbrücken: Lehnert, Text und Audio-Kasette

1990: Fabeln von de Mudder Essig: Essigsaure Geschichten aus Lothringen. Saarbrücken: Lehnert

PORTRÄTS
odder
Bruschtbiller
me'm Herz

Lucien
Schmitthäusler

1995: (Hg. mit Hans Jager): Das Wutze Buch, Saarbrücken: Lehnert

1996: Die Saar: vier Gedichte, Saarbrücken: Lehnert (Die lyrischen Blätter 1)

[**2001**]: Les Serments de Strasbourg / De Schtrossburcher Eide / Die Strassburger Eide, Sonderdruck

2004: De Geiss vom Mossiö Seguin unn annere berühmte Texte uss em Deytsche unn Franzeesche, [Übers. a.d. Französ. v. Alphonse Daudet *La Chèvre de Monsieur Seguin*], Bouzonville: Gau un Griis, CD

2007: Porträts odder Bruschtbiller me'm Hertz, Sarreguemines: Imprimerie Sarregueminoise

2007: Wie dem Herrn Mockinpott das Leiden ausgetrieben wird / Wie ass em Herr Mockinpott s' Lidde ussgetrieb werd. E Spiel in 11 Biller von Peter Weiss in s' Lothringer Platt iwersetzt, Typoskript. Uraufführung des Dramas im Rahmen des Festival du Platt am 29.3.2007

2009: Écris-moi un mot en Platt / Schrieb mir e Word uff Platt, Sarreguemines: Médiathèque

2010: Von Himmelbloe Schlecke: kosmiches unn komisches von do unn sunschtwu her, Sarreguemines: Imprimerie Sarregueminoise

2012: Der Kotzmonot in siwe noch nit gemoolte Biller, Sarreguemines: Imprimerie Sarregueminoise (Gau un Griis)

[**2012/13**]: (zus. M. Laurent Barthel): Im Erwin Sin Kàtz (lothringische Dramen-Adaption von Norbert Aboudarhams *Chat de Schrödinger*, unpubliz. – Typoskr. in Privatbes.)

2015: Le Chant du pain. 'S Lied vum Brod: Poèmes en arménien de Daniel Varoujan traduits en français par Vahé Godel et en alsacien par Lucien Schmitthäusler, Strasbourg: Amitiés Alsace Arménie

MEIN LOTHRINGEN

Landlos (2010)

Min Ländel häscht Elendel
s'grenzt an miner Hutt
Ich schläfs dorum am'e Bändel
bin de Ewiche Judd

Es krischt härt in mir
S'bringt sich in mir um
es brennt mich wie Fier
es isch nimeh s'isch... kuhm

Min Land isch e Raach
unn Ploodre in d'Hänn
Min Land isch de Zahldaa
wu langt betz zum Enn

Min Land diss bisch Du
wu e Sprooch reddsch wie mir
der klin Sturme Ruh
uff de Bank vor de Dier

Min Land isch e Piff
wu Tuwak drin qualmt
wann de Fingere stiff
es Gefriehre vergalmt

Unn ihr Glut se uffwärmt
unn de Winter vertriebt
wann de Sturm noch so stirmt
bliwe Frindschaft unn Lieb

Min Ländel häscht Elend
Elend unseri Erd
Flichtlinge betz an's End
Wu ma insperrt, ussperrt
wej Handel unn Händel
Oh min Erd! mini Erd …

Fawel von de Lothringer Gans (1990)

Dick dumm fett unn unnertänich
hat die Gans im Stroh gehuckt
unn gepratzt wie'es doch so schën isch
wànn mà als nur nunnerschluckt.

Allewill isch se gestuppt worr
mol met Liejkrut mol met Maïs
betz de Schnawel ihr gestoppt war.
Schpròòchlos war'se. De Beweiß...
....
....
....
....
Ja unn amen!

»Vous« odder »Wuh«? (2007)

'S war emol, vor langer Zit... Nee... Es war an sellem Daa, wu unser Omma zu miner Momme, dàmols so zehn Johr alt, gesààd hat: »Da, Kind, steck diss Geld do in. Ich hann dir's in's Schnuppduch ingewickelt, ass de s'nit verlierscht. Noh gehsch de mà zu Krebse de Millich hole. Sààsch awer, de wottsch numme'ne Schoppe dissmol. S'Geld langt läder nit fa meh. Oh sinn diss Zitte! Herr Jeh sey uns gnädich! Gehsch a schën langsom, heppsch de Fiess in de Hëh unn schlurbsch nit, ass de nit noch schtruggelsch, met dere Millich... Kumm, ass ich dà noch de Schlopp binne... So, jetzt geh schën dappereh...«

»Momme ich moon nit de Millich hole gehen«, hat's Triensche ze Antword ginn... »Momme... Ich moon nit. Momme Kätrin, wotte ihr nit selwerscht gehen? Ich hann so Angscht von Krebse Monn, wu so luht...«

»Abah der macht dir nix... Der luht numme so, wey'er im Krimkriesch war memm Lamperohr (l'empereur)... Ich moon nit? ... Hat ma donn schun so ebbes gehërt? Wann de Momme ebbes saad, hat ma ze moone... Noh stellt's aa noch de Aue... Sabberlott! Jetzter awer dalli.«

S'klin Triensche hat halt sine Träne unn siner Widderwille enunner geschlickt unn isch die hoch Trepp von de Esminger Miehl enunner uff de Gass, met'em Millichblech in de Hand...

»...unn ass de schën hëflich bisch unn aa bi Krebse s'Neyjohr anwinsche duhsch«, hat de Omma Kätrin... eijentlich ihri Tant an Mutterstat, de Miehlertànt genennt, ihr nohgeruft. Es war so anfangs Jenner 1919, wu se gesollt hat dene armseeliche Schoppe Millich kàfe gehn, bi Krebse, owe im Dorf.

Unnerwegs hat's still vor sich hin all Neyjohrs Winsch ussprowiert unn all Sprischelcher uffgesaad.

»Viel Glick im Neye Johr.
E Bretzel wie'e Schierdor
e Kuche wie'e Oweplatt,
noh werre ma all metnanner...«

Nee, diss kànn ich nit gudd. Prosit Neyjohr. Gesundhät unn e langes Lewe, dass soll de Liewe Gott eych... Nee diss geht aa nit... unn e so furt...

Uhne 's ze merke, hat's klin Triensche plëtzlich vor Krebse Dier geschtann, met'em e ganz schwere Herzbopple unn e grosser Durschenanner in sinem kline Këppsche.

Lieser wie's Miesel ruschpelt, hat's angekloppt... »Ja!!« hat von innewenzich e dunckli Männerstimm geruft. Wie's als die Dier nit getrowt hat uffmache, hat noh'me Sturme vor ihr plëtzlich e Koloss, brätschullerich unn me'm e grosse gewaltiche Schnurres, im Diergeschtell gestann. Krebse Babbe, dene wu se im Dorf de »WUH!« genennt hann.

»Bonne Année. Bonne santé Müssiö Krebs«, hat's klin Triensche sich hërre saan, so wie wenn Ees'es garnit gewän wär, wu redd.

Denne Satz, wu's bi de Schweschtere in de Schul ingehämmert kriejt hat, fa wieder emol franzeesch ze werre paar Daa vorher, grad der isch em, uhne ass'es gewillt hat, iwer de Lippe kumm.

E langer Moment hat sich nix geriehrt, noh hat der grosse Mànn sich in de Knie gehn gelosst, hat s'Triensche in de Aue angeluht unn hat ganz lies gesaad:

»Geh, saa diss noch emol, min Liewes.«

»Bonne année, Mössiö Krebs«, hat 's nimeh so schichtere zum zwette Mol gesaad. Er isch uffgeschtann, hat durch s'Huss geruft an sini Frau:

»Biwin, do bring mir mol dene Schokela deher... Do isch jo e Kind, wu Franzeesch redd, Sakredi!« Wie'er dem Püppsche die brune Rippe Schocola in de Hand gedrickt hat unn's Biwin ihm e volli Millichkann in die anner, sinn ihm vielleicht, ihm, dem Veteran uss'em Krimkriesch, zwei dicke Träne langsom von de Backe in denne firschterlich grusslich grosse Schnurres gelaaft. S'Triensche hat dene Blick unn die Geschicht nie vergess. Wenn's noch lewe dät, hätt Ees se eych selwerscht kinne allewil verzehle:

Es war emol e Mànn, wu se im Dorf de Nome »Wuh« ginn hann, e Laut, wu ma demet de Lit verschrecke macht bi uns. Er soll so genennt worr sinn, wey er nit gedutz hat wille werre, von dene ungehowelte Esminger. Er hat wille per Sie, in franzeesch VOUS, angeredd werre, als alter Soldat de sa majesté impériale, stolz uff sini Soldatehr unn sini Person.

S'Uscheni (2007)

»Hopplà Schorsch! Mir hann unser Däl gedohn, die in Buckenum solle luhn, wie se fertich werre, fa's widder uss'em Kuppeh ze kriejn. Diss hatt dir doch e Ärsch wie'e Brasserieschimmel. Ich bin ganz nass geschwitzt.«

»Jo, Jo! Do kà'mer sààn, wie's Brebacher Fierwerk. Hànn mir do gemurkst, fa diss durch die eng Kuppeh-Dier ze kriejn. Das wejt jo drey Zentner.«

Von wehm ass do die Redd geht, wotte ihr ger wisse? Vom Uscheni von Buckenum, wu de Bàhnhoffsvorsteher Schorsch unn sin Kumpel, de Pol, met Ach unn Krach, ener im Dricke, de anner im Ziehe, in'e Dritterklass-Abteil durch de eng Dier gekwetscht hànn, dort... am Saargeminer Bàhnhoff... Jetzt huckt's Uscheni im Zuch, gumbt bim Rosekranzbete iwer siner Räs enuffzuhts uff Buggenumm met'em Bummelzuch...

Mir sinn jetzt ende drissicher Johre in dere Geschicht...

Diss war eni von sine viele Räse in's Lothringische, vom Krumme Elsass uss, fa siner Minschterkäs in de Dèrfer an de Saar ze verkàfe. In beede Arme e iwerhängischer Widdekorb met sim Käs drin isch's dek de Saar enuff uff Rimelfinge, Esminge unn widdercht gewalzt. Sin Ruf »Booku Kàààs! Gudder Kääs!« schallt durch de Gasse, unn sine Kèrb sinn am End usser'm Käsgeschmack leer. Wenn sin Geschäft erledicht, sich als rentabel bewiest hat, noh sitzt's Uscheni sich ger zu de Lit uff de Bank, fa ze schprääche iwer sell unn jenes. Jeh noh dem, ass'es Glick hat, hat's uff'em Schirmehuffe von de

Faïencerie uff de Saarsitt e paar noch gànze Rebut-Tellere unnerwegs gefunn, unn die gibt s' siner Kunschaft met'em Käs, nadierlich suwer im Saarwasser gewescht unn met'em eijene Rockzippel abgebutzt.

Ma sinn im Friejohr 1938. Ma babbelt met'em Uscheni, unn Nochbersch sinn all meträtsche kumm hinnedruss im Dorf, im Miehleweg, uff de Sitzbànk uff de Powei vor de Dier, dort wu mà im Dorf so viel lehrt wie in rer Universität.

»Unn, Mommsell Uschni«, sààd jemànd, »hat's Geschäft sich rentiert?«

»Betz jetz jo... so halwer... gelle?!«

»Ass ihr kenn Angscht hann, met ouwerm viele Geld dorum ze rääse«, mennt e annerer zum Uscheni, iwer dem dass'er e Petz-Au zudrickt.

Diss merkt awer s'Uscheni in siner Eenfalt nit, ass do geuutzt wird, odder es will's nit merke unn verzehlt wiederscht:

»Nee, s' Uscheni brucht ken Angscht ze hann. Do hann ich min Liewerleh bi mir. Der isch immer bi mir. Gell, du min siesser liewer Herrjesukrischt? Du beschitzscht din Uscheni. Dem màcht nimànde ebbes... em Uscheni. Nee... Gell du?«

Iwerdem grifft's in de Hals-Usschnitt zwische zwei stattliche Brischt unn zieht von dort e hàndlànges Kritz met'em e silwerne Herrgott eruff unn verschmutzt dene uff alle Sitte unn Kànte.

Bim zwette Griff holt's, aus der Tiefe, e gewalticher Putsche Médaille von de Häliche uss siwe Himmle her unn schmutzt ze ab wie de Hunnichbär de Leffel.

»Jaaa! Do sinn'ihr alleger binanner«, saad's gudde Minsch unn steckt die

Médaille met samt'em Herrgott wiedder in dene volle Kassewegge, zwische die zwei... Nujo wass soll ich saan..., dort hatt'er jo wääscher gehung wie zwische zwei Schächer am Kritz sellmols... der Arme.

»Ah!«, sààds Zelestin, s'Mädel vom Huss, dòmols an de siebzehn Johr, zum Uscheni:

»Ich hann hëre sàan im Dorf, ass'n ihr de Wohrhät vorenuss sàan kinne, Màm Uscheni. Wotten ihr nit mol prowiere bi mir?«

»Ei jo, fàwa nit? Ginn mà mol euweri Hànd, Momsäll«, sàads Uscheni in sin'm Buckenumer Ton.

»Do gehn ma mol luhn, was e Uscheni fa Käs verzept«, hat's spëttich los gàng hinnedran... S'Uschni macht de Aue zu, murmelt e Sturme in sin Bart unn sààd lies denoh:

»Mädel, du ziehsch emol witt de Weld enin, unn diss werd nimmeh làng dure. Denoh heyeratsch de e Poilu unn kummsch nimmeh z'rik in's Dorf wohne... denoh wohnsch du im Schloss.«

»Oh Schrecke om Zahlda!« hann se geruft unn dezu e kräfticher Schutt gelacht. Zwei Johr druff isch's Dorf ewakuiert worr, in de Charente bi Cognac, was sehr wit war fa Lit von Lothringe. S'Zelestin hat met achtzehn Johr de Suhn von dene Burschlit geheyerad, wu Ees unn sini Familie uffgenumm gehàt hànn, unn wu Soldat, also e »poilu« war. Sin neyes Hemm, e Burehoff, war iwerall in de Umgebung unnerem Nome »Le Château« bekànnt, weje sinem schëne met Lei bedecktem Turm.

Wie de Kriech erum war, isch's Uscheni nimmeh kumm. S'Uscheni isch láng nohm letschte Kriech in Zàwere im Spital gestorb, hat mir jemànde verzehlt. C'est la vie!

De Geschmack unn besunnersch de Klang vom Minschterkäs isch zither nimmeh de selwich. »Booku Kâããs!!! Gudder Kääs Boooku!!!« hääscht heyt... »et avec ça?« im Grosgeschäft. »Avec ça je vais me faire des nouilles au gratin«, hànn ich s'letscht gesààd. Ganz geschwije von viel annerem, wu nimmeh noh Ho unn nimeh noh Froh schmàckt. Do hànn ich doch de Käsfrau im Lade gefroot, ob sie nit kinnt fa mich e Blick in die Zukunft schmisse. Ich hànn gedenkt, all die kinne diss wie'es Uscheni.

»Ken Problem, ihr sinn de Kunne«, sààd sie. »De nägscht Wuch geht de Käs wiedder uffschlàn.« Diss siht de Käsmommsell àm Stand. Die siht de Kuh am Schwanz àn, was de Camembert in Brüssel koscht.

Die Narb (2007)

»Oh Weh! Wenn de Bàbbe diss siht! Wehm hat dànn de Geiss in de Grassgarte gebunn? Die hat de Kirschboom geschählt ... dem frisch geplànzte Boom de halb Schähl gefress.«
»Ich war's nit gewen. S'Nadja hat gesààd: ,Geiss nit gut in Stall ... Stall fir Swinja.' Noh hànn mà se àn de Gaadeposchte gebunn, unn noh hat se de Boom-Schähl dabber gefress, wie mà furt ware.«
Diss Geschpräch von sellmols met miner Màmme isch mir wieder inkumm. S'war im Friehjohr drey- odder vier-e-vierzich, wu diss »Unglick« met der Geiss passiert isch.
Die Wund àm Kirschboom hànn s'Nadja unn ich met Lehm unn Kuhdreck kuriert, im Versteck, unn'em Babbe isch's nit uffgefall, oder hat'er nix gesààd. Die Narb in der Boom-Rind isch blib, wenn àà met de Zit unsichtbar, noh inne verwachst, als Kerb àm Herz vom Stamm.
Am sechste März dissjohr hànn mir denne unfruchtbar geworrene Boom gefällt. Die Narb war noch ze sihn in de innerschte Ringe von de Schähl, gànz verhählt, awer noch gudd sichtbar, verknurwelt.
Vor 64 Johr ware s'Nadja, »unser Russemädel«, unn ich uff die Art zu Komplitze worr unn sinn'es e làngi Zit geblibt. Mir hànn metsàmme Russisch-Lothringisch geredd, s'war unseri Sproch.
Ees hat mich »Luscha« genennt, ich Ees »Nadja Dechnowa«. Ees war »s'Russemädel uss Ukreine«. In Wirklichkät war's eni von dene Zwangs- Arbeiterinne im Dritte Reich. S'war bi uns ingestellt als Hilf fà unsri lungekranki Momme unn hat bi uns gelebt, als wär's von de Familie. S'hat mà brockewies Russisch bigebrung. Ich war acht, nien Johr alt unn

19

Ees so àn de drissich. Ich war e uffmerksàmer Schüler, àà von siner Lewenskunscht. Usser dem hat's mich... Oh was hat's mich nit alles gelehrt!

Ziewelrëhre met Bibbeleskäs unn Salz uff de Schmeer esse.

»Luscha du Schmeeje? Lucien willsch de e Schmeer?«

»Da! Nadja.«

»Karascho?«

»Ja.«

Vorm Esse hànn ich awer s'Kritz mache misse uff de selwich Art wie Ees, met drey Fingerspitze, wie's de Orthodoxe mache.

Chlebba-Brot, Tschaschka-Lëffel, Loschka-Gawel, Djeneza-Wäs, Kukuhusa-Maïs ... unn so widdersch.

Niet Ponjemei? Nit verschtànn? Das ware so Elemente uss unserm Wortschatz, so viel wie mir's gedenkt. S'isch Summer worr, unn am'e schëne warme Dàà hat's Nadja mir ze verstehn ginn, dass'es ger bade gäng in de Saar. Ich hànn solle uffpasse, ob jemànd kummt, um Ees ze warne in dem Fall.

Mir hànn gewartd, dass'es gudd duschter worr isch. Noh isch's hehlings wit vom Dorf in de Saar hinner Schilf sich bade gang.

Ees hàt sich met Schmàck-Säf gewescht. Noh Lavendel unn Saar hat sin Kërper unn Rock geduft, wie's mir de Hànd ginn hat noh'm Bad uff'em Hemweg. Mir hànn ken Wort metsamme geredd. Wie mir in de Grassgarte kumm sinn, hat's Nadja ganz lies zu mir gesààd: »Luscha... Du weiss? Hitler Swinnja unn Stalin Swinnja.« Jà, de Hitler unn de Stalin Swinnja.

S'hat sich als wohr bewiest. Da Nadja! Saukerle ware's.

- Mir hànn zwei Russemädle versteckelt, uff'em Spicher hinner'm Hau. Mà därf's awer nit verrote. Wànn de Momme se ruft fà esse, noh ruft se immer Danielle unn Yvonne, awer s'isch nit wohr. S'isch s'Nadja unn s'Ronja, wu esse kumme. So hat min klini Schweschter domàls, an vier Johr alt, im Dorf verzehlt. S'Kättel vom Dorf isch kumm unn hat de Momme iwer de Sach informiert.

»Sandrine, pass uff! Din Klines verzehlt em e jede, wu s'hërre will, dass du de Russemädle versteckelsch. Loss das numme nimmeh enuss, das bringt dich unn uns all in's K.Z.« So war's. Die Angscht war gesät. S'isch unmëchlich worr, S'Nadja unn sini Frindin noch ze versteckle im Huss. S'isch beschloss worr, sie gänge in de Wald hinnerm Dorf. Dort ware noch annere versteckelte Gefangene. Die Hecke vom »Augrawe« ware dicht unn e relatif sicherer Versteck. Dort bin ich e Wuch làng met de Milichkànn de Mädle s'Esse tràn gàng. Am e schëne Dàà ware se verschwunn... Noch Stroh hat dort gelej. De Amerikoner sinn in de Normàndie gelàndt, hat's sellmols gehääscht.

Was blib isch, isch e Narb... im Herz... vom e Boom unn in de Erinnerunge vom'e alte Kind.

De Franz (2007)

Ihr hànn ne vieleicht als Pensionnär sellmols Ende sechzicher Johre im Dorf gesihn, siner Spàziergàng mache, de Frànz. Er war ken iwler Kerl, blos foppe hasch'ne nit därfe. Er war e Kamionschauffeur unn ken Witzknuppe. Er war Chauffeur selzit, wu de noch gemusst hàsch als de Motor met de Kurwel von Hànd ànwerfe mànschmol. Wànn de Motore e bissel Friehzündung gehàtt hànn, noh hànn die zrickgeschlàà wie'e Perd met'm Hufiise. Oh weh, Knoche!

»Bätsch, hànn ich eni gehàt«, hàt de Franz gesààd, »unn min Arme war gebroch, glatt gebroch, unn hat dorum gebampelt. Noh hànn se mà ne zàmme gebossel memm e Nàgel. E so làng Stick Iise hànn se enin geschtupt, so làng wie ich dir do wies, luh mol die Narb. Die solle noch àn eem dràn enuss gehn.«

»Jo, Frànz, isch diss mëchlich?« hànn ich gesàd.

»Wànn ich dir's sààn, e Ding wie'e Betongiise... sooo Iise.«

Ich hànn nit trowe sààn, diss kinnt e Broche de Kirschner sinn, denn e Betongiise jooo... viel solider fàr e Mànn vom Fàch.

Alle Dàà hàt de Frànz met'em Betongiise uff de Brick geschtànn met'em Gehstock in de Hànd. De Junge sinn uss de Schul kumm: »Bonschur Mossiö Frànz«, de Junge sinn in de Schul gàng: »Bonschur Mossiö Frànz.« Wenn'er gudd gelunnt war unn sin Betongiise ihm nit ze viel weh gedàhn hat, noh hat er »Godde Morje« odder »Godden Owed« gekrummelt.

De Zitt isch vergàng, unn de Weldgeschicht hàt sich verännert. 1969 hat'er mà mol verzehlt uff de Brick in heller Empörung:

»De Junge sinn jo allewill fresch wie de Dreck im Weg. Stell dir mol vor, sààd s'letscht so e Freggert glatt eweg zu mir:

,Wissen'ihr schun Franz, de Amerikoner sinn uff'em Mond...' Uff'em Moond, dass musch de gehèrt hànn. De Amerikàner sinn im Mond gelàndt. Dem soll ich awer die Ohre gezowwelt hànn... so e Freschàt... Lausert. Moond fahre... de Omerigoner? Dass màcht sich doch nit, alte Lit so ze... Das hàt's friehr awer nit ginn... Se sinn jo nimmeh gezoh, diss isch alles.« Er, wu doch Kàmion gefahr isch, werd doch wisse, wu mà hin fahre kànn unn wu nit.

»Ja, s'isch weier nimmeh wie friehr«, hànn ich gesààd. »Ich muss gehen... awer dass von dem Amerigoner, diss hànn ich àà s'letscht gehèrt. Froo mol de Schossef. Der wàs doch viel vom Télé.«

»Dass wott noch fehle, ass mà in de Himmel fahre«, hat de Franz mir nohgeruft.

Seeroos (1996)

Grosi Saar, wann de de Dicke spielscht,
met Iss-Schilbe uff Brickepeyler zielscht,
met aller Kraft von de Hochwässer
rumorscht unn doolscht unn rooscht vermesse,
ass ma grad mennt, de wärscht de Rhin.
Wann de wild laafscht unn brät es Dal enin.

Klini Saar, wann de dich schäämscht,
Melancholie von de Meerzahle träämscht,
vom Firmament s'unheemlich widde.
Wann sich dir Sterre bloe Karkunkelsteen
vom schwarze Himmel in diner Spieggel schitte.

Ich stehn als Kind uff diner Brick,
siehn im Wasser der widde Himmel,
wu blinkt in Ewichkäät zerick,
mol unner Blitz, mol unner Dimmel,
unn saan: Bisch klin unn bisch aa gros.

Bisch es Parfüm – von erer Seeroos.

KLASSISCHES IN NEUEM BLICK

Alturas de Macchu Picchu
Sechstes Lied

(Frey noh Pablo Neruda)

*De Autor verzehlt sin Wanderung zu der verlosse Indianerstatt
im Andegebirch in de Hëh vom Berch Macchu Picchu.*

Endlich bin ich der Erdläter enuff gesteyt im wirre Gestrip
von verlorene Wälder betz zu dir, Macchu Picchu, Hochstatt
uss Treppe.

E Wohnsitz endlich von so'ne, wu de Weld nimmeh unner
ihre verschlofene Kläder hehle kann.

In dir zwei Newenenanner: De Wääl vom Blitz unn von de
Menschät, wu klunsche im Dornewind.

Steenerni Mutter, Pluhm von Aasgeier, Hochkluft vom Sun-
neuffgang von de Menschät, verlosseni Schipp im urschpring-
liche Sand.

Diss war'emol e Wohnung, e erschtes Plätz. Do sinn emol
bräte Maïskeere geschutt worr ass wie rote Schlose. Dorte war
de Goldfade uss de Lamawoll erussgesucht worr fa de Lieb
prächtich inzekläde, de Lieb unn de Gräwer, de Mitter unn
de Kënich, de Beter unn de Kriescher.

Dorte hann de Fiess von de Lit geruht unn geraschtd iwer
Naacht bi de Krämme von de Adler, in de Hochsitze von
de Raubvëggel, unn sinn noh in's Morjerot gestampt, in de
Dimmelwettere unn durch de finne Newel.

Sie hann ihrer Bodde genung berihrt gehat, fa ne ze kenne met zuene Aue unn in de Naacht unn betz in de Dot.

Ich sihn ihre Kläder, ihre Hänn, de Spure vom Wasser im Rusche von de Berch-Hëhle, e Steenwand, gehämelt vom'e Gesicht, wu met minem Blick die irdere Eelampe gesihn hat, met mine Hänn, s'Holz ingeëlt.

Verschwunn isch alles, weje alles: de Kläder, de Hutt, s'Gescherr, de Wërter, de Win, s'Brod, gefall sinn, vergang, in de Erdsbodden enin.

De Luft hat met ihre Jasminfingere alles gehäämelt; douwsich Johr Luft, Monade Luft, Wuche Luft, bloer Wind uss de iserne Berchkette, wu wie zarte Urkaane uss Schritte iwer dene eensome Wall gang sinn, fa ne ze glätte.

(Unveröffentlicht: geschrieben um 1974)

De Geiss vom Mossiö Seguin (2003)

(Frey noh Alphonse Daudet aus: *Lettres de mon moulin*)

> »Se ealda man on tham gearde behindan his huse beoth twa gaet.«
> (E alda Mànn in sim Gààde hinna sim Huss heet zwei Geisse.)

Horsch emol gudd zu, spitz emol de Ohre wie'e Lux, denn jetz
will ich dir die Geschicht verzehle, die Geschicht von de Geiss
vom Mossiö Seguin, wu ma drin erfahrt, wie's dene kànn gehen,
wu wille zu ... zu frey sinn:

De Mossiö Seguin hat nie ken Glick gehat met sine Geisse.
All hat'r se verlor, eni noh de anner, unn immer uff de selwich
Art. Am'e schëne Daa hann se ihrer Strang verress, sinn in's
Gebirch ... unn dort owe hat se de Wolf gefress.

Ken gudde Wërter, ken Angscht vom Wolf, nix hat se kinne
meh hebbe. Ja, es hann nämlich solle selbsännniche Geisse
gewän sinn, hatt's gehääscht, von so'ne, wu fa alles uff de
Weld vor allem ihri Freyhät unn guddi Luft hann wille hann.

Der braf Mossiö Seguin, wu läder nix verstann hat vom
Karackter vom Geissevieh, war do driwer ganz verdattert.

»Jesses Maija ...! Oh Jerum! All Mieh isch vergewes, all
Geisse verlangwile sich bi mir. Oh Jeh! Warschins werr ich
nie eni kinne behalle«, hat er gejommert.

Awer trotzdem hat'er s'immer widder prowiert unn hat so
e siebti Geiss kaaft, unn die, die hat'er awer ganz jung gehol,
fascht noch als Zigge, ass se sich soll besser dran gewëhne, fa
bi ihm wohne ze bliewe.

Oh! War die doch e so schën, de Geiss vom Mossiö Se-
guin, met ihre zaate Aue, ihrem kline Spitzbärtche, ihre bech-
schwartze Klodde, ihre zäckeldiche Hëre unn ihrer langer
wisser Belz, ass de ball gemennt hasch, sie hätt e Umhing-
mäntelche an. So nett ball wie'm Esmeralda sini ... unn aa so

lieb unn so gemietlich. Die hat sich melke gelosst, uhne ze hipzle, uhne de Fuss in de Millichdippe ze stelle ... enfach ... e Goldkäferche von'e rer Geiss.

De Mossiö Seguin hat hinner sinem Huss e Grassgarde gehat met'erer Wissdoorheck drumerum. Dort enin hat er sini neyji Geiss angebunn an'e Poschte, an's allerschënscht Plätz vom ganze Garde, dezu aa gudd uffgepasst, ass'se Sääl genung hat, unn owedrin isch'er noch allegebott luhn gang, ob sinem Geissje aa nix fehlt. Die Geiss war also glicklich met ihrem Los, unn wenn se ihr Grass met volle Backe so nitzlich gekaut hat, noh hat de Mossiö Seguin hehlings geschmunzelt.

»Endlich«, hat er sich gesaad, »endlich emol eni, wu sich nit bi mir verlangwilt.«

Ja do, Schweschter! Dass war de Rechnung uhne de Wirt gemacht ... Se hat sich verlangwilt.

Am e schëne Daa hat sie de Berche betrachtd unn hat bi sich gedenckt: »Wie muss'es doch schën sinn dort owe. Wär diss e Lewe, mol im Hädekrutt erumerscht ze kollere, uhne diss dottlich Sääl do, wu eem de Hals verschuurt. Uns Geisse gehërt eenfach emol viel Plätz, im'e Grassgarte ze wäde isch gudd far'en Ox oder 'en Esel, awer doch nit far'unserener. Geh ma loss!«

Von dem Daa an isch ihr 's Grass unn sunscht noch alles drum unn dran so richtich älätzich vorkumm ... Die Langwill hat sich hehlings biegeschlech. Se hat's Abnehmes an sich kriejt, hat kuum noch Millich ginn. S'hat eenem in de Seel läd gedan, zuzeluhn, wie se als uff ihr Sääl gezoh hat, ihr Këppche geje s'Gebirch gedreht. Wie se ihre Nooslëcher gestellt hat unn ihr truriches »Meeee« geruft hat.

De Mossiö Seguin hat wohl schun ebbes gemerkt gehat an siner Geiss, awer was schun? Er war halt nit e so finn.

Am e schëne Morjed, grad wie'er do fertich war met melke, hat sich sini Geiss uff emol erum gedreht unn hat in ihrem Platt zum Mossiö Seguin gesaad: »Horschen'emol, Mossiö Seguin, es dut ma arich läd, s'eych ze saan, awer ich verlangwile mich bi och, ob ich will oder nit. Losse mich doch do nuff in's Gebirch gehen.«

»Oh Jeh! Ohjemineh! Jetz fangt Die aa so an«, hat de Mossiö Seguin verzweywelt gejommert, unnerdem ass ihm de Millichdippe uff de Bodde gefall isch unn er sich, ganz verdattert, newe siner Geiss ins Grass plotze gelosst hat.

»So so, Blankättsche, do willsch du mich jetzt aa noch verlosse?«

»Ei jo, Mossiö Seguin, es geht halt nit annerscht«, saad de Geiss.

»Ei dut's da am Grass fehle? Gelle nit?«

»Mä nee! Mossiö Seguin.«

»Bisch de dànn ze kurtz angebunn?«

»Mä nee! Mossiö Seguin.«

»Ei do saa ma doch, was dir fehlt.«

»Ei ich wott doch so ger do nuff in's Gebirch.«

»Oh du armes Geissje«, saad de Mossiö Seguin, »wääsch de dann nit, ass de Wolf dort owe isch. Was wottsch de dann mache, wann der dich findt?«

»Ich wott ne met de Hëre stosse«, saad s'Geissje.

»Der wott dich usslache met dine kline Hërscher. Denn der hat mir s'letschtmol e Geiss gefress met annere Hëre wie die dine, wenn de dich an die Renaude errinnersch, wu vormjohr do war. Es war e Koloss von'erer Geiss die sell, so stärk unn e so bës wie e Buck. Die hat sich memm Wolf verkatzballicht e ganzi langi Naacht. Unn denoh, am annere Morjed ... do hat'r se doch gefress.«

»Ooh armi Renaude, ich duur se ... awer ich wott ger trotzdem in de Berche.«

»Harrgodd nochemol!« saad do sich de Mossiö Seguin, »was isch numme in mine Geisse gefahr? ... Schun wiedderum eni, wu de Wolf ma fresse soll ... Nix do! ... Nundibibbelnomol! ... Ob's dir jetzt gefellt oder nit, Blankättsche ... du blibsch mir do, unn uss Angscht, ass de mir de Strang verrisscht, sperr ich dich in de Stall, wu de, gemeckert oder nit, so schnell nimmeh eruss kummscht.«

Gesaad, gedahn, holt de Mossiö Seguin sini Geiss unn

sperrt se, klik-klak, in de dunkle Stall. Die Dier war zu ... awer
... awer an dem Stall, do war noch e Finschter ... unn kuum
hat der gudde Mossiö Seguin de Buckel vewend gehat, isch
unser Blankättsche, was gisch de, was hasch de, nix wie loss.

Du werrch dir wahrschins jetzt hämlich ens grinze. Ken
Wunner, du stellsch dich uff de Sitt vom Geissje unn geje de
Mossiö Seguin, awer wart numme mol ab, wie lang ass diss
duurt.

Wie de Geiss in 's Gebirch kumm isch endlich, noh'me
steile Weg, no'allez! Diss soll dir e Fräd gewän sinn! Noch nie
hann die alte Tannebääm jehmols e so ebbes Nettes gesihn
gehat wie die Geiss.

Sie hann se empfang wie'e Kënichin. De Keschtebäm, die
hann ihre Äscht geboh betz ball uff de Bodde, fa se ze häämle.
Die goldiche Bremme hann all ihre Bliehte uffgemacht unn
hann so gudd geschmackt, wie se numme gekinnt hann. Es
wa, ass wäre Fescht unn Kirb metsamme uff de selwe Daa
gefall.

Denk nurren emol, wie froh ass unser Geissje jetzt war,
ken Sääl unn ken Schtrang unn ken Poschte meh, wu sie
gehinnert hat, fa dorum ze hupse, ze kollere, ze schnääge,
noh Herzensluscht ... unn was far e Grass war dort erum
gewachst gewän. So hoch betz an die Hëre, unn wie saftich,
finn, zäckeldich, uss hunnert Sorte Hälme unn Blumme.

Diss war emol ebbes anneres ass wie es Grass vom dem
Grassgaade. Bloe Fingerhiet met so lange Kelche purpelrot,
e reener Wald uss wille Blumme, so saftich ass wie Pralineö.

Halb trunke hat sich de Geiss drin erum gewänzelt met
alle Viere in de Hëh. Sie isch geburzelt an de Häng, s'unners-
ewerscht met de Bledder unn de Keschte.

Allegebott isch se glichlinge Fies in de Hëh gehupst. Hoplà
Geiss, unn noh nix wie loss, qwer iwer alles enuss, durch
Schtruppe unn Pälmeschtriss, mol uff de Felse, mol iwer e
Schlucht, drunne, drowe, iwerall, ass de gemennt hätsch,
s'wäre zehn Mossiö-Seguin-Geisse im Gebirch.

Diss hat sich doch von nix geferschtd, dass Blankättche do; diss isch dir iwer de Wildbach gehupst, durch e Schwarm von Wassertrëppscher unn Schum, unn denoh hat's sich getruckelt uff dicke, von de Sunn gliediche Felsesteen.

Sogar ass'es emol betz an de Rand vom'e Felse gang isch, e Blum noch am knäwere zwiche de Zähnn, far enunner ze gickle, ganz enunner in's Dal. Von dorte hat's es Huss vom Mossiö Seguin betrachtd met sinem kline Grassgarde hinnerdran. Do hat's diss uff eemol e so drollich gefunn, ass 's Träne gelacht hat.

»Isch diss awer litzelich, puppelich kleen! Wie hann ich numme kinne do drin wäde, wie hat dass mir numme kinne mol passe«, hat's sich gesaad.

Dummesleh! Wej de eemol bissje hoch gekrawelt bisch, mennsch de schun jetzt, du wärsch so gross wie de ganz Weld.

Im ganze gesihn, war diss e wunnerbarer Daa fa s'Blankättche. Geje Midda rum, iwerdem ass'es dorumerscht gebääst isch, do isch's erer Herd Gämse begejnt, wu sich grad am latze war an de Bledder von de wilde Reewe. Unser klin Geissje met sinem schneewisse Belz hat nadirlich Sensation gemacht. Sie hann ihm sogar s'beschte Plätz gelosst an de Rcweheck ... unn die Herre Gämsbick solle sogar sehr galant zu'em gewän sinn ... 's soll sogar e so junger Gämsert, e bechschwartzer, awer diss blibt unner uns, ihm sehr gefall hann; so arich, ass die zwei Schmusbacke elän metnanner im Wald ... Jo ... unn wenn de willsch wisse, was se gemacht hann, bä noh frooch de am beschte eni von dene kline Qwelle, wu dorte Versteckelches spiele im Gebisch unner'm Grass.

Plëtzlich isch de Wind kiehler worr. 'S Gebirch hat angefang, sich bloo unn violet ze färwe. 'S isch uff eener Schlaach Owed gewän.

»Schun?« hat stutzich unser Geissje gesaad.

Wit drunne im Dal hat dick de Newel gestann. Em Mossiö Seguin sin Grassgarde war nimmeh ze sihn, unn von sinem Hissje hat ma grad numme noch de Schorschte g'sihn raache.

Im Widde hat ma noch de Halsglëckelcher von'erer Herd kinne bimmle hëre …

Uff eemol isch's ihm ganz truurich worr um 's Herz. E verloreni Naacht-Iehl hat 's uff ihrem Hemmweg noch grad met ihrer Flitsch gesträäft. Geschuddert hat's sich … unn uff eemol … das Hiehle, e schreckliches Gehiehl durch's Gebirch …

»De Wolf!!« hat's fa sich gedenkt. De ganze liewe lange Daa lang wär ihm der Gedancke nit kumm. Im selwe Moment hat ma drunne im Dal e Horn hëre blose. Es war der gudde Mossiö Seguin, wu e letschtes Mol versucht hat, sini Geiss zrick ze rufe.

»Huuuuuuh! Huuuuuuh!« hat de Wolf gemacht. »Kumm zrick! Kumm zrick!« hat's Horn gebettelt.

Se wär ger retour, awer wie ihm de Strang, de Poschte, de Zun vom Grassgarde wieder inkumm sinn, hat's bi sich gedenckt, ass ees e so nimmeh kinnt lewe, unn s'Beschte wär schun, im Gebirch ze bliwe.

S'Horn hat schlieslich uffgehërt gehat met blose. Paar Bledder hann hinner ihm angefang ze ruschle … 'S hat sich erum gedreht … unn was siht's im Dunkle? … Zwei kurze Spitzohre, pilleriecht in de Hëh gestellt … met unnedrunner zwei gliediche Aue … … … 's war Er … de Wolf.

Mordsmäsich gros … Still … hat'er do gesass unn 's angeglotzt, schun halbswegs met de Aue hat er 's uffgefress. Er war sin Sach sicher. Fa ze fresse hat'er sich nit briche dummle. Numme jetzt, wu's erum geluht gehat hat, hat'er jetzer spëttich anfange ze lache.

»Ahaaaah! Em Mossiö Seguin sini klini Geiss!« … Unn noh hat'er met siner roter Zung sine hooriche Läschple abgeleckt.

»Allewill bisch de verlor«, hat's Blankättche fa sich gedenkt. Wie'es sich an de Geschicht von de alt Renaude erinnert hat, hat's e Minut gemennt, 's beschte wär, sich direckt uhne e Mucksert vom Wolf fresse losse. Awer denoh hat's sich 's ganz annerscht iwerlejt, s'Këppsche gebickt uff Sturmangriff, de Hëre vornenuss, so wie'es von erer kuraschierter Mossiö-Seguin-Geiss ze erwarte war.

Oh nee! Menne nit, dass'es sich ingebildt hätt, dene Wolf kurtz ze mache, Geisse bringe jo ken Wëlf um. 'S war numme, fa ze prowiere, ob Ees aa so lang im Kampf durchhalle wott ass wie die alt Renaude.

Jetzt isch dass Monschtrum vom'e Wolf hehlings biekumm … unn die kline Hëre han angefang, eriwer unn eniwer ze stosse im e deywelfaftich schnelle Danz … Ah diss kline kurachierte Geissje!

Oh, wie's dran enuss gang isch. Zehnmol odder ken eemol hat de Wolf misse flichte, fa frisch Ohdem ze schnappe. Iwerdem hat Ees schnell e Schnäppel von dem gudde Grass geknäwert unn isch met vollem Mull wieder uff de Wolf los.

Die ganz Naacht lang isch diss so gang. Ab unn zu hat am Himmel e Sterre gefunkelt, unn Ees hat gedenkt: »Oh hoffentlich pack ich's betz zum Morjed.«

Eener noh'm anner sinn die Sterre am Himmel verblääscht, awer 's Geissje hat sich nit erginn. Ees hat gestoost unn de Wolf gebess.

Langsom isch noh e heller Schimmer an de Rand vom Himmel kumm, unne im Dorf hat e Hahn angefang ze krähe.

»Endlich!« hat diss arme Stickel Vieh gesaad, Ees, wu numme noch uff de Morjed gewartd hat, unn noh hat's sich in sinem schëne wisse Belz, jetzter ganz rot von Blut, dehin gelejt. Noh hat de Wolf sich uff's gestirtzt … unn hat's gefress.

Awa dann a jetzt. Betz en anner Mol. Die Geschicht, wu de do gehërt hasch, die hann ich nit erfunn. Es isch e wohri Geschicht.

Wann de mol donunner kummsch in de Provence, noh werre dir de Lit se noch meh wie mol verzehle, die Geschicht von de Geiss vom Mossiö Seguin *»de la cabro de moussu Seguin, qué se battégué touto la nuie emé lou loup, e piei lou loup l'a mangé.* »Hasch gudd verstann? Die Geschicht von de Geiss vom Mossiö Seguin, wu de ganz Naacht gej de Wolf gekämpft hat unn am Morjed … von 'em gefress worr isch.«

Die Gehingte (1984)

(Nach François Villon: *Ballade des pendus*)

Menschebrieder, wu noh uns noch lewe,
bin geje uns nit hartherzich.
Sollt unser Los eych jeh beweje,
vergelt's eych Godd an sin'm Gericht.
Sihn ihr, do hinge ma ze fünneft, sechst,
unn unsere ze gudd gefiederte Flääscher
sinn jetzt full unn stinkich Gedrecks.
Zu Staab gehn mir Knoche unn Gläächer.
Besser wie iwer uns Spott unn Genecks
bete Godd, ass'er uns verzeye mëcht!

Wann mir eych zurufe als Mensch unn Brieder,
verachte uns nit, obwohl unserer Dot
gerechti Stroof war. Ihr wisse, nit jeder
hat gesundes Benehmme unn richticher Root.
Entschulliche uns, denn mir ware geploht.
Bi Jesses, Suhn von Maria, flehn,
sini Gnad soll er uns nit usslonn gehn.
Er soll uns hiete vor all Hëlleblitze.
Dot sinn mà, mache iwer uns ken Witze,
awer bete Godd, dass'er uns all verzeyje mëcht!

De Sunn hat uns verdurrt unn verkohlt,
de Reene ussgeschwenkt wie'e Wesch,
Atzle unn Romme uns de Aue geholt,
um unser Hoor unn Bart sich verkresch.
Nie kinne ma sitze, immer im Drill, nie
eriwer, eniwer, wie die Winde drehe,
meh verpickt wie de Fingerhut bim Nähe.
Geselle eych niemols unserer Kompanie,
awer bete Godd, er mëcht uns all verzeyje!

Prinz Jesses, wu iwer uns rejiert unn wacht,
loss nit zu, dass de Hëll sich do Mäschter macht.
Der sinn mir nix schullich, nix dut uns dràn leyje.
Spëttel do nit, Menschegesellschaft,
awer bet Godd, er mëcht uns all verzeye!

De Erlekinich (2003)

(Frey nom Johann Wolfgang von Goethe: *Der Erlkönig*)

Wehm ritt dann so spät durch Naacht unn Wind?
Es isch de Babbe met sinem Kind.
Er heppt siner Wurme ganz fescht im Arm
unn drickt ne lieb unn haltd ihm warm.

»Ei, Junger, fa was haschd de Datterich?«
»Ei Babbe, sihsch du de Erlkinnich nicht,
de Erlekinnich met Kron unn met Schlepp?«
»Geh, s'isch doch nur Newel. Luh nit so schepp!«

»Kum, Liewerleh, kum, geh met mir!
Noh raache ma Haschich unn läppere Bier.
Ich nenne dich Chef von de Extasieband,
schenk dir e Motorad unn noch allerhand.«

»Babbe! Babbeleh! Hërsch du ne dann nit,
was der mir verschprecht, ass'er alles gitt?«
»Geh, hall jetzter, Buu, s'sinn paar Blätter furtztrucke...
Foodz nit so dumm, sunscht hasch eeni hucke.«

»Willsch du Netter nit met ma gehn?
Ich hann e paar Mädle, geil, sexy unn schën.
Do werrsch du mol staune, die sinn dir uff Zack.
Do noddelt die Wand unn de ganz Barak.«

»Oh Babba, Babbe, hinner dinem Ricke...
Dorte... sine Mädle im duschtere Ecke.«
»Was soll dass schun sinn, was oder wehm,
diss e paar hohle alte Wieddebääm.«

»Ich hann dich so ger, mich reizt din Gestalt,
unn wann de nit moonscht... noh geht's met Gewalt.«
»Momme, Babbeleh! Er hat mich am Lappe.
Burjer! Burjer hilf! Ich bin am abschnappe!«

Em Babbe, dem gruselt's. Er ritt, was s'Perd kann
unn kummt nassgeschwitz dehem bi sich an.
De Lade geht uff, de Momme ruft russ:
»Ich hann die Noos voll! Heyt schloofen'ihr druss.
S'isch jedes mol selwich, wann Schnaps gebrennt werd.
Alle drey sinn ihr voll, sogar noch es Perd.«

E Naacht uff'em Dreschplätz (2004) *

(Frey noh Daniel Varoujan aus: *S'Lied vom Brot*)

S'isch e warmi Summernààcht.
Uff'em Plätz bi de Machin
gumpt de Seel von de Ärwet.
Ruh wohnt im'e Meer von Sterre.
De Unendlichkät ruft mich met'erer Unzahl von Aue.

De Grille kräggse ihr Lied im Widde.
Hintnààcht, uff'em Bodde vom Weyer
heyerate gehämnissvolle Wassernympfe.
Am Rand vom Fluss, in de Unruh von de Widde
spielt de Wind hämliche Musike.

Uff eme Scheff leje,
im Parfüm vom Thymiàn,
em klinschte Licht zu loss ich min Herz kloppe.
Ich loss mich beschwipse, ich trink
am immense Fass vom Kosmos wu
vermahlene Sterre sterwe.

Isch diss e Genuss fa's Gemiet,
unnerzetauche in's Blooe,
ze lànde, wànn's muss, im himmliche Fier,
neye Sterre ze entdecke,
e Vadderlànd – der verlorene Kontinent,
wu mini Seel herstàmmt, met Träne gebad,
in de Himmel verliebt ...

Was isch mir diss e Genuss uff de Flitsche von de Stille,
von de Ruh getràà, de Ohdem vom All ze spiehre ...
ze warte, ass de Schloof mà in de Aue schlufft
unn dass unner de Auedeckle mir
s'Unendliche vom Universum sine Sterre zrickblibt.

E so schloofe se in
all die Lit vom Dorf ...
de Hirt uff sinem Wààn im Licht,
de jungverheyrat Frau, uff 'em hoche Huffe Wäs,
wu de Millichstros met volle Eemere
ihri vom Wind bloddi Bruscht iwerschwemmt.

So hànn ernol mine Eltere,
allezwei Burschlit, mich gezeycht
unner'em e strahlende Himmel.
So hànn se sich vereent, verliebt
de Aue uff de grëschte Sterre genichtd.

*Daniel Waruschan (Varujan 1884-1915) armen. Lyriker. Lothr. Fassung bislang
unveröffl.; els. Fassung von Schmitthäusler, in: Le chant du pain (2015), S. 106f

VON LETZTEN DINGEN

Wortgesang (2010)

Dekmols redd ich met miner Sprooch, ass wär'es e Person.
E Person, wu ich alles anvertrouwe kann, unn ihr Wërter
werre in mir zum e Gesang von Frimdewerter, wu mich
met Allem verbindt.

Mied von schwaatze Ewichkäte, hann ich miner Kopp in di-
ner guldener Gerre gelejt, dir miner Sprooch, wu nit Sprooch
därfsch sinn, unn hann zum'e Wunner gebettelt wie'e Kribbel
am Weg.

Wërter sinn kumm ze flieje, von alle Zite, alle Rasse unn alle
Orte, Hunnichmicke im verschtruwelte Blumestaabnetz.
Ihr Schwarm war von kenem Ohr ze fasse, ihr Lied war e Lied
uss Liebschaft, Lääd unn Vergessenem.
Ihr Buuch Bledder ussgedurrter Lippe, unner Gääschelhiebe.

Do war'e veraldeter Ussdruck im'e Krääsch ze erkenne, dort e
Troppe Blut an de Schwell vom'e Lieweslied. Von Mensch zu
Mensch ware douwsiche Kette geschpannt von de Herzkull,
millione Bricke, unn im Choral von de Verzweyflung war
schun die nägscht Hoffnung in Soot.

Die gehämnissvoll Kunscht von Wasser, Licht unn Steen war
zu Sprooch worr unn isch gewachst, uffwertz in's Gerëll von
warme Sandkäre, durch Planz durch Vieh, in hohle unge-
zähmte Kërpere, betz zu dir gefangenes NEE von de erscht
Verweigerung.

Noh hasch du min Sprooch gesaad: Dreh din Gesicht von mir
unn loss jetzt Licht in dine Zelle unn es Gewitter unner dini
Hutt, denn ich bin Sprooch, s'lewendich Gemisch von de

Frimdwërter uss alle Ewichkäte her, de Schumm vom Wort de schwaatz Kinnichin vom Lache, unn die unnerdrickte Redde loss ich flieje uss miner Hand ass wie Sperrlinge in de Reene.

Ich elän lëës die Wurcherschling am Hals vom Sklav unn bring ihm die Wohluscht zerick in siner so abgestohlener Kërper. Nur Musik lät mini Zung, sinnvoll unn sinnlich in de selwich Silb.

Lewe

Zwische Geburt unn Dot
isch e Booe Zit geschpannt.
Du bisch e Feil uss'em Lot.
Wu de hin fliejsch, isch unbekannt.

E Zit, e Ufflichte bisch de,
e Funke vom Grossbrand.

Kannsch krische in's Leere.
Kannsch rufe in's Nix.
Nur nimmeh zrickkehre
met Negel am Kritz.

Lës dich von Allem los
E Lieweskrääsch, e Doteskrääsch
E Gnadeschtoss. Bisch Mensch gewän...
Elän.

(Unveröffentlicht: geschrieben in den 1990er Jahren)

De Schlopp

Ma sieht noch Glut am Wiesche schmuute,
wenn's Kerzelicht schun lang verläscht.
Was war, dass war's Schlechte unn s'Gudde.
Was heyt noch glieht? Bissel vom Bescht.

Vergangni Lieb isch wie de Ewich,
sie krallt sich fescht an jedem Stehen.
Sie halt nit lang, sie duurt nur ewich,
so zart, so wild unn so gehäm.

Ma sieht am Riess de letscht Ros bliehe.
De Summer sterbt verlor im Wald.
Kenn Wort fellt meh, ken bunte Lieje,
nur diner Nome noch, min Alt.

Ich hann dich ger, hätt dich ger liewer.
Wenn ich dich anluhn manschesmol,
laaft in min'm Herz e Wildbach iwer,
doch de Zit hat uns ingehol.

Vergangni Lieb hat viele Site.
Wann kalt unn mied werd Fuss unn Kopp,
noh geht ma lies die selwe Schritte
wie zwei Enner vom selwich Schlopp.

(Unveröffentlicht: geschrieben in den 1990er Jahren)

Marianne Haas-Heckel

 wurde am 16.12.1946 in Sarre-
guemines geboren. Sie ist verhei-
ratet und hat drei Töchter. Die
inzwischen pensionierte Lehrerin
setzt sich seit 1990 für die Pflege
und die Weiterentwicklung ihrer
Muttersprache ein: des Francique
oder lothringischen Platt. Neben
eigenen literarischen Produktionen
widmet(e) sie sich insbesondere den
wöchentlichen Dialektsendungen
bei *Radio Melodie* (FM 102.7: *Platt
rédde isch gesùnd*), der Redaktion
der Mundartchronik *Hebdo Platt* in
der von 2005 bis 2012 erschienenen
Lokalzeitung *Sarre Hebdo* und der Leitung des monatlichen
Schreibateliers in Francique der *Saargeminner Schriebschdubb*
in der dortigen Médiathèque.

Ihre regionalsprachlichen wie grenzüberschreitenden
Interessen gipfeln in zahlreichen Funktionen und Aktivi-
täten. Sie ist Mitglied des Pilotprojekts der »Charte pour
la graphie harmonisée des dialectes franciques de Moselle
germanophone«, publiziert 2004 durch GERIPA und des
Comité scientifique du Centre de ressources du francique
de la Médiathèque de Sarreguemines, darüber hinaus in Li-
teraturgesellschaften wie *Gau un Griis*, *Mundartring-Saar*,
Wéi laang nach?... oder MELUSINE.

2007 im Rahmen des Festival des »Imaginales« in Épinal
erhielt sie für ihre Übertragungen der Lothringischen Legen-
den den Sonderpreis der Jury Claude Seignolle.

Publizierte Werke

1994: (mit Robert Lambert): Mir honn so geredd! Nous parlions ainsi!. Petit recueil des locutions, expressions, dictons, sentences, adages et proverbes utilisés à Sarreguemines et ses environs, Selbstverlag, Sarreguemines

2001: Wärterbuuch vum Saageminner Platt– Lexique du dialecte de la région de Sarreguemines. Éditions Confluence, Sarreguemines

2002: Antoine de Saint Exupéry: De klääne Prinz – Le petit Prince en Lothringer Platt, Éditions Faïencité, Sarreguemines

2003: Heinrich Hoffmann: De Lothringer Struwwelpeter. Übersetzung in Lothringer Platt, Éditions Faïencité, Sarreguemines

2004: Angelika Merkelbach-Pinck: Contes lorrains de Moselle francique – Lothringer erzählen (Band 1 – Märchen) Traduction française, Éditions Faïencité, Sarreguemines

2006: Angelika Merkelbach-Pinck: Légendes lorraines de Moselle francique – Lothringer erzählen (Band 2 – Sagen) Traduction française, Éditions Les Amis des Musées et des Arts, Sarreguemines

2007: (mit Edith Braun, Dittmar Lauer, Fernand Lorang): Alltag – Sonntag – Feiertag / Sitten und Bräuche in Saar-Lor-Lux, Gollenstein Verlag, Blieskastel
auch in Französisch unter dem Titel:
Vie familiale – Dimanches et jours de fêtes / Coutumes et traditions en Sarre-Lor-lux

2008: Les pieds dans le Platt – 's Saargemìnner Wùcheblatt. Une compilation de chroniques en Platt avec traduction française parues dans le journal Sarre Hebdo, Éditions Les Amis des Musées et des Arts, Sarreguemines

2011: Platt en vrac – Nix wìe Platt. Une nouvelle compilation de chroniques en Platt avec traduction française parues dans le journal Sarre Hebdo, Éditions Gau un Griis, Bouzonville

2012: (mit Marielle Rispail, Hervé Atamaniuk): Le Platt lorrain pour les Nuls, Éditions First Gründ, Paris

2012: Witzbùùch – Florilège de blagues. 256 histoires drôles et mots d'enfants en Platt avec traduction française, Éditions Gau un Griis, Bouzonville

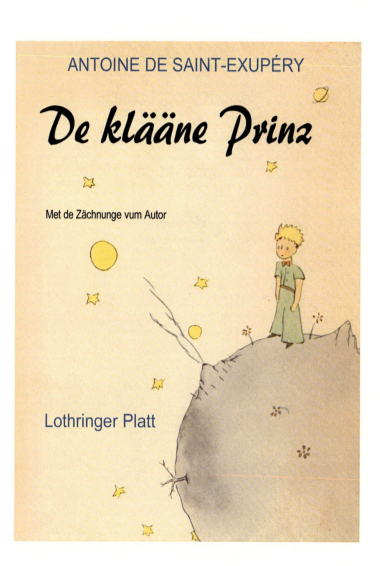

ANTOINE DE SAINT-EXUPÉRY

De klääne Prinz

Met de Zächnunge vum Autor

Lothringer Platt

Ich männ, dass 'r sich on e Zuch vun
wilde Veggel ongeschloss hat, fir uszebreche.

ANTOINE DE SAINT EXUPÉRY

De klääne Prinz

Met de Zächnunge vum Autor

Originaltitel: Le Petit Prince,
Erschienen in den Editions Gallimard, Paris, 1946

Iwersetzt in Lothringer Platt
von Marianne Haas-Heckel (2002)

Mit freundlicher Unterstützung von
Dr. Edith Braun und Dr. Hubert Zapp

Fer de Léon Werth.

De Kinner werre doch nix degeije honn, dass ich diss Buuch om e Große gewidmet honn. Do defir honn ich e guddi Usredd: der Große isch min allerbeschter Kumpel. Ich honn aah noch e onneri guddi Usredd: der Große versteht grad alles, selbscht Biecher, wu fer Kinner geschrieb sinn. Un donn honn ich e dritti Usredd: der Große läbt in Fronkräch, un dort lid 'r unner Hunger un Kelt. Desweije muss m'r ne treeschte. Wonn 's met all denne Usredde nitt longt, will ich halt das Buuch demm Kind widme, wu der Große emol gewenn isch. All große Persone sinn emol Kinner gewenn. (Awer de winnischte wisse 's noch). Mini Widmung werr ich also onnerscht usdricke:

Fer de Léon Werth,
wie 'r noch e klienes Biewel war.

I

Sellemols war ich sechs Johr alt, do honn ich emol im e Buuch iwer »erläbte Urwaldgeschichte« e herrliches Bild gesiehn, wu e Boaschlong e wildes Stick Vieh om Unnerschlicke war. Ich honn eijch das Bild nohgemach.

In demm Buuch hat 's gehääscht: »De sogenonnte Boaschlonge wurgse ihre Opfere enunner on änem Stick, ohne se kaue. Nodde kinne se sich nimmeh muckse un schloofe sechs Monat long, fer se verdaue.«

Do druffhin honn ich m'r die gonze Urwalderläbnisse e guddi Zit long durch de Kopp gehn gelosst, bets ich 's donn spitz gebrung honn, mem e Farbgriffel min erschtes Bild ze moole. So hat min Bild Nummero 1 usgesiehn:

Min Määschterstick honn ich on große Persone gezeiht un honn se gefrooht, eb se Ongscht devun hätte.

De Ontwort war: »Wieso hätt m'r donn Ongscht vum e Huut?«

'S war doch kenn Huut uff mim Bild. 'S war e Boaschlong, wu e Elefont verdaut. Donn honn ich halt de Boaschlong vun innewänzich gemoolt, dass de große Persone 's aah kinne metkriehn. M'r muss ne immer alles de bräte Wäg usleije. Das war donn min Bild Nummero 2.

De Große honn m'r geroot, de Fingere vum Moole ze losse, eb 's sich um uffene oder zuene Boaschlonge dräht, un mich besser um Geographie, Geschicht, Reche un Grammaire ze kimmere. Donn honn ich halt met sechs Johr all Hoffnung verloor, e großer Kinschtler ze werre. 'S war m'r aah gaar nimmeh drum, wie ich feschtgestellt honn, dass min Bild Nummero 1 un min Bild Nummero 2 iwerhaapt niemonde gefalle. Die Große, die verstehn jo vum Pund kenn Viertel, un 's geht äwe om e Kind uff de Schlips, wonn 's ne immer wider alles muss verklickere...

Nod honn ich halt e onneres Hondwerk usgesuucht un honn gelehrt, Fliecher fahre. In d'r gonz Welt bin ich erum gefloh un ich muss schunn soohn, de Geographie hat m'r viel geholf. Ich honn bim erschte Blick kinne soohn, eb ich in China oder Arizona binn. Das isch ebbes wärt, wonn m'r naachts nitt richtich wäs, wu m'r isch.

Min Läwe long honn ich met allerhond ernschte Liet ze duhn gehatt. De meischt Zit honn ich mich met große Persone abginn. Ich honn m'r se gudd betracht, un was se ombelongt, hat mini Mänung sich kuum gebessert.

Hie un do binn ich als uff äner geroot, wu ich nitt gaar so doof gefunn honn, donn honn ich 'm min Bild Nummero 1 gezeiht, das honn ich nämlich gudd uffgehebbt gehatt. 'S isch nur drum gong ze wisse, eb der de neetiche Gritze im Kopp hatt. Äbbä, 's war jedes Mol de selb Ontwort: »'S isch e Huut«. Do hat 's jo mem e so Kerl aah kenn Wärt gehatt ze redde vun Boaschlonge, vun Urwald oder vun Sterre. Ich honn mich änfach ongepasst un geredd vun Kaadespiele un Golfspiele, vun Schlipse oder vun Politik. Un do demet war der nod richtich zefriede, dass er 's mem e so verninftiche Bursch ze duhn gehatt hat.

II

Ich war also mutterseeleellän un honn kenn Mensch kinne min Herz usschitte, bes zu demm Daah, vor sechs Johr, wie min Fliecher mich mitte im Sahara im Stich gelosst hat. 'S isch ebbes kaput gong im Motor. Ich honn kenn Mechaniker un kenn Passachiere debie gehatt, also honn ich mich dehinner gemach un honn wille prowiere, 's selbscht ze flicke. Min Läwe hat nur om e Faade gehunk. Wasser zum Trinke honn ich kuum noch fer acht Daah iwrich gehatt.

De erschte Owed binn ich im Sond ingeschloof, 's hat dousich Meile wit un brät kenn Mensch gewohnt. Gottverlosse war ich, wie noh 'me Schiffbruch mitte im Ozeon. Was männe ihr, wie ich gestaunt honn, wie 's Daah worr isch, un ich heer e so drolliches Stimmche zu m'r soohn:
- Wottsch nitt so nett sinn... un m'r e Schoof moole?
- Was isch los?
- Geh, mool m'r e Schoof...

Ich binn wach worr un honn e Satz gemach, wie wenn ich vum Blitz getroff worr wär. Honn m'r de Aue gerieb un gudd geluht. Siehn ich jo do nitt e so klienes appartes Biewel, wu mich gonz ernscht betracht. Später honn ich das done Bild vum gemach, e besseres honn ich kenns fertich gebrung. Awer 's Bild isch längscht nitt so schnissich wie 's Muschter war. Ich konn jo nix defir. Se honn mich halt met sechs Johr nitt unnerstitzt, fir Mooler ze werre, un user zuene un uffene Boaschlonge honn ich nix dezu gelehrt ze moole.

Ich honn de Aue gerollt un gemännt, ich siehn nitt recht. Ihr missen eijch vorstelle, dass dousich Meile wit un brät kenn Mensch gewohnt hat. Un dodebie war der Klään schienbar nitt verloor, 'r war nitt emol dodmied, un nitt usgehungert un nitt verdurscht, verdaddert vun Ongscht war 'r aah nitt. Er isch m'r gaar nitt vorkumm wie e Kind, wu sich verloor hätt im Sahara, wu dousich Meile wit un brät kenn Mensch wohnt. Wie ich donn endlich wider e Wort erus krieht honn, honn ich zum gesaht:
- Ai!... Was suchsch denn du do?

Gibbt jo der mir gonz lies un dodernscht noch emol ze Ontwort:
- Wottsch nitt so nett sinn... un m'r e Schoof moole?

Ich war so fertich, ich honn kenn onneri Wahl meh gehatt, wie ze folische. 'S isch ball nitt ze fasse, ich war in Dodesgefahr, dousich Meile wit un brät hat kenn Mensch gewohnt, un ich honn e Blatt Papier un e Stylo us 'm Sack gehol. Do isch mir inkumm, dass ich jo Geographie, Geschicht, Reche un Grammaire studiert gehatt honn, moole honn ich awer nitt gelehrt gehatt. Das honn ich demm Biewel e bissje murrisch gesaaht. Un er widerum:
- Das isch doch gonz égal. Mool m'r e Schoof.

Ai, ich honn doch noch nie e Schoof gemoolt, nodde honn ich 'm halt noch emol äns vun denne zwei änziche Biller gemoolt, wu ich je spitz gebrung honn. Un zwar das met der zuene Boaschlong. Mensch! war ich baff, wie das Biewel zu mir saaht:

Später honn ich das done Bild vum gemach,
e besseres honn ich kenns fertich gebrung.

- Ai nä! ich will doch kenn Boaschlong mem e Elefont im Buch. E Boaschlong isch m'r viel ze gefährlich, un e Elefont konn ich nirjens unnerbringe. Bie mir dehemm isch nämlich winnich Plätz. Was ich bruch, das ich e Schoof. Mool m'r e Schoof.

Was honn ich gemach? Ich honn gemoolt.

Er hat gonz genau zugeluht un gesaaht:

- Nä! Nitt das, m'r sieht jo, dass das done dodsterweskronk isch. Mool m'r e onneres.

Un ich honn donn gemoolt:

Do hat min Frindche so nett 's Mul verzoh un gemännt:

- Luh mol... das isch doch gaar kenn Schoof, 's ich jo e Schoofsbuck. Der hat jo Heere...

Ich honn min Bild noch emol neij ongefong:

Un das hat 'm aah nitt gepasst, genau wie die onnere:

- Dissdo isch m'r viel ze alt. Ich will e Schoof, wu noch long ze läwe hat.

Nod hat 's m'r awer gelongt, 's war heckschti Zit, dass ich mich dehinner mach, fir denne Motor usenonner ze montiere, also honn ich 'm ebbes dehin gekritzelt un glatt ewäck gesaaht:

- So, das isch e Kischt. Un drin isch das Schoof, wu de willsch honn.

Ihr werre 's nitt glawe, demm Jung sin Gesicht isch uffgong wie e Blumm:

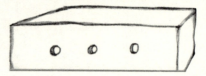

- Hoorgenau so äns honn ich gewillt! Glabsch du, dass das Schoof arich viel Gras muss honn?

- Wieso?

- Ai, bie mir dehemm isch jo so winnich Plätz...

- Uff allefall werrt 's longe. Ich honn d'r jo e klienes Schäfche ginn.

Do luht 'r das Bild vun näher on:

- 'S isch greeßer wie du männsch... Jeh! 'S isch ingeschlooft...

So honn ich sellemols de klääne Prinz kenne gelehrt.

III

'S hat e guddi Wil geduhrt, bes ich druff kumm binn, vun wu 'r härkumm isch. Er hat m'r de gonz Zit Froohe gestellt, de klääne Prinz, awer wonn ich ne ebbes gefrooht honn, hat 'r gemach, wie wenn 'r nix dätt heere. Mir isch e Licht uffgong, wal 'r hie un do doch als emol ebbes renne gelosst hat. So war 's, wie 'r 's erschte Mol miner Fliecher gesiehn hat (denne mool ich eijch uff kenne Fall, das binn ich nitt fähich ze mache), do hat 'r mich gefrooht:

- Ai, was isch donn das fer e Ding?

- Das isch kenn Ding. Das konn fliehe. 'S isch e Fliecher. Miner Fliecher isch das.

Un ich honn 'm gonz stolz gesaaht, dass ich fliehe duhn. Do hat 'r e Krääsch losgelosst:

- Saah numme! du bisch vum Himmel erunner gefall!
- Ai jo, honn ich änfach gemännt.
- Also nä! isch das luschtich!...

Nodde hat de klääne Prinz so goldich gekittert, un das hat mich arich uffgereescht. Ich honn 's doch nitt neetich, usgelacht ze werre, wonn m'r e Unglick passiert. Un dezu saaht 'r noch:
- So! du duhsch aah vum Himmel härkumme! Ja, un vun wellem Planet?

Do sinn mir so longsom de Aue uffgong, ich honn m'r so halwer kinne denke, vun wuhär 'r kumm isch, un honn ne glatt gefrooht:
- Äbbä, donn kummsch du vum e onnere Planet?

Ich honn awer kenn Ontwort krieht. Er hat min Fliecher ongeluht un mem Kopp gewackelt:
- Ai jo, mem e so Ding do, konnsch waijer nitt vun wit här kumm sinn...

Do druff hin isch 'r ziemlich long gonz in sine Gedonke verdieft geblib. Uff ämol hat 'r in de Sack gegreff, min Schoof erus gehol un hat sich de Aue usgeluht noh sinem Schatz.

Denken' emol, das hat m'r nitt geruht, 'r hat m'r ze viel oder ze winnich verroot iwer »de onnere Planete«. Nodde honn ich e bissje meh wille eruskriehn vun ihm:
-Vun wu bisch donn du, min Klääner? Wu isch das, »bie dir dehemm«? Wuhin willsch donn du met mim Schoof?

Er hat sich Zit gelosst, fer gudd ze iwerleije, un hat m'r gesaaht:
- Das isch jo prima, dass de m'r die Kischt ginn hasch, do hat 's naachts e Hus.
- Ai allewäh. Un wenn de dich schicksch, kriehsch aah noch e Stronk, fer 's iwer Daah onzebinne. Un noch e Poschte dezu.

Ich glab, dass 's kenn guddi Idée war, de klääne Prinz war schockiert:

De klääne Prinz uff 'm Asteroid B 612.

-'S Schoof onbinne? Isch das e Schnapsidée!
- Ai, wenn 's awer nitt ongebunn isch, do haut 's ab, un de duhsch 's nimmeh finne.

   Nod hat min Frindche sich schunn wider e Scholle gelacht:
- Mensch! wu sott 's donn hingehn!
- Ègal wuhin. Als riecht vor sich hin...
   Do hat de klääne Prinz m'r gonz ernscht gesaaht:
- Das macht doch nix, bie mir isch 's jo so klien!
   Un mem e truriche Stimmche hat 'r noch dezu gesaaht:
- Als riecht vor sich hin, kummt m'r nitt wit ...

IV

   Dodemet isch m'r zum zwätte Mol ebbes Wichtiches klar worr: de Planet, wu 'r härkummt, isch kuum greeßer wie e Hus!

   Das hat mich awer witerscht nitt gewunnert. Ich honn näm-lich genau gewisst, dass 's user denne große Planete, wu e Noome honn, de Erd, Jupiter, Mars, Venus, Hunnerte un Hunnerte gibbt, wu so klien sinn, dass m'r se nitt emol mem Fernrohr duht siehn. Un finnt e Sterregickler emol äner devun, donn gibbt er 'm gonz änfach e Nummero als Noome. Donn hääscht 'r, zum Beispiel: »Asteroid 3251«.

Ich wott grad männe, dass de klääne Prinz vum Asteroid B 612 härkumm wär. Denne Asteroid hat nur äner fertich gebrung ze siehn in sim Fernrohr, un das war 1909 e tirkischer Sterregickler.

Der hat donn uff 'me internationale Kongress sini Endeckung vorgestellt. Numme, wal 'r so ufffällich ongezoh war, isch 'r nitt ernscht genumm worr. So sinn se halt, de große Persone.

Än Glick, dass 's tirkische Volk gezwung worr isch, sich onzeziehe wie mir in Europa. So hat 's e Herrscher gewillt, un wer nitt gefollischt hat, isch umgebrung worr. Un donn isch d'r Asteroid B 612 wider zum Vorschin kumm, wal de selwe Sterregickler, sehr schick ongedohn mem e Onzuch, ne 1920 widerum vorgestellt hat. Un dissmol hat kenn Mensch meh ebbes uszesetze gehatt on siner Endeckung.

'S isch jo numme weije de große Persone, wu ich eijch das alles iwer de Asteroid B 612 gesaaht honn, sogar sin Nummero honn ich eijch verroot. De große Persone sinn nämlich scharf uff Zahle. Verzehle ihr ne mol vum e neije Frind, do froohe die eijch nur dummes Zeijch, de Haaptsach losse se links leije. Se dätte nie soohn: »Hat 'r e ongenemmi Stimm? Was spielt 'r om liebschte? Isch 's e Bubellersommler?«

Was se wille wisse isch: »Wie alt isch 'r? Wieviel Brieder hat 'r? Wie schwär isch 'r Was duht sin Bappe verdiene?« Un denoh bille se sich in, dass se ne kenne. Ihr bruche denne nitt ze soohn: »Honn ich e scheenes Hus gesiehn! das isch gonz us rosarote Backstään un hat Geranie on de Finschtere un Duwe uff 'm Dach...«, do kinne die sich kenn Bild mache. Awer wenn m'r ne saaht: »Ich honn e Hus gesiehn, das koscht hunnert dousich Fronke«, nodde kriehn se sich nimmeh: »Mensch! wie scheen!«

'S hat gaar kenn Wärt, ne ze soohn: »Ich konn eijch bewiese, dass 's de klääne Prinz wirklich ginn hat: 'r war schnissich, 'r hat gelacht un 'r hat e Schoof wille honn. M'r konn doch nitt e Schoof wille honn, wenn m'r nitt exischtiert«, do hole die emm fer kinsch! M'r brucht nur ze soohn: »De Asteroid B 612, dort isch 'r härkumm«, das glaawe se bim erschte Mol, un nodde isch Ruh mem Froohe. So sinn se halt. Se männe 's jo nitt bees. De Kinner misse äwe arich Verstehschdemich honn fir de große Persone.

Unseräner hat jo Ohnung vum Läwe, was leijt uns on Zahle! Ich hätt om allerliebschte die Geschicht do ongefong wie e Märche. Ich hätt wotte soohn:

-'S isch emol e klääner Prinz gewenn, 'r hat uff 'm e Planet gewohnt, wu kuum greeßer war wie er, un demm klääne Prinz hat e Frind gefählt...

Das wär ebbes Richtiches gewenn fer de Liet, wu Ohnung honn vum Läwe.

Ich wott iwerhaapt nitt, dass min Buuch nitt ernscht genumm werrt. 'S hat m'r e so Weh gedohn, fir das alles ze verzehle, wie 's domols war. Sechs Johr sinn jetz schunn erum, zit dass min Frind un sin Schoof nimmeh do sinn. Un ich gibb m'r Mieh, fir ne so gudd wie mehschlich ze beschriewe, wal ich ne äwe nitt vergesse wott. E Frind, wu m'r vergesst, das isch ebbes Truriches. 'S hat nitt e jeder das Glick gehatt, e Frind ze honn. Un donn wott ich uff kenne Fall so werre, wie de große Persone, wu sich numme met Zahle abginn. Also honn ich m'r Faarbgriffle kaaf un Bleijstifte. Nur, in mim Älter isch's nitt so änfach, fer sich wider on 's Moole ze mache. User e zueni un e uffeni Boaschlong, wu ich met sechs Johr gemoolt honn, honn ich niemols meh prowiert. Natierlich werr ich mich onstrenge, dass de Biller ussiehn, wie 's in Wirklichkätt war. Ich konn awer nitt versproche, dass 's klappt. Ämol geroot e Bild, un 's Mol druff hau ich denäwe. 'S konn vorkumme, dass ich mich met de Greeß verduhn. Uff demm Bild isch de klääne Prinz ze groß. Un uff demm isch 'r ze klään. Ich kumm aah nimmeh druff, welli Faarb sine Kläder gehatt honn. Donn prowier ich halt emol so un emol onnersch, so wie 's om beschte geht. Ich werr mich aah sicher verhaue met monche Kläänichkätte, wu awer wichtich sinn. Das missen ihr äwe verstehn. Min Frind hat m'r jo nie nix usgeleijt. Er werrt gemännt honn, dass ich so binn wie er. Läder Gottes wäs ich nitt, wie m'r 's fertich bringt, fir Schääf in zuene Kischte ze siehn. Isch 's villicht, dass ich de große Persone gliche dätt? 'S kinnt aah sinn, dass ich älter werr.

V

Ich honn jede Daah ebbes Neijes erus kriecht iwer sin Planet, un wie 'r devun furt isch, un aah iwer sini Rääs. Hie un do hat 'r als ebbes los gelosst. So honn ich om dritte Daah 's Drama met denne Affebrodbääm erfahr.

Das hat aah wider mem Schoof ze duhn gehatt, wal 'r hat mich uff ämol gefrooht, wie wenn 'r om Zweijwle wär:
- Gell, 's isch wohr, dass de Schääf Bäämcher fresse?
- Ai allewäh, isch 's wohr.
- Ouh! do binn ich awer froh!

Ich honn nitt kapiert, wieso 's wichtich isch, eb de Schääf Bäämcher fresse oder nitt. Nod hat de klääne Prinz gesaaht:
- Donn fresse se aah de Affebrodbääm?
Ich honn 'm klääne Prinz usgeleijt, dass Affebrodbääm kenn Bäämcher sinn, dass se so groß sinn wie e Kirch un dass nitt emol e gonzi Härd Elefonte än änzicher Affebrodboom dätt klienkriehn.
Die Härd Elefonte, das hat de klääne Prinz lache gemach:
- Un wenn m'r se uffenonner dätt stelle ...
So richtich altgescheijt hat 'r gesaaht:
- Eb dass die groß sinn, die Affebrodbääm, do sinn se doch zerscht emol klien.
- Das stimmt! Awer fer was sotte donn dine Schääf de kliene Affebrodbääm fresse?
Un do saaht er m'r: »Ai! das isch doch klar!«, grad wie wenn e jeder das misst wisse. Ich honn m'r awer schwär de Kopp verbroch, bes dass ich ohne sini Hilf verstonn honn, was 'r dodebie gemännt hat.
Uff 'm klääne Prinz sim Planet, wie uff all onnere Planete, do hat's nämlich gud-de Plonze un Unkrut ginn. Un natierlich So-ome vun gudde Plonze un Unkrutsoome. Awer de Soomekäre, die sieht m'r jo nitt. Die schloofe gudd versteckelt unner de Erd, un om e scheene Daah kriecht äner Käre de Rappel, wach ze werre. Nodde streckt 'r sich un zeiht d'r Sunn e so gonz klienes nettes Stängelche. E Radisjestängelche oder e Rosestängelche, die

konn m'r jo ruhich wachse lonn. Stellt 's sich awer
erus, dass 's Unkrut isch, do gibbt 's nix, die misse
glich usgeroppt werre. Un uff 'm klääne Prinz sim
Planet do hat 's firchterliche Soomekäre ginn... das
war Affebrodbäämsoome. Vun denne hat 's gewuwelt
im Bodde vum Planet. Awer e Affebrodboom, denne
därf m'r uff kenne Fall verpasse, sunscht werrt m'r ne
nimmeh los. Do blibt kenn Happe Plätz meh freij uff
'm Planet. Demm sine Wurzle, die bohre de Planet
durch un durch. Un wonn 's ze viel Affebrodbääm
uff 'me zu kliene Planet gibbt, donn mache se ne use-
nonnerplatze.

- Do gibbt 's nur äns, un do muss m'r sich dron halle, hat de klääne Prinz m'r später emol gesaaht. Alle Morje, wonn m'r sich suwer gewescht hat, nod muss m'r aah noch sin Planet grindlich suwer mache. Allegebot un immerwider misse de kliene Affebrodbääm usgeroppt werre, soball wie m'r se nimmeh met de kliene Rosesteck verwechsle konn. 'S isch äwe arich longwillich ze duhn, awer gaar nitt schwär.

Emol hat er m'r de Root ginn, dass ich mich bemiehe sott, e scheenes Bild ze moole, un 's de Kinner uff de Erd ze zeihe, dass se das gonze Gedings aah gudd kapiere. »Duhn se später emol verräse, wär 's villicht nitt unnitz«, hat 'r gemännt. »'S macht jo nix, wonn m'r monchmol sin Ärwet nitt bie Zite macht. Numme, wenn 's sich um Affebrodbääm dräht, do krieht m'r schwär Huddel. 'S war e Planet, wu e Fullenzer druff geläbt hat. Der hat sich gaar nitt drum gekimmert, dass do jo dreij Bäämcher gewachst sinn...«

Donn honn ich denne Planet gemoolt, genau so wie de klääne Prinz m'r 's verzehlt hat. Ich wott nitt, dass m'r männt, dass ich prediche will, awer 's honn so winnich Liet e Ohnung, wie gefährlich de Affebrodbääm kinne sinn fir jemonde, wu sich im e Asteroid verliere dätt, un desweije mach ich halt e Usnohm un soohn: »Ihr Kinner! Nemme eijch nur gudd in Acht met Affebrodbääm!« Fer das Bild do honn ich m'r gonz besunnerscht viel Mieh ginn, wal ich dodemet all mine Frinde gewillt honn uffmerksom mache uff das, was ne bliehe kinnt un wu se nitt emol nix devun wisse. 'S hat sich gelohnt, dass ich ne Beschäd gesaaht honn. Villicht werren ihr eijch wunnere, dass nitt meh so großaartiche Biller wie das met de Affebrodbääm in demm Buuch ze finne sinn? Ai, das isch doch gonz änfach: prowiert honn ich, 's isch m'r awer nitt jedesmol so gudd geroot. Un userdemm, wie ich die Affebrodbääm gemoolt honn, do honn ich gespiert, dass kenn Zit meh ze verliere war.

De Affebrodbääm.

VI

O! du klääänes Prinzje, so longsom honn ich m'r kinne e Bild mache, wie trurich din klään Läwe war. 'S Änzichte, was dich devun abgelenkt hat, war de zart Stimmung vum Sunneunnergong. Diss isch m'r klar worr om vierte Morje, wie de m'r gesaaht hasch:

- Ich sieh so gär de Sunn unnergehn. Kumm, m'r gehn e Sunneunnergong luhn...

- Ai, do musch awer noch e bissel waarte...

- Uff was muss ich waarte?

- Musch waarte, bets de Sunn unnergeht.

Zerscht warsch de stutzich un donn hasch iwer dich selwer gelacht un zu m'r gesaaht:

- Ich honn schunn wider vergess, dass ich nitt dehemm binn bie mir!

Ai jo. 'S wäs doch e jeder, dass, wenn 's Middah isch

in Amerika, donn geht de Sunn unner in Fronkräch. Fir
denne Sunneunnergong ze gesiehn, misst m'r kinne in
äner Minut noh Fronkräch kumme. Awer Fronkräch isch
jo läder viel ze wit. Un du uff dim winziche Planet, du
hasch numme bruche din Stuhl e bissje riwer ricke. Nod
hasch de Owedsunn gesiehn, so oft wie de Luscht gehatt
hasch...
- Ich honn emol on änem Daah vierevierzich Mool zugeluht,
wie de Sunn unnergeht!
    E bissel später hasch aah noch gesaaht:
- Ja wäsch... wonn m'r so trurich isch, do luht m'r gär de Sunn
unnergehn...
- Selle Daah, wu de se vierevierzich Mol geluht hasch, warsch
do arich trurich gewenn?
    Ich honn awer kenn Ontwort krieht vum klääne Prinz.

VII

Om fünefte Daah honn ich schunn wider weije 'm Schoof
e Geheimnis us 'm Läwe vum klääne Prinz erfahr. Frooht 'r
mich jo pletzlich, so mir nix dir nix, grad wie wenn 'r schunn
long do driwer nohgedenkt hätt:
- E Schoof, wenn 's Bäämcher fresse duht, donn fresst 's jo
aah Blumme?
- E Schoof fresst alles, wie 's kummt.
- Sogar Blumme, wu Deere honn?
- Jo, sogar Blumme, wu Deere honn.
- Ai fer was sinn donn de Deere do?
    Ich honn 's äwe nitt gewisst. Ich honn Huddel gehatt mem e
Bolze vum Motor, denne honn ich nimmeh kinne uffschruwe.
'S hat schwaarz usgesiehn, fer miner Fliecher wider in e Reij
ze kriehn, un Trinkwasser honn ich aah ball kemmeh gehatt,
do war ich schunn uff 's Schlimmschte gefasst.

- Fer was sinn donn de Deere do?

De klääne Prinz hat kenni vun sine Froohe ohne Ontwort wille losse, 'r hat nie uffginn. Ich honn mich uffgereescht iwer denne blöde Bolze un honn 'm ohne ze iwerleije gesaaht:
- De Deere sinn fer gaar nix do, das isch numme us Boshätt, wu de Blumme se honn!
- Jeh!

Zerscht isch 'r gonz still geblib un donn hat 'r uffgemuckt:
- Das glaw ich d'r nitt! Blumme sinn machtlos. Se wisse jo vun nix. Se mache, was se kinne, fer sich ze wehre. Se bille sich wunnerscht was in met ihre Deere, wie wenn allegär sich devor grusle dätte...

Ich honn 'm kenn Ontwort ginn. In demm Moment honn ich nämlich fer mich gedenkt: »Wenn der Bolze jetz nitt endlich nohgibbt, donn schloohn ne ab mem Hommer.« Do hat de klääne Prinz mich schunn wider us mine Gedonke gezoh:
- Ja, un du glaabsch wirklich, dass de Blumme...
- O wuhär! Ich glaab gaar nix! De Ontwort, wu ich d'r ginn honn, das war Quatsch. Ich, ich honn do ebbes Wichtiches ze duhn!

Nod hat 'r mich gonz baff ongeluht.
- Was! Ebbes Wichtiches!

Er hat m'r zugeluht, wie ich geknoddelt honn om e Ding, wu 'r furchbar wiescht gefunn hat, ich mem Hommer in de Hond un de Fingere gonz schwaarz vun Haarz.
- Du reddsch genau wie de Große!

Do honn ich mich e bissel geschämt. Er hat m'r awer de Mänung gesaaht:
- Du verwechselsch jo alles... du verstehsch alles durchenonner!

Er war richtich uffgereescht un hat sine goldene Hoor im Wind geschittelt:
- Ich kenn e Planet, do läbt e Monn mem e Kopp so knallrot wie e Bubbelhohn. Noch nie hat der on 're Blumm ge-

schmackt. Noch nie hat der e Sterre betracht. Noch nie hat
der jemonde gär gehatt. User zommezehle hat der noch nie
nix onneres gemach. Un de gonze Daah saaht 'r als 's selwe
wie du: »Ich binn e wichticher Mensch! Ich binn e wichticher
Mensch!« un do platzt 'r ball
vun luter Stolz. Awer so äner
isch doch kenn Mensch, das
isch e Drieschling!
- E was?
- E Drieschling!
   Allewei isch de klääne Prinz
kriedewiss worr vun Wut.
- Jetz wachse schunn zit
Millione Johre Deere uff
de Blumme. Un zit Millio-
ne Johre duhn de Schääf de
Blumme doch fresse. Ja, isch
donn das villicht nitt wich-
tich ze wisse, fer was se sich
so bemiehe, Deere ze honn,
wu nitt emol ebbes nutze?
Un de Kriech zwische de
Schääf un de Blumme, isch
das nitt wichtich? Isch das
nitt ernschter un wichticher
wie de Zommezehlereij vum
e dicke rote Monn? Un ich,
ich kenn e änzichaartichi
Blumm, die gibbt 's nirjens
uff de Welt user uff mim
Planet, un die konn emol
gonz pletzlich om e scheene
Morje verschwinne,
numme wal e Schääf-
che gaar nitt wäs, was

67

's gemach hat, isch donn das villicht nix Wichtiches?

Er isch gonz rot worr un hat gesaaht:

- Wenn m'r e Blumm gär hat, wu 's nur äni änzichi devun gibbt in denne Millione un Millione Sterre, do isch m'r schunn glicklich, ellän wonn m'r de Sterre onluht. Nod denkt m'r: »Dort irgendwu isch se, mini Blumm...« Wenn 's Schoof die Blumm awer fresse duht, do männt m'r grad, dass uff ämol all Sterre vum Himmel dätte usgehn. Un du finnsch, dass das nitt wichtich isch!

Er hat kenn Wort meh rusgebrung. Pletzlich hat 'r bitter gehielt. 'S isch jetz Naacht gewenn. Min Werkzeich honn ich ewäck geleijt. Min Hommer, miner Bolze, de Durscht un de Dod, was hat mir noch do dron geläh? 'S war e klääner Prinz ze treeschte uff 'me Stern, uff 'me Planet, uff minem Planet, uff de Erd! Ich honn ne uff min Herz gedrickt. Ich honn ne geschoggelt. Ich honn 'm gesaaht: »Musch kenn Ongscht honn fer dini Blumm... Din Schoof krieht e Mulkorb ge- moolt... Ich mool d'r e Schurm fer dini Blumm... Ich...« Ich honn nimmeh gewisst, was ich 'm noch kinnt soohn. Ich binn m'r so richtich toopich vorkumm. Ich honn m'r kenn Root meh gewisst, fer 'm nährcr ze sinn, fer met 'm ze sinn... Ich binn e so verloor gewenn im Lond vun de Träne.

VIII

'S hat nitt long geduhrt, bes ich meh gewisst honn vun der Blumm. Uff 'm klääne Prinz sim Planet hat 's schunn immer Blumme ginn, gonz änfache met nur äner Reij Blieteblätter, die honn gaar nitt viel Plätz gehol un honn niemonde ge- steert. Morjens sinn se us 'm Gras geschlupt un oweds ware se schunn wallich. Om e scheene Daah isch awer die done ge- kiemt us 'me Soomeküre, wu vun Gott wäs wuhär kumm isch, un de klääne Prinz hat gonz extra uffgepasst uff das Stängelche do, wu gaar nitt war wie die onnere. Nitt, dass 's uff ämol e neiji Art Affebrodbääm isch. Diss Bäämche war awer schnell usgewachst, un ball hat m'r e Blieteknopp gesiehn kumme. De klääne Prinz hat zugeluht, wie der Knopp immer dicker worr isch, un 'r hat sich kinne vorstelle, dass do ebbes gonz Wunnerbares erus kumme dätt. Gudd versteckelt in ihrem griene Kämmerle hat de Blumm sich scheen ronschiert. De Faarwe hat se sich fein erus gesucht. Se hat sich gonz gemellich ongedohn un ihre Blieteblätter scheen in e Reij gemach. So zottlich wie de Bliete vum Klatschmohn hat se jo nitt wille rus kumme. Se hat äwe wille zeihe, wie se vor luter Scheenhätt strahlt. Äbbä jo! Se hat viel uff ihr Ussiehn gehall! Das hat daahelong geduhrt, bes se met demm Gedings fertich worr isch. Un donn om e scheene Morje hat se sich gezeiht, grad in demm Moment, wu de Sunn uffgong isch.

Wu se sich doch e so verdifdelt hat, gaubst se un saaht:
- O! Ich binn grad do äwe wach worr... Ihr misse mich enschulliche... Ich binn noch gonz struwlich...

De klääne Prinz war gonz ewäck, wie 'r se betracht hat:
- Mensch! Sinn Ihr scheen!
- Gell? saaht se gonz lies. Un ich binn sogar uffgong im selwe wie de Sunn...

De klääne Prinz hat jo gemerkt, dass se e bissel e Kraddel gehatt hat, awer 'r war doch geriehrt!
- Ich dätt männe, 's isch Zit fer 's Morjeesse, hat se noch gesaaht, wotten Ihr so gudd sinn un mich nitt vergesse...

De klääne Prinz hat sich gonz dumm gefunn un hat 'r e Gießkonn frisches Wasser ginn.

'S hat nitt long geduhrt, do isch se ihm so longsom uff de Wecker gong met ihre Fisematendcher. Saaht se jo emol zum klääne Prinz vun ihre vier Deere:

- Die solle m'r nur kumme, de Tigere met ihre Kralle!

- Uff mim Planet gibbt 's jo gaar kenn Tigere, hat de klääne Prinz gesaaht, un sowieso duhn de Tigere kenn Gras fresse.

- Ich binn doch kenn Gras, hat de Blumm gepischpert.

- O! Nix fer ungudd...

- Ich fercht mich nitt vor Tigere, awer Durchzuck duhn ich nitt vertrohn. Honn Ihr villicht ebbes, fer mich devun ze schitze?

- Durchzuck duht se nitt vertrohn... Fer e Plonz isch das awer Pech, hat de klääne Prinz gemännt. Macht die Firz dohär...

- Mache mich oweds unner e Glasglock. Bie Eijch isch 's arich kalt. Gemietlich isch 's do iwerhaapt nitt. Nitt wie do, wu ich härkumm...

Awer do hat se uff emol nix meh gesaaht. Se war als Soomekääre kumm, wie hätt se donn ebbes kinne wisse vun e onnerer Welt? Se hat sich blamiert gefunn, wal se doch schwär uffgefall isch met ihrer änfällich Liehereij, nod hat se zwei oder dreijmol gehieschtelt, fer 'm klääne Prinz Unrecht ze ginn:

- Ja, was isch? Kriehn ich ebbes, fer mich ze schitze?...
- Ich hätt 's jo gehol, awer Ihr waren om Redde gewenn met mir!

Nod hat se so richtich fescht gehuuscht, dass 'r sich jo soll schullich fiehle.

Er hat 's gudd gemännt met ihr un hat se lieb gehatt, awer do hat de klääne Prinz ihr nix meh kinne glawe. Er hat ernscht genumm gehatt, was nur Gebappel war, un das hat 'm schwär uff 'm Herz geläh.

- Hätt ich numme nitt zugehorscht, hatt er m'r emol gesaaht, m'r soll niemols de Blumme zuhorsche. Onluhn soll m'r se, un dron schmacke. Uff mim Planet hat 's wunnerbar geschmackt weije ihr, awer ich honn nitt emol Frääd dron gehatt. Die Sach met denne Kralle, wu ich mich so uffgereescht honn, die hätt mich doch solle riehre...

Nod hat er m'r noch ebbes on 's Herz geleijt:
- Sellemols honn ich gaar nix begreff! Ich hätt solle Wärt leije uff das, was se gemach hat, nitt uff das, was se gesaaht hat. Ihr Duft un ihri Scheenhätt hat se m'r geschenkt. Ich hätt niemols dirfe abhaue! Gefiehl hätt ich misse honn fer die Zärtlichkätt, wu se hinner ihre Fisematendcher versteckelt hat. De Blumme sinn ämol so un ämol so, m'r wäs nie, wu m'r dron isch met ne. Domols war ich viel ze jung, ich honn jo kenn Ohnung gehatt, wie m'r macht, fer se lieb ze honn.

IX

Ich männ, dass 'r sich on e Zuch vun Wilde Veggel ongeschloss hat, fir uszebreche. Selle Morje, wu 'r furt isch, hat 'r sin Planet suwer uffgerumt. Wie 's e Schorschtefäher mache duht, hat 'r sine Vulkone gudd gebutzt. Er hat zwei Vulkone gehatt, wu on ware. Un das war gonz praktisch, fir sich morjens e waarmes Friehstick ze mache. Er hat aah noch e Vulkon gehatt, wu us war. Awer »M'r konn jo nie wisse!« hat 'r gemännt. Also hat 'r denne, wu us war, aah gebutzt. Gudd gebutzte Vulkone brenne scheen ruhich un regelmäßich, ohne dass se sputze. Das isch wie e Kaminbrond, wenn e Vulkon sputzt. Bie uns uff de Erd isch 's natierlich unmehschlich, de Vulkone ze butze, dodefir sinn mir viel ze klien. Un desweije mache die uns e Hufe Misär.

De klääne Prinz war e bissel trurich, wie 'r de letschte Affebrodbäämcher usgeroppt hat. Wie wenn 'r niemols meh zerickkumme sott. Alles, was 'r on demm Morje geschafft hat, isch 'm gonz licht vun d'r Hond gong. Un wie er 's letschte Mol de Blumm gesprenst hat un se zudecke gewillt hat met d'r Glasglock, hätt 'r om liebschte gehielt.
- Äddé, hat 'r zu de Blumm gesaaht.

Se hat 'm awer kenn Ontwort ginn.
- Äddé, hat 'r noch emol gesaaht.

De Blumm hat gehuuscht. 'S war awer nitt, wal se de Schnuppe gehatt hat.
- Ich honn mich bleed benumm, hat se endlich gemännt. Musch 's nitt bees nemme. Mach, dass de glicklich werrsch.

Er hat gestaunt, wal se nix ze meckere gehatt hat. Gonz versteert hat 'r do gestonn, met de Glasglock in de Hond. Er hat nitt kinne verstehn, dass se so ruhich un so zärtlich war.

Wie 's e Schorschtefäher mache duht, hat 'r sine Vulkone gudd gebutzt.

- Ai jo, honn ich dich lieb, saaht 'm de Blumm. Ich binn Schuld dron, dass de nix devun gewisst hasch. Das isch gonz égal. Du hasch dich awer genau so bleed benumm wie ich. Mach, dass de glicklich werrsch... Loss m'r die Glasglock do wäck. Ich will se nimmeh.
- Ja, un de Wind...
- So verkelt binn ich jo gaar nitt... E bissel frischi Luft naachts, das werrt m'r gudd duhn. Ich binn jo e Blumm.
- Ja, un 's wilde Vieh...
- Ich werr doch zwei oder dreij Rupe vertroohn, wie will ich donn sunscht de Bubellere kenne lehre? Die solle so scheen sinn. Wer kinnt mich sunscht uffbesuche kumme? Du, du bisch donn wit furt. Un vun de große Sticker Vieh honn ich kenn Ongscht. Ich honn jo mine Kralle.

Un do zeiht se so richtich änfällich ihre vier Deere. Nod saaht se:
- Jetz mach, dass 's e Geschick gibbt, das geht m'r uff de Nerve. De hasch wille furt gehn. Mach dich jetz ab.

Er hat nämlich nitt solle siehn, dass se hiele duht. 'S war jo e arich stolzi Blumm gewenn...

X

Er isch in de Gähnd vun de Asteroide 325, 326, 327, 328, 329 un 330 gewenn. Er isch se sich onluhn gong, fir ze wisse, ob dort ebbes ze mache isch, un aah fir ebbes dezu ze lehre.

Uff 'm erschte hat e Keenich geläbt. Der Keenich war ongedohn met Purpur un Hermelin un hat uff 'me gonz änfache, awer großaartiche Thron gesitzt.
- Aha! Do isch jo äner vun mine »Unnertane«! hat de Keenich gekresch, wie 'r de klääne Prinz gesiehn hat.

Do hat de klääne Prinz iwerleijt:
- Wuhär kennt donn der mich, der hat mich doch noch nie gesiehn?
Er hat jo nitt gewisst, dass de Welt ebbes gonz Änfaches isch fir e Keenich. De Mensche sinn äwe allegär »Unnertane« fer ihne.
- Kumm mol dohär, dass ich dich gudd betrachte konn, saaht 'm de Keenich, wu gonz stolz war, dass 'r endlich emol de Geläjehätt gehatt hat, fer jemonde Keenich ze sinn.
De klääne Prinz hat um sich erum geluht, fer e Plätz ze finne, wu 'r sich hinhucke kinnt, awer de wunnerscheene Hermelinmontel hat alles zugedeckt. Nod ich 'r halt stehn geblib un hat gegaubst, 'r war nämlich mied.
- So ebbes gitt 's doch nitt, dass m'r vor 'm e Keenich gaubst. Das verbiet ich d'r.
- Ich muss gaubse, 's geht nitt onnerscht, hat de klääne Prinz gonz scheniert geontwort. Ich honn e longi Rääs hinner m'r un ich honn nitt geschloof...
- Also donn will ich, dass de gaubsch. Ich honn schunn johrelong niemond meh gesiehn gaubse. Ich finn die Gaubsereij gonz usergewehnlich. Je! gaubs witersch. Ich hääsch dich 's ze mache.
- Ich trou nimmeh... 's geht nimmeh..., hat de klääne Prinz gesaaht un isch gonz rot worr.
- Hm! Hm! hat de Keenich gemach. Ai donn hääsch ich dich emol ze gaubse un emol ze...
Er hat e bissel gestruddelt, m'r hätt grad gemännt, 'r wär wietich gewenn.
De Haaptsach war nämlich fer de Keenich, dass m'r Reschpekt vor ihm hat. Fer ihne isch 's gaar nitt in Frooh kumm, dass jemond nitt uff ne horsche dätt. User ihm hat niemond ebbes ze soohn gehatt. Awer er war e herzgudder Mensch gewenn un hat nie e unverninftiches Kommondo ginn.

- Soohn m'r mol, ich dätt, hat 'r eftersch gesaaht, soohn
m'r mol, ich dätt e General hääsche, sich in e Meeresvoggel
ze verwonnle, un wenn de General nitt folische dätt, das
wär doch nitt 'm General sin Fähler, das wär miner Fähler.
- Kinnt ich mich hucke? hat de klääne Prinz gonz sche-
niert gefrooht.
- Du musch dich hucke, saaht 'm de Keenich un zieht e
bissel sin Hermelinmontel zerick.

Awer de klääne Prinz hat sich gewunnert. Der Planet isch winzich klien gewenn. Iwer was hat donn de Keenich iwerhaapt kinne regiere?

- Majeschtät, saaht er 'm... Ihr misse mich enschulliche, awer ich dätt Eijch gär ebbes froohe...

- Du musch mich ebbes froohe, hat de Keenich glich gesaaht.

- Majeschtät... iwer was regiere Ihr donn?

- Iwer alles, hat 'm de Keenich gonz änfach gesaaht.

- Iwer alles?

Un do zeiht de Keenich änfach sin Planet, de onnere Planete un de Sterre.

- Iwer das alles? männt de klääne Prinz.

- Iwer das alles..., saaht de Keenich.

Er hat nämlich nitt nur 's Kommondo iwer all Liet gehatt, awer aah iwer de gonz Welt.

- Ja, un de Sterre, horsche die uff Eijch?

- Allewäh duhn die glich horsche. Ich loss m'r das nitt gefalle, wenn ich nitt gehorscht kriehn.

De klääne Prinz hat sich nimmeh krieht, dass m'r so e Macht konn honn. Wenn 'r aah e so kommediere gekinnt hätt, do hätt 'r nitt numme vierevierzich, awer zweijesiebzich, oder hunnert, sogar zweihunnert mol kinne de Sunn unnergehn siehn on änem Daah, un noch ohne dass 'r siner Stuhl ricke bricht! Un wal 'r e bissel Hemmweh gehatt hat noh sinem Planet, wu 'r verlosst hat, hat 'r sich getrout, 'm Keenich e Gefalle ze verlonge:

- Ich honn so Luscht, e Sunneunnergong ze siehn... Wenn 's beliebt... Hääsche doch de Sunn unnergehn...

- Wenn ich dätt e General hääsche vun äner Blumm uff de onner ze fliehe, so wie e Bubeller, oder e Tragédie ze schriwe, oder sich in e Meeresvoggel ze verwonnle, un wenn de General 's nitt mache dätt, was 'r gehääscht worr isch, wer wott donn im Fähler sinn, er oder ich?

- Ihr wären im Fähler, hat de klääne Prinz gonz stromm ge-
saaht.
- Richtich. M'r soll numme verlonge vun jemonde, was 'r fä-
hich isch ze leischte. Reschpektiert werrt m'r, wonn m'r met
Vernunft kommediert. Wonn du dinem Volk verlongsch,
dass 's sich in 's Meer stirtzt, do stellt 's sich geije dich.
Ich konn m'r 's erlaawe, streng ze sinn, wal ich verninftich
kommedier.
- Ja, un min Sunneunnergong? hat de klääne Prinz noch emol
gefrooht, wal, wenn der ebbes im Kopp gehatt hat, do hat er
's nitt sunschtwu gehatt.
- Kriehsch ne schun, diner Sunneunnergong. Ich werr druff
bestehn. Awer ich will waarte, bes 's om beschte klappe duht,
dodevun honn ich nämlich Ohnung.
- Un wonn isch das? hat de klääne Prinz sich erkunnicht.
- Hm! Hm! hat de Keenich gemach un im e große Kalenner
nohgeluht, hm! hm! das isch so geije... geije... das isch heijt
owed so geije zwonzich vor acht! Un do werrsch du mol siehn,
wie gudd uff mich gehorscht werrt.
De klääne Prinz hat gegaubst. 'S isch schad gewenn, dass
'r de Sunneunnergong verpasst hat. Un dezu isch 's 'm do e
bissel longwillich worr:
- Do honn ich jo nix meh ze verliere, hat 'r zum Keenich
gesaaht. Ich geh wider furt!
- Nä, musch nitt furtgehn, saaht 'm de Keenich, gonz stolz,
wal 'r iwer jemonde herrsche gekinnt hat. Musch noch nitt
furtgehn, ich mach us dir e Minischter!
- Was for Minischter?
- Ai... Justizminischter!
- 'S isch jo iwerhaapt kenn Mensch do ze richte!
- Wer wäs, hat de Keenich gesaaht. Ich binn noch nitt iwerall
luhn gewenn in mim Keenichräch. Ich binn furchbar alt,
fer e Kutsch honn ich nitt genuch Plätz, un ze Fuß werr ich
arich mied.
- Oh! saaht de klääne Prinz un bickt sich, fer e Blick uff de

onner Sit vum Planet ze werfe, ich honn geluht, do iwe isch aah niemond...

- Nodde duhsch dich halt selbscht richte, hat de Keenich gesaaht. Un das isch 's Allerschwärschte. 'S isch viel änfacher, de onnere Liet ze richte, wie sich selbscht. Wenn de 's fertich bringsch, dich selwer gudd ze richte, donn konn m'r soohn, dass du ebbes im Kopp hasch.

- Das isch doch gonz égal, wu ich binn, fer mich selbscht ze richte, hat de klääne Prinz gesaaht. Fer das bruch ich nitt do ze wohne.

- Hm! Hm! hat de Keenich gemach, ich männ, dass 's irgendwu uff mim Planet e aldi Ratt gibbt. Naachts heer ich se. Du kinntsch jo die alt Ratt richte. Duhsch se allegebot zum Dod verurtäle. Un e so dätt ihr Läwe vun dir abhinke. Awer de musch 'r jedesmol de Dod erspare, 's isch nämlich numme die änt do.

- Das mohn ich awer gaar nitt, jemond zum Dod ze verurtäle, hat de klääne Prinz gesaaht, un jetz gehn ich änfach.

- Nä, hat de Keenich gesaaht.

De klääne Prinz war schunn fix un fertich, 'r hat awer om alde Keenich kenn Läd wille mache:

- Wenn ich jetz Eijrer Majeschtät horsche soll, do misst Se mich ebbes Verninftiches hääsche. Se kinnt mich villicht hääsche, in de nächscht Minut furt ze gehn. Ich männ, dass 's jetz om beschte klappe dätt...

De Keenich hat kenn Ontwort ginn, de klääne Prinz hat 's sich kurz iwerleijt, hat dief Otem gehol un hat sich unnerwägs gemach...

- Ich mach us dir min Botschafter, hat de Keenich noch schnell nohgeruuf. M'r hat 'm so richtich ongesiehn, dass 'r e Herrscher isch.

- De Große sinn jo komische Liet, hat de klääne Prinz gedenkt, wie 'r witerscht geräst isch.

XI

Uff 'm zwätte Planet hat e Ingebillter geläbt:
- Aha! do kummt äner, wu mich bewunnere duht! hat 'r
schunn vun witem geruuf, wie 'r de klääne Prinz gesiehn hat
onkumme. 'S isch so, e ingebillter Mensch isch d'r Mänung,
dass all onnere Liet ne bewunnere.

- Bonjour, hat de klääne Prinz ge-saaht. Honn Ihr e komischer Huut on.
- Denne honn ich, fer ze grieße, hat de Ingebillte gesaaht. Denne honn ich fer ze grieße, wonn de Liet fer mich klatsche. Awer doru-merscht kummt lä-der nie jemond här.
- Wieso? hat de klää-ne Prinz gemännt, wal 'r gaar nix meh verstonn hat.
- Klatsch emol in de Hänn, hat 'm de In-gebillte geroot.
  De klääne Prinz hat in sine Hänn ge-klatscht, un de Inge-billte hat siner Huut gelippt un gonz be-schäde gegrießt.
- Das done isch awer viel luschticher wie

bim Keenich, hat de klääne Prinz gedenkt.
Un 'r hat noch emol in de Hänn geklatscht.
Nod hat de Ingebillte noch emol de Huut
gelippt un gegrießt.

Un so isch das fünef Minute long gong,
awer nod isch 's om klääne Prinz ze dumm
worr:

- Ja, un was muss ich donn mache, fer dass de
Huut erunner fallt?, hat 'r gefrooht.

Das hat awer de Ingebillte nitt geheert. Ingebillte Liet heere jo numme, wonn m'r ne met Bewunnerung redd.

- Saah, duhsch du mich e so viel bewunnere? hat 'r de klääne Prinz gefrooht.

- Was hääscht donn das, bewunnere?

- Bewunnere, das hääscht, dass du mich fer de scheenschte, de bescht ronschierte, de richte un de schlouschte Mensch vun demm Planet holsch.

- Ai, user dir isch jo niemonde uff demm Planet!

- Geh, duh m'r de Gefalle un bewunner mich doch!

- 'S isch schunn gudd, ich bewunner dich, hat de klääne Prinz gesaaht un met de Schullere gezuckt, awer ich frooh mich, was das dir konn usmache?

Un de klääne Prinz isch furt gong.

De Große sinn waijer komische Liet, hat de klääne Prinz gedenkt, wie 'r wider unnerwägs war.

XII

Uff 'm nächschte Planet hat e Siffer geläbt. De klääne Prinz hat sich gaar nitt long dort uffgehall, awer noh demm Besuch do hat 'r viel Lääd gehatt.

- Was machsch donn du? hatt 'r de Siffer gefrooht. Der hat do gehuckt, ohne e Wort ze soohn, un voron ihm isch e gonzer Hufe lääre Budelle un e gonzer Hufe volle Budelle gewenn.

- Ich trink, hat de Siffer gesaaht un hat e Gesicht gemach, wie wenn 'r e Essichflasch läärgetrunk hätt.

- Ai, fer was duhsch donn trinke? hat de klääne Prinz gefrooht.

- Fer ze vergesse, hat de Siffer gesaaht.

- Fer was ze vergesse? hat de klääne Prinz wille wisse, un

'r hat ne schunn e bissel geduhrt.

- Fer ze vergesse, dass ich mich schäme muss, hat de Siffer zuginn un hat uff de Bodde geluht.

- Fer was musch du dich schäme? hat de Klääne Prinz gemännt un 'r hätt 'm om liebschte wotte helfe.

- Ich muss mich schäme, wal ich trink! hat de Siffer als letschtes gesaaht un nod hat er 's Mul nimmeh uffgemach.

De Große sinn waijer sehr, sehr komische Liet, hat de klääne Prinz gedenkt, wie 'r witerscht gerääst isch.

XIII

De vierte Planet war der vum Geschäfstmonn. Der hat so viel ze duhn gehatt, dass 'r nittemol de Kopp gelippt hat, wie de klääne Prinz onkumm isch.

- Bonjour, saaht de klääne Prinz. Eijer Cigarett isch jo us.

- Dreij un zwei sinn fünef. Fünef un siwe zwölef. Zwölef un dreij fufzehn. Bonjour. Fufzehn un siwe zweiezwonzich. Zweiezwonzich un sechs achtezwonzich. Kenn Zit, fer se onzestecke. Sechsezwonzich un fünef änedrissich. Endlich! Das sinn also fünefhunnert un äni Million sechshunnert zweiezwonzichdousich siwehunnert änedrissich.

- Fünefhunnert Millione vun was?

- Was donn? Bisch de immer noch do? Fünefhunnert un äni Million... ich wäs gaar nimmeh vun was... ich honn jo all Hänn voll ze duhn! Ich binn jemond Ernschtes, ich verplämper nitt min Zit met Mickes! Zwei un fünef siwe...

- Fünefhunnert un äni Million vun was? hat de klääne

83

Prinz widerum gefrooht, er, wu doch sin Läbdaah noch
nie locker gelosst hat, wonn 'r emol e Frooh gestellt hat.
   De Geschäftsmonn hat in de Heh geluht:
- Ich wohn jetz schunn vierefufzich Johr uff demm Planet
do un ich binn numme dreijmol gesteert worr. 'S erschte
Mol, das isch vor zweiezwonzich Johr gewenn, do isch e
Maigibs erunnergefall, wäs de Deijwel wuhär. Der hat so
e Mordsbalawer gemach, dass ich mich viermol verhau
honn in 're Rechnung. 'S zwättemol, das isch elef Johr

här, do honn mich mine Rhematisse geplooht. 'S fählt m'r on Bewähung. Ich honn kenn Zit, fer dorum ze schäse. Ich, ich binn e ernschter Mensch. 'S dritte Mol... ai, das isch jetz! Also, das ware donn fünefhunnert un äni Million...

- Millione vun was?

Do hat de Geschäftsmonn begreff, dass 'r kenn Ruh werrt kriehn:

- Millione vun denne kliene Dinger, wu m'r monchmol im Himmel konn siehn.

- Micke?

- Nää, so kliene glitzeriche Dinger.

- Biene?

- Nää. So kliene goldiche Dinger. De Fullenzer verliere Zit, fer se ze bewunnere. Awer ich, ich binn e ernschter Monn! Ich verlier kenn Zit met so Bleedsinn.

- Jo! Du männsch de Sterre?

- Stimmt. De Sterre.

- Ja, un was machsch donn du met fünefhunnert Millione Sterre?

- Fünefhunnert un äni Million sechshunnert zweiezwonzichdousich siwehunnert änedrissich. Ich, ich binn ernscht un genau.

- Un was machsch de met denne Sterre?

- Was ich met denne mach?

- Jo.

- Gaar nix. Die sinn äwe min.

- De Sterre sinn din?

- Ja.

- Ich honn awer schunn e Keenich gesiehn, wu...

- Keeniche, die honn nix, die regiere iwer ebbes. Diss isch ebbes gonz onneres.

- Un was hasch du devun, dass de Sterre din sinn?

- Dodemet binn ich e richer Monn.

- Un was hasch du devun, dass de rich bisch?

- Donn kaaf ich noch meh Sterre dezu, wonn jemonde noch e paar finne duht.
- Der Kerl do, der iwerleijt fascht genau so wie miner Siffer, hat de klääne Prinz gedenkt.
  Un 'r hat awer doch noch gefrooht:
- Isch 's mehschlich, dass de Sterre emm geheere kinne?
- Ai, wemm männsch donn, dass se sinn? hat de Geschäftsmonn gegrummelt.
- Ich wäs nitt. Niemonde.
- Donn sinn se min, ich honn jo zerscht dron gedenkt.
- Un das dätt longe?
- Uff alle Fall. Wonn de e Diamond finnsch, wu niemonde isch, nod isch 'r din. Wonn de e Insel endecksch, wu niemonde isch, nod isch se din. Wonn de de erschte bisch, wu uff e Idée kummt, donn losch se patentiere: nod isch se din. Un de Sterre, die sinn min, wal voron mir noch kenner dron gedenkt hat, dass se ihm sinn.
- 'S stimmt, hat de klääne Prinz gesaaht. Ja, un was machsch demet?
- Ich duh se verwalte. Ich zehl se un zehl se noch emol noh, hat de Geschäftsmonn gesaaht. Das isch arich schwär. Awer ich binn jo e ernschter Monn!
  Dodemet war de klääne Prinz awer noch nitt zefriede.
- Ich, wonn ich e Halsduuch honn, wu min isch, nod konn ich 's onziehe un 's methole. Ich, wonn ich e Blumm honn, wu min isch, nod konn ich se plicke un se methole. Awer du, du konnsch de Sterre nitt plicke!
- Jo, ich konn se awer uff de Bonk bringe.
- Was will das hääsche?
- Ai, das hääscht, dass ich uff e Zettel schriewe duhn, wieviel Sterre dass ich honn. Un denne Zettel sperr ich in e Schublad in.
- Un das isch alles?
- Das longt!
- Wie luschtich, hat de klääne Prinz gedenkt. Das kummt

m'r vor wie e Gedicht. So richtich ernscht isch 's awer nitt. De klääne Prinz hat sich ernschte Sache gonz onnerscht vorgestellt wie de Große.

- Ich, hat 'r gesaaht, ich honn e Blumm, un die sprens ich jede Daah. Ich honn dreij Vulkone, un die duh ich jede Wuch butze. Der, wu us isch, denne duh ich nämlich aah butze. M'r konn jo nie wisse. 'S nutzt mine Vulkone ebbes un 's nutzt miner Blumm ebbes, dass se min sinn. Awer du, du nutzsch doch de Sterre gaar nix...

De Geschäftsmonn hat 's Mul uffgemach, fer ebbes ze soohn, 'r hat awer nix erusgebrung, un de klääne Prinz isch furt gong.

Also nää! De Große sinn jo waijer usgefallene Liet, hat de klääne Prinz änfach gemännt, wie 'r witerscht gerääst isch.

XIV

De fünefte Planet isch sehr komisch gewenn. 'S isch de klienscht vun ne allegär gewenn. 'S Plätz hat grad nur gelongt, fer e Strooßelonter unnerzekriehn, un fer denne, wu se onmacht. De klääne Prinz hat änfach nitt kinne verstehn, wieso m'r e Strooßelonter brucht un e Monn fer se onzemache irjendwu im Himmel, uff 'me Planet ohne Hieser un ohne Liet. Do hat 'r so fer sich gedenkt:

- Der Kerl isch jo wohl e Kalaumesbruder. Awer kenn so Kalaumesbruder wie de Keenich, de Ingebillte, de Geschäftsmonn oder de Siffer. Was der schafft, hat doch winnichtens e Sinn. Wonn 'r sini Strooßelonter onmacht, kinnt m'r grad männe, dass 'r e neijer Sterre oder e Blumm uffgehn gemach hat. Un wonn 'r sini Lonter usmacht, donn geht de Sterre unner oder de Blumm geht zu. Das isch ebbes Scheenes, was der macht. Un wal 's scheen isch, isch das aah ebbes wärt.

Wie 'r uff 'm Planet gelond isch, hat 'r de Lonter-monn heeflich gegrießt:

- Gudde Morje. Fer was hasch du äwe dini Lonter usgemach?
- Ich honn Order, saaht de Lontermonn. Gudde Mor-je.
- Was fer Order?
- De Lonter uszemache. Gudden Owed.

Un 'r hat se noch emol ongemach.

- Ai, fer was hasch se donn jetz noch emol ongemach?
- Ich honn Order, saaht de Lontermonn.
- Ich verstehn gaar nix, saaht de klääne Prinz.
- Do isch jo nix ze verstehn, saaht de Lontermonn. Order isch Order. Gudde Morje.

Un 'r hat sini Lonter usgemach.

Nodde hat 'r sich de Stier mem e rotkarierte Noos-duuch abgebutzt.

- Diss isch e gruseldichi Ärwet, wu ich do mach. Frie-her isch 's noch gong. Morjens honn ich usgemach un oweds honn ich ongemach. De Rescht vum Daah honn ich mich kinne usruhe, un de Rescht vun de Naacht honn ich kinne schloofe...
- Ja, isch zinterhär de Order nimmeh de selwe?
- De Order isch immer noch de selwe, saaht de Lonter-monn. Un diss isch jo grad 's Schlimmschte! Vun Johr ze Johr hat de Planet immer schneller gedräht, un de Order isch immer de selwe geblib!
- Ja, un jetz? saaht de klääne Prinz.
- Jetz, wu 'r jedi Minut e Kehr dräht, honn ich kenn Sekund meh, fer ze ruhe. Jedi Minut mach ich ämol us un ämol on!
- Wie luschtich! Bie dir duhrt e Daah e Minut!
- Das isch gaar nitt luschtich, saaht de Lontermonn. Mir bapple jetz schunn e Monat long metnonner.
- E Monat?

»Diss isch e gruseldichi Ärwet, wu ich do mach.«

- Ai jo. Drissich Minute. Drissich Daah! Gudden
Owed.

Un 'r hat noch emol sini Strooßelonter ongemach.

De klääne Prinz hat 'm zugeluht, un 'r hat ne rich-
tich gudd kinne honn, denne Lontermonn, wu sine
Order so genau gehol hat. Do isch 'm inkumm, wie 'r
domols sin Stuhl gerickt hat, fer 'm Sunneunnergong
näher ze sinn. Sinem Frind hatt 'r wille helfe:
- Wäsch was... ich soohn d'r, was de mache musch,
nod konnsch dich usruhe, wonn de willsch...
- Ich will immer, hat de Lontermonn gesaaht.

'S isch nämlich e so, dass m'r konn e treiji Seel sinn
un aah im selwe e Fulenzer.

De klääne Prinz hat 'm donn gesaaht:
- In dreij Schritte bisch de um din Planet erum, so
klien isch der. Bruchsch jo numme longsom genuch
ze laafe, dass de immer in de Sunn blibsch. Wonn de
ruhe willsch, donn laafsch gonz änfach... un de Daah
werrt so long duhre, wie de 's willsch.
- Dodemet isch m'r nitt geholf, saaht de Lonter-
monn. Was ich om liebschte mach im Läwe, das isch
schloofe.
- Das isch awer Pech, saaht de klääne Prinz.
- Das isch awer Pech, saaht de Lontermonn. Gudde
Morje.

Un 'r hat sini Strooßelonter usgemach.
- Denne do, hat de klääne Prinz gedenkt, wie 'r wider
unnerwägs war, denne do dätte die onnere allegär fer
dumm hole, de Keenich un de Ingebillte, de Siffer
un de Geschäftsmonn. Dodebie isch 'r de änzicht,
wu ich gaar nitt lächerlich finn. Un ich männ gonz,
das isch, wal 'r sich nitt numme um sich selbscht
bekimmert.

'S hat 'm Lääd gedohn, un 'r hat schwär geschnuft,
wie 'r gedenkt hat:

- Der done isch de änzicht, wu gekinnt hätt miner Kumpel werre. Awer sin Planet isch wirklich ze klien. Do isch kenn Plätz fer zwei...

Was de klääne Prinz awer nitt gewillt hat zuginn, isch, dass 'r om meischte die dousend vierhunnert vierzich Sunneunnergäng berout hat, wu 'r pro Daah uff demm Planet do gekinnt hätt siehn!

XV

De sechste Planet isch zehmol greeßer gewenn. Dort hat e alder Monn geläbt, wu gonz große Biecher geschrieb hat.

- Luh mol do! e Forscher! hat 'r geruf, wie 'r de klääne Prinz gesiehn hat.

De klääne Prinz hat sich uff de Disch gehuckt un hat e bissel Luft geschnappt. Er hat schunn e so longi Räs hinner sich gehatt!

- Vun wu kummsch donn du här? saaht de alde Monn.

- Was isch das fir e dickes Buuch? saaht de klääne Prinz. Was machen Ihr do?

- Ich binn Geograph, saaht de alde Monn.

- Was isch das, e Geograph?

- Das isch e Gelehrter, der wäs, wu de Meere oder de Fliss sinn, de Städt, de Bärje un de Wüste.

- Das isch awer ebbes Intressontes, saaht de klääne Prinz. Endlich emol e richticher Beruuf! Un 'r luht so um sich erum uff 'm Planet vum Geograph. So ebbes Herrliches wie denne Planet hat 'r noch nie gesiehn gehatt.

- Do honn Ihr waijer e scheener Planet. Gibbt 's hie Meere?

- Das konn ich nitt wisse, saaht de Geograph.
- Jo! (De klääne Prinz isch entteijscht gewenn.) Un
Bärje?
- Das konn ich nitt wisse, saaht de Geograph.
- Un Städt un Fliss un Wüste?
- Das konn ich aah nitt wisse, saaht de Geograph.
- Ai, Ihr sinn doch Geograph!
- Hasch Recht, saaht de Geograph, awer ich binn kenn
Forscher. Ich misst unbedingt Forscher honn. 'S isch
doch nitt 'm Geograph sin Ärwet, de Städt ze zehle, un
de Fliss, de Bärje, de Meere un de Wüste. E Geograph
isch viel ze wichtich, fer dorum ze bäse gehn. Der wicht

nie vun sim Schriebdisch. De Forscher, die kumme awer zu ihm. Er duht se usfroohe un schriebt alles uff, was se ihm verzehle. Un wonn 'r finnt, dass äner ebbes arich Intressontes verzehlt, muss de Geograph nohfroohe, eb m'r demm vertroue konn.

- Wieso?
- Wal e Forscher, wu liehe dätt, das wott ebbes Schlimmes sinn fir de Geographiebiecher. Un e Forscher, wu tiedle dätt, aah.
- Wieso? männt de klääne Prinz.
- Wal e Siffer duht alles doppelt siehn. Un de Geograph dätt äwe zwei Bärsche uffschriewe, wu 's numme äner gibbt.
- Ich kenn jemond, saaht de klääne Prinz, der wott kenn gudder Forscher sinn.
- 'S konn sinn. Also, wonn m'r demm Forscher glaawe konn, nod werrt sini Endeckung noch genau unnersucht.
- Geht do jemonde nohluhn?
- Nää. Das macht jo viel ze viel Unmuss. Awer de Forscher muss e Bewies honn, dass 's aah so isch, wie er 's saaht. Soohn m'r mol, 'r hat e großer Bärsch entdeckt, donn muss 'r e paar dicke Stään vun dort metbringe.

Allewei isch de Geograph gonz uffgereescht gewenn.

- Mensch! Ai du, du kummsch doch vun wit här! Du bisch jo e Forscher! Verzehl emol, wie diner Planet isch!

Un de Geograph schlaaht sin Heft uff un spitzt sin Bleijwis. Was de Forscher verzehle, werrt nämlich zerscht mem Bleijwis uffgeschrieb. 'S werrt erscht met Tinte geschrieb, wonn de Forscher siner Bewies gezeiht hat.

- Ja un, wie isch 's? frooht de Geograph.
- Jesses nää, saaht de klääne Prinz, bie mir isch nix arich Intressontes, 's isch jo gonz klien. Ich honn dreij Vulkone. Zwei, wu on sinn, un äner, wu us isch. Awer m'r konn jo nie wisse.
- M'r konn nie wisse, saaht de Geograph.

- Ich honn aah noch e Blumm.
- Blumme schriewe m'r nitt uff, saaht de Geograph.
- Fer was nitt? Das isch doch 's Allerscheenschte!
- Wal de Blumme ephemerisch sinn.
- Was soll das bedite »ephemerisch«?
- 'S gibbt kenn ernschtere Biecher wie Geographiebie-
cher, saaht de Geograph. Die werre niemols altmodisch.
E Bärsch duht wunnerselte uff e onner Plätz ricke. E
Meer duht sich wunnerselte lääre. Mir schriewe numme
iwer Sache, wu in aller Ewichkätt bliwe.
- Awer de Vulkone, wu us sinn, die kinne doch wider
wach werre, gell? hat de klääne Prinz ne unnerbroch.
Was bedit »ephemerisch«?
- Eb de Vulkone us binn oder wach, das isch uns Geo-
graphe gonz égal, saaht de Geograph. 'S Wichtiche fir
uns isch de Bärsch. Der blibt immer wie 'r isch.
- Awer saah mol, was bedit das »ephemerisch«? hat de
klääne Prinz noch emol gefrooht. Er hat jo sin Läbdaah
noch nie locker gelosst, wonn 'r emol e Froh gestellt hat.
- Das bedit, dass »ebbes noh kurzer Zit verschwinne
werrt«.
- Mini Blumm werrt noh kurzer Zit verschwinne?
- Ai jo.

Mini Blumm isch ephemerisch, denkt de klääne Prinz,
un se hat doch läder numme vier Deere, fer sich geije
de Welt ze wehre! Un ich honn se gonz ellän dort bie
mir dehemm gelosst!

Un do hat 'r sich 's erschte Mol gonz geschlaah gefieh-
lt. Awer 'r hat sich wider zomme genumm:
- Wu sott ich jetz om beschte hingehn? hat 'r gefrooht.
- Geh uff de Planet Erd, hat 'm de Geograph geroot. M'r
heert numme Guddes devun...

Un de klääne Prinz isch furt gong un hat iwer sini
Blumm nohgedenkt.

XVI

De sibte Planet isch donn de Erd gewenn.

De Erd, das isch nitt irjend e Planet! Dort gibbt's hunnert un elef Keeniche (dodrin sinn natierlich de Nägerkeeniche aah metgezehlt), siwedousich Geographe, nienhunnertdousich Geschäftsmänner, siwenehalb Millione Siffer, dreijhunnert un elef Millione Ingebillte, das hääscht so ungefähr zwei Milliarde große Persone.

Dass n'r eijch gudd vorstelle kinne, wie groß de Erd isch, will ich eijch nur soohn, dass, wie m'r 's elektrisch Licht noch nitt gekennt hat, isch dort e richtichi Armee vun vierhunnert zweiesechzich dousich fünefhunnert un elef Männer neetich gewenn, fer de Strooßelontere vun alle sechs Erddääle us un on ze mache.

Vun witem hat 's wunnerscheen usgesiehn. Die Armee hat sich so genau bewäht, wie wenn se im Ballett geïbt hätt. Zerscht ware de Strooßelontermänner in Neij-Zelond un in Australie dron. Wie die ihre Lichter all ongehatt honn, sinn se schloofe gong. Nod ware de Strooßelontermänner in China un Sibirie on de Reij. Un die sinn donn aah in de Kulisse verschwunn. Denod ware de Lontermänner in Russlond un Indie dron. Donn die in Afrika un Europa. Donn die in Südamerika. Donn die in Nordamerika. Un die sinn immer all richtich de Reij noh uffgeträt. Das war ebbes gonz Großaartiches.

Die zwei änzichte, wu sich nitt mied geschafft honn, das war de Lontermonn met der änt Strooßelonter vum Nordpool un sin Kollesch met der änt Strooßelonter vum Südpool: die honn numme zweimol 's Johr ebbes ze duhn gehatt.

XVII

'S konn als emol vorkumme, dass m'r e bissel risst, wonn m'r witzich will sinn. Ich honn iwertrieb, wie ich eijch vun denne Strooßelontermänner geredd honn. Un desweije kinnt 's sinn, dass die, wu unserer Planet nitt kenne, sich e falsches Bild devun mache. De Mensche läwe nämlich uff gonz winnich Plätz uff de Erd. Wonn m'r die zwei Milliarde Inwohner vun de Erd dätt dicht näwenonner stelle wie fer e Versommlung, do wott e Plätz vun zwonzich uff zwonzich Meile longe, fer se unnerzekriehn. De gonz Menschhätt kinnt m'r unnerbringe uff 'm winzichte Inselche vun d'r Südsee.

De Große, die werre eijch das natierlich nitt glaawe. Die bille sich in, dass se e Hufe Plätz usfille. Die männe, se wäre so wichtich wie de Affebrodbääm. Donn roote ne doch emol, dass se 's usreche. So verrickt wie die uff Zahle binn, werrt das ne Spass mache. Ihr bruche awer nitt eijer Zit dodemet ze verliere. Das isch jo Bleedsinn. Ihr honn doch Vertroue in mich.

Wie 'r donn uff de Erd onkumm isch, hat de klääne Prinz gestaunt, wal 'r kenn Mensch gesiehn hat. Er hat schunn Ongscht gehatt, dass 'r uff 'me falsche Planet gelond wär, un do hat sich so ebbes wie e Mondstrahl im Sond geringelt.

- Gudd Naacht, hat emol de klääne Prinz gesaaht.
- Gudd Naacht, hat de Schlong gesaaht.
- Uff wellem Planet binn ich donn do gelond? hat de klääne Prinz gefrooht.
- Uff de Erd, in Afrika, saaht 'm de Schlong.
- Ah so! ... Läbt donn niemonde uff de Erd?
- Do sinn m'r in de Wüste. 'S läbt niemond in de Wüste. De Erd isch groß, hat de Schlong gesaaht.

De klääne Prinz hat sich uff e Stään gehuckt un in de Himmel geluht:

- Ich frooh mich, saaht 'r, eb de Sterre lichte, fer dass e jederäner siner eihener Stern emol wider finne konn. Luh mol miner Planet, 'r steht riecht iwer uns... Awer e so wit ewäck!
- Er isch scheen, saaht de Schlong. Saah, was machsch donn du do?
- Ich honn Huddel met 're Blumm, saaht de klääne Prinz.
- Ah so! männt de Schlong.

Un nod honn se nix meh gesaaht.

- Ja, wu sinn se donn, de Mensche? hat de klääne Prinz endlich gefrooht. M'r fiehlt sich so bissel ellän in d'r Wüste...
- Unner de Mensche fiehlt m'r sich aah ellän, hat de Schlong gemännt.

De klääne Prinz hat se e guddi Wil betracht:
- Du bisch e komisches Stick Vieh, saaht 'r zu 'r, so dinn wie e Finger...
- Mini Macht isch awer viel greeßer wie die vum e Finger vun 'me Keenich, saaht de Schlong.

De klääne Prinz hat gelächelt:
- Was willsch donn du fir e Macht honn?... Du hasch jo noch nitt emol Fieß... Du konnsch jo gaar nitt furt räse...
- Ich konn dich viel witersch bringe wie e Schiff, saaht de Schlong.

Se hat sich wie e goldenes Aarmbond um 's Knechel vum klääne Prinz gewickelt:
- Denne, wu ich beriehr, denne gibb ich d'r Erd zerick, vun wu 'r härkumm isch, saaht se noch. Du bisch awer e suweres Kerlche un du kummsch vun 'me Stern...

De klääne Prinz hat 'r kenn Ontwort ginn.
- Du duhsch m'r Lääd, so schwach uff der stäänhärt Welt. Wonn de je emol ze viel Hemmweh hasch noh dinem Planet, do kinnt ich d'r helfe. Ich kinnt...

»Du bisch e komisches Stick Vieh, saaht 'r zu 'r,
so dinn wie e Finger...«

- Oh! Ich verstehn schunn, was de männsch, saaht de klääne Prinz, awer wieso duhsch de als numme met Rätsle redde?
- Ich honn de Leesung vun ne allegär, saaht de Schlong.
Un nod honn se nix meh gesaaht.

XVIII

De klääne Prinz isch durch de Wüste gong un hat sunscht nix ongetroff wie e Blumm. E Blumm met dreij Blieteblätter, so aarmseeliches Blimmche...
- Bonjour, hat de klääne Prinz gesaaht.
- Bonjour, hat de Blumm gesaaht.
- Wu sinn se donn, de Mensche?, hat de klääne Prinz gonz heeflich gefrooht.
Irjendwonn hat de Blumm emol e Karavan gesiehn vorbiegehn:
- De Mensche? Ich männ gonz, dass 's sticker sechs oder siwe gibbt. Vor Johre honn ich se mol gesiehn. Awer m'r wäs nie, wu se stäcke. Die kumme un gehn mem Wind. Denne fählt 's on Wurzle, un das hinnert se arich.
- Äddé, saaht de klääne Prinz.
- Äddé, saaht de Blumm.

XIX

De klääne Prinz isch uff e hocher Bärsch gesteijt. Er hat vun kenn onnere Bärsche ebbes gewisst wie vun de dreij Vulkone, wu 'm grad numme bes on 's Knie gong sinn. Un

de usene Vulkon, denne hat 'r als Bänkel gehol. »Vun so
'nem hoche Bärsch do werr ich de gonz Planet un de gonze
Mensche uff ämol gesiehn, hat 'r gedenkt....« Er hat awer
sunscht nix gesiehn wie scharf gespitzte Felse.
- Bonjour, saaht 'r mol.
- Bonjour... Bonjour... Bonjour..., gibbt 'm 's Echo Ont-
wort.
- Wem sinn ihr? saaht de klääne Prinz.
- Wem sinn ihr... wem sinn ihr... wem sinn ihr..., gibbt 's
Echo Ontwort.
- Wille ihr mine Frinde sinn? ich binn ellän, saaht 'r.
- Ich binn ellän... ich binn ellän... ich binn ellän..., hat 's
Echo Ontwort ginn.

- Das do isch m'r noch e komischer Planet! hat 'r donn
gedenkt. Do isch alles so trucke un so spitz un so salzich.
Un de Mensche, die losse sich iwerhaapt gaar nix infalle.
Die duhn numme nohsoohn, was m'r ne saaht... Bie mir
dehemm, do honn ich e Blumm gehatt: die hat immer 's
erscht 's Mul uffgemach...

XX

Un om e scheene Daah, wie de klääne Prinz schunn e
longer Wäsch iwer de Sond, de Felse un de Schnee hin-
ner sich gehatt hat, hat 'r endlich e Strooß gefunn. Un de
Strooße, die fiehre jo allegär zu de Mensche.
- Bonjour, hat 'r gesaaht.
'S isch e Gaarde dort gewenn voll Rose in Bliete.
- Bonjour, honn de Rose gesaaht.
De klääne Prinz hat se betracht. Die honn all usgesiehn
wie sini Blumm.
- Wem sinn ihr donn? hat 'r gonz baff gefrooht.
- Mir sinn Rose, honn de Rose gesaaht.
- Ah so! hat de klääne Prinz gemännt.
Un 'r war gonz unglicklich. Sini Blumm hat 'm verzehlt
gehatt, dass sie de änzicht vun der Sort isch in d'r gonz
Welt. Un dodebie sinn fünefdousich in änem Gaarde ge-
wenn, usgesputzt deselwe!
»Wenn se das dätt siehn, do wott se awer beleidicht
sinn... do dätt se gonz schlimm huuschte un mache, wie
wonn se om Sterwe wär, numme, dass se nitt usgelacht
werrt. Un ich misst äwe mache, wie wenn ich se versorje
wott, sunscht dätt se sich fer echt sterwe losse, numme dass
ich mich dumm fiehle soll...«
Donn hat 'r aah noch gedenkt: »Un ich, wu gemännt

»Uff demm Planet, do isch alles so trucke un so spitz un so salzich«

honn, dass ich rich binn met miner änzichi Blumm, do-
debie isch 's e gonz hunnsgewehnlichi Ros, wu ich honn.
Diss un mine dreij Vulkone, wu m'r grad numme bes on
's Knie kumme un wu äner devun sogar villicht fer immer
us isch, das longt allewäh nitt, fer e großer Prinz us mir
ze mache...« Nod hat 'r sich in 's Gras geleijt un gehielt.

XXI

   In demm Moment isch donn de Fuchs kumm:
- Bonjour, saaht de Fuchs.
- Bonjour, gibbt de klääne Prinz heeflich Ontwort un dräht
sich erum, gesiehn duht 'r awer nix.
- Do binn ich, saaht e Stimm, do unner 'm Appelboom...

- Wer bisch du? saaht de klääne Prinz. Du bisch awer scheen...
- Ich binn e Fuchs, saaht de Fuchs.
- Kumm doch met mir spiele, hat 'm de klääne Prinz vorgeschlaah. Ich binn e so trurich...
- Ich konn nitt met dir spiele, saaht de Fuchs. Ich binn nitt gezähmt.
- Ah! Enschullichung, macht de klääne Prinz.
  Awer er hat do driwert nohgedenkt un frooht:
- Was will das hääsche »zähme«?
- Gell, du bisch nitt vun hie, saaht de Fuchs, was suchsch de donn?
- Ich such de Mensche, saaht de klääne Prinz. Was will das hääsche »zähme«?

- De Mensche, die honn Flinte un gehn uff de Jacht, saaht de Fuchs. Das isch ebbes arich Unongenemmes! Se ziehe aah Hinkle. User demm mache se nix Gescheijtes. Suchsch du Hinkle?

- Nää, saaht de klääne Prinz. Ich such Frinde. Was will das hääsche »zähme«?

- Das isch ebbes, wu m'r viel ze winnich dron denkt, männt de Fuchs. Das will hääsche »sich so richtich ononner gewehne...«.

- Sich so richtich ononner gewehne?

- Allewäh, saaht de Fuchs. Jetz bisch du noch gonz änfach fer mich e klienes Biebche wie hunnertdousich onnere kliene Biebcher. Un ich bruch dich nitt. Un du, du bruchsch mich aah nitt. Ich binn fer dich gonz änfach e Fuchs wie hunnertdousich onnere Fichs. Awer wonn du mich zähme duhsch, donn brucht äner de onner vun uns. Dich gibbt 's donn numme ämol fer mich uff de Welt. Mich gibbt 's donn numme ämol fer dich uff de Welt...

- Jetz kummt 's mir so longsom, saaht de klääne Prinz. 'S gibbt e Blumm... un ich männ gonz, dass die mich gezähmt hat...

- Schunn meeschlich, saaht de Fuchs. 'S gibbt jo vun allem uff de Erd...

- Oh! 'S isch nitt uff de Erd, saaht de klääne Prinz.

De Fuchs war gonz gesponnt:

- Uff 'me onnere Planet?

- Ja.

- Gibbt 's do aah Jächere uff demm Planet?

- Nää.

- Ouh, das isch intressont! Un Hinkle?

- Nää.

- 'S ich doch immer ebbes, wu de Himmel hebbt, männt de Fuchs un schnuft.

Awer de Fuchs isch debie geblib:

- Ich honn e longwilliches Läwe. Ich jäh de Hinkle, un de Mensche jähe mich. De Hinkle gliche sich allegär, un de Mensche gliche sich allegär. Fer mich isch das e bissel longwillich. Wonn du mich awer zähme dättsch, das wär wie e Sunnestrahl in mim Läwe. Donn wäs ich, wonn 's diner Schritt isch, wu ich heere duhn, wal 'r nitt de onnere Schritte glicht. Wenn ich die onnere heer, donn verschwinn ich in de Bodde. Diner ruuft mich us d'r Hehl wie Musik. Un luh mol! Siehsch die Wäässticker dort? Ich ess kenn Brod. Wääs bruch ich kenn. Wäässticker bedite gaar nix fer mich. Un das isch ebbes Truriches! Awer du hasch Hoor wie Gold. Un wonn du mich emol gezähmt hasch, donn werrt 's wunnerbar! Ich werr on dich denke, jedesmol wenn ich Wääs gesiehn, wu isch wie Gold. Wie werr ich so gär 'm Wind zuhorsche, wenn 'r im Wääs ruscht.

De Fuchs hat nix meh gesaaht un hat long de klääne Prinz ongeluht:
- Ich hätt gär..., dass de mich zähmsch! saaht 'r.
- Vun mir us, saaht de klääne Prinz, ich honn awer nitt viel Zit. Ich honn noch ze duhn, fer Frinde ze finne un aah noch e monches kenne ze lehre.
- Numme das, was m'r gezähmt hat, konn m'r kenne lehre, saaht de Fuchs. De Mensche honn gaar kenn Zit meh, fer ebbes kenne ze lehre. Se kaafe alles fix un fertich im Laade. Wal 's awer kenn Frinde im Laade ze kaafe gibbt, honn de Mensche äwe kenn Frinde meh. Wenn de e Frind willsch honn, ai donn duhsch mich zähme!
- Was muss ich donn mache? saaht de klääne Prinz.
- Do musch viel Geduld honn, hat de Fuchs fer Ontwort ginn. Om Onfong werrsch dich ins Gras hucke, nitt ze noh vun m'r. Ich werr so uff dich gigle, un du därfsch nitt redde. Wie schnell werrt m'r lätz verstonn, wonn m'r ebbes saaht. Awer alle Daah konnsch donn e bissje näher zu m'r ricke...

De Daah druff isch de klääne Prinz noch emol kumm.
- 'S wär m'r liewer gewenn, wenn de on de selb Zit wie
gischert kumm wärsch, hat de Fuchs gesaaht. Soohn m'r
mol, de kummsch om vier Uhr nohmiddaahs, do binn ich
schunn glicklich ab dreij Uhr. Je meh de Zit vergeht, je
glicklicher fiehl ich mich donn. Un om vier Uhr, do binn
ich schunn gonz zawweldich un unruhich: donn wäs ich
äwe, dass m'r nitt umesunscht glicklich konn sinn! Wenn
de awer égal wonn kummsch, do konn ich jo nitt wisse, ab
wieviel Uhr ich m'r 's Herz ronschiere soll... Gewohnhätte
sinn halt neetich.
- Was isch das e Gewohnhätt? hat de klääne Prinz gesaaht.
- Das isch aah ebbes, wu m'r viel ze winnich dron denkt,
hat de Fuchs gesaaht. 'S isch ebbes, wu macht, dass äner
Daah nitt wie de onner isch, dass äni Stunn nitt d'r onner
glicht. Mine Jächer, die honn zem Beispiel e Gewohnhätt.
Dunnerschdaahs gehn se donze met de Mädle vum Dorf.
De Dunnerschdaah isch also e wunnerscheener Daah! Do
gehn ich spaziere bets on de Rääwe. Wonn de Jächer égal
wonn donze gehn dätte, do wär äner Daah wie de onnere,
un ich hätt nie kenn freiji Zit.
    E so isch also de Fuchs vum klääne Prinz gezähmt worr.
Un wie 's ball so wit war, fer furt ze gehn:
- Jesses! saaht de Fuchs... gehn ich hiele.

- Do bisch äwe sel-
wer dron Schuld,
saaht de klääne
Prinz, ich honn 's
gudd gemännt met
d'r, awer du hasch
jo wille honn, dass
ich dich zähme
soll...
- Ai jo, saaht de
Fuchs.

»Soohn m'r mol, de kummsch om vier Uhr nohmiddaahs,
do binn ich schunn glicklich ab dreij Uhr.«

- Du gehsch awer hiele! saaht de klääne Prinz.
- Ai jo, saaht de Fuchs.
- Nod hasch awer gaar nix do devun!
- Doch ich honn ebbes devun, saaht de Fuchs, de Faarb vum Wääs.

Donn saaht 'r noch:
- Geh noch emol de Rose onluhn. Do werrt d'r klar, dass dini änzich isch uff d'r Welt. Nod kummsch wider un saahsch m'r Äddé, un ich will d'r donn ebbes verroote.

De klääne Prinz isch noch emol de Rose onluhn gong:
- Ihr sinn iwerhaapt nitt selwe wie mini Ros, ihr sinn nitt emol ebbes, hat 'r ne gesaaht. Eijch hat noch niemonde gezähmt, un ihr honn noch niemonde gezähmt. Ihr sinn grad so, wie miner Fuchs gewenn isch. 'S isch gonz änfach e Fuchs gewenn, selwe wie hunnertdousich onnere Fichs. Ich honn m'r awer e Frind drus gemach, un jetz isch 'r fir mich änzich uff de Welt.

Do honn de Rose sich gonz dumm gefunn.
- Ihr sinn scheen, awer 's isch nix in eijch ze finne, hat 'r ne noch gesaaht. 'S wär unmeeschlich, dass m'r fer eijch sterwe wott. Allewäh dätt e X-Beliewicher männe, dass mini Ros eijch glicht. Dodebie isch sie gonz ellän meh wärt wie ihr all metnonner, wal ich numme sie gespreenst honn. Wal ich numme sie unner e Glasglock gestellt honn. Wal ich numme sie in de Schurme vum Wind gestellt honn. Wal ich numme fer sie de Rupe kaput gemach honn (user denne zwei oder dreij, fer de Bubellere). Numme sie honn ich gehorscht meckere oder pratze un sogar monchmol aah nix soohn. Alles numme, wal 's mini Ros isch.

Nodde isch 'r zum Fuchs zerick kumm:
- Äddé, hat 'r gesaaht...
- Äddé, hat de Fuchs gesaaht. Jetz horsch, was ich d'r will verroote. 'S isch gonz änfach: mem Herz gonz ellän duht m'r hell gesiehn. 'S Allerwichtichte, das konn m'r met de Aue gaar nitt siehn.

Nod hat 'r sich in 's Gras geleijt un gehielt.

- 'S Allerwichtichte, das konn m'r met de Aue gaar nitt siehn, hat de klääne Prinz noch emol gesaaht, dass er 's jo behalle duht.
- Die viel Zit, wu du verplämpert hasch fer dini Ros, das isch was gemach hat, dass se e so wichtich isch.
- Die viel Zit, wu ich verplämpert honn fer mini Ros..., hat de klääne Prinz gesaaht, dass er 's jo behalle duht.
- Diss honn de Mensche schunn längscht vergess, saaht de Fuchs. Musch du 's awer nitt vergesse. Wonn de ebbes gezähmt hasch, donn bisch de fir immer un ewich verontwortlich defir. Du bisch fir dini Ros verontwortlich...
- Ich binn fir mini Ros verontwortlich..., hat de klääne Prinz noch emol gesaaht, dass er 's jo behalle duht.

XXII

- Bonjour, saaht de klääne Prinz.
- Bonjour, saaht de Wäächesteller.
- Was machsch du donn do? saaht de klääne Prinz.
- Ich sortier de Fahrgäscht dousendwis, saaht de Wäächesteller. Un de Ziech, wu se methole, die schick ich ämol noh rechts, 's onnermol noh links.

Un im selwe feescht wie 's Dunnerwetter mem e Mordsradau e Schnellzuch verbie met all Lichter on, do hat 'm Wäächesteller sin Kabeisje richtich gewackelt.
- Die munn awer allewäh pressiert sinn, saaht de klääne Prinz. Was suche die donn?
- Das wäs nitt emol de Lokfiehrer, saaht de Wäächesteller.

Kummt jo do vun d'r onner Richtung e zwätter Schnellzuch ongefeescht mem e Mordsradau un met all Lichter on.
- Ai, duhn die schunn zerick kumme? frooht de klääne Prinz...

- Das sinn nitt die selwe, saaht de Wäächesteller. Die sinn umgetuscht worr.

- Ai, hat 's denne nitt gefall dort, wu se gewenn sinn?

- 'S gefallt emm jo nie dort, wu m'r isch, saaht de Wäächesteller.

Un schunn feescht e dritter Schnellzuch verbie mem e Mordsradau un met all Lichter on.

- Wille die de erschte Fahrgäscht inhole? frooht de klääne Prinz.

- Die wille gaar niemonde inhole, saaht de Wäächesteller. Do drin duhn se schloofe oder gaubse. User de Kinner, wu sich de Noos flach dricke uff de Finschterschiewe.

- De Kinner wisse zem winnichte, was se suche, hat de klääne Prinz gemännt. Se verliere Zit fer e Lumpepupp, un die isch donn ebbes gonz Wichtiches fer se. Un wonn se die abgehol kriehn, nod duhn se hiele...

- Honn die Glick, saaht de Wäächesteller.

- Bonjour, saaht de klääne Prinz.
- Bonjour, saaht de Hännler.
'S isch e Hännler gewenn, wu prima Pille geije de Durscht verkaaf hat. Wonn m'r do äni jedi Wuch schluckt, brucht m'r iwerhaapt nix meh ze trinke.
- Fer was verkaafsch du so Zeijch? saaht de klääne Prinz.
- Wal m'r dodemet e Hufe Zit spare konn, saaht de Hännler. Liet vum Fach honn 's usgerecht. Jed Wuch spart m'r dreijefufzich Minute.
- Ja, un was fongt m'r on met denne dreijefufzich Minute?
- Ai, was m'r will...
- Ich, hat de klääne Prinz gedenkt, wonn ich dreijefufzich Minute Zit hätt, dätt ich gonz gemellich bes zu 'me Brunne spaziere...

Das war donn om achte Daah, nohdemm dass min Fliecher im Sahara kaput gong isch, un ich honn grad de letschte Troppe vun mim Wasser getrunk, wie ich der Geschicht vum Hännler zugehorscht honn:
- Ja, honn ich 'm klääne Prinz gesaaht, das isch alles gudd un recht, was de m'r verzehlt hasch, awer ich honn immer noch nitt min Fliecher geflickt, ich honn gaar nix meh ze trinke, un ich wott aah zefriede sinn, wonn ich kinnt gonz gemellich bes zum e Brunne spaziere!
- Miner Frind, de Fuchs, hat 'r m'r gesaaht...
- Männel, jetz isch nimmeh de Redd vum Fuchs!
- Fer was?

- Wal m'r verdurschte gehn...

Er hat nitt metkrieht, was ich gemännt honn, un hat gesaaht:

- 'S isch gudd, wonn m'r e Frind gehatt hat, selbscht wonn m'r om Sterwe isch. Ich binn richtich froh, dass ich e Fuchs als Frind gehatt honn...

- Der hat gaar kenn Ohnung, dass 'r in Gefahr isch, honn ich gedenkt. Er hat nie kenn Hunger un nie kenn Durscht. E bissel Sunn duht 'm longe...

Er hat mich awer ongeluht un hat m'r Ontwort ginn uff das, was ich gedenkt honn:

- Ich honn aah Durscht, kumm, m'r gehn e Brunne suche...

Ich honn druff gebloost: das isch doch Quatsch, e Brunne im unendlich große Sahara suche ze wille. Awer m'r honn uns doch uff de Socke gemach.

M'r sinn stunnelong getappt, ohne e Wort ze redde, donn isch 's Naacht worr, un de Sterre honn ongefong ze lichte. Ich honn se betracht wie im Troom, ich honn nämlich e bissel Fiewer gehatt vun luter Durscht. Was de klääne Prinz m'r gesaaht gehatt hat, isch m'r on äner Tour im Kopp erum gong:

- Saah mol, hasch du aah Durscht? honn ich ne gefro-oht.

Er hat m'r awer kenn Ontwort ginn. Er hat numme gesaaht:

- Wasser konn aah 'm Herz gudd duhn...

Das honn ich nitt verstonn, honn awer nix gesaaht... Ich honn jo gewisst, dass m'r ne nix froohe soll.

Er war mied. Er hat sich gehuckt. Ich honn mich zu 'm gehuckt. Er isch still geblib, un noh 'm e Wilche hat 'r noch gesaaht:

- De Sterre sinn scheen weije 're Blumm, wu m'r gaar nitt sieht...

- Ai jo, honn ich Ontwort ginn, un ohne e Wort ze

redde, honn ich de Welle vum Sond im Mondlicht betracht.

- De Sahara isch ebbes Scheenes, hat 'r noch gesaaht...

Un 's isch wahrhaftich wohr. Vun je här honn ich de Wüste gär gehatt. M'r huckt sich uff e Sondhiwel. Siehn duht m'r nix. Heere duht m'r nix. Un trotzdemm duht ebbes strahle im Stille...

- Das, was macht, ass die Wüste so scheen isch, das isch der Brunne, wu irjendwu versteckelt isch...

Ich binn gonz verwunnert gewenn, wie ich do uff ämol das geheimnisvolle Strahle vum Sond verstonn honn. Wie ich e klienes Biewel war, honn ich im e alde Hus gewohnt, un 's hat immer gehääscht, dass e Schatz dodrin versteckelt wär. Er isch natierlich niemols gefunn worr, 's konn aah sinn, dass 'r niemols gesucht worr isch. Awer dodurch hat das Hus so ebbes Appartes on sich gehatt. Min Hus hat ebbes gonz dief in sim Herz drin gehatt, un das hat 's niemonde verroot...

- Jo, honn ich 'm klääne Prinz gesaaht, eb 's e Hus isch oder de Sterre oder de Sahara, was om scheenschte dron isch, das konn m'r äwe nitt siehn!

- Ich binn froh, dass de met mim Fuchs inverstonn bisch.

Wie de klääne Prinz ingeduselt isch, honn ich ne uff de Aarme gehol un honn mich wider unnerwägs gemach. Ich war geriehrt. Ich binn m'r vorkumm, wie wonn ich e gonz zaarter Schatz troohn dätt. Sogar wie wonn 's uff de gonz Welt nix ginn wott, wu zaarter wär. Im Mondschin honn ich m'r sin blasser Stier betracht, un sine zuene Gigle, un sine Hoor, wu im Wind geflattert honn. Do honn ich so fer mich gedenkt: »Das, was ich do gesiehn, das isch numme e Scheel. Was 's wichtichte isch, das konn m'r gaar nitt siehn...«

Un wie er 's Milche so bissel uffgemach hat, fer ze lächle, do honn ich noch gedenkt: »Das, was mich so

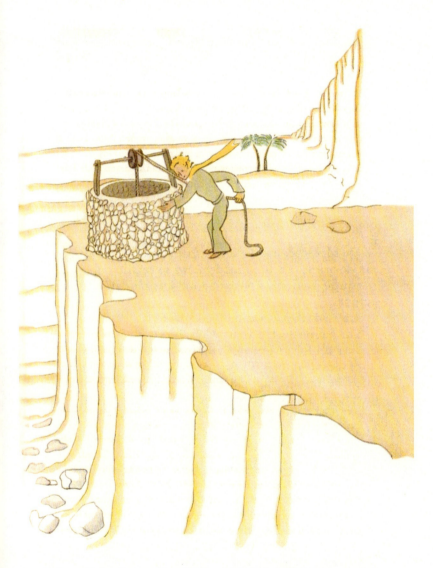

Er hat gelacht, de Stronk in de Hond gehol, de Roll drähe gemach.

furchbar riehrt bie demm klääne Prinz, wu do schlooft, isch, dass 'r on 'rer Blumm treij isch, 's isch, dass e Ros in 'm strahle duht wie 's Licht vun 'rer Lomp, selbscht wonn 'r schlooft... Un desweije isch 'r m'r noch viel zaarter vorkumm. Uff Lompe muss m'r gudd Acht ginn: e Windstoß konn se usbloose...«

Un wie ich als witerscht getappt binn, un 's Daah worr isch, honn ich de Brunne gefunn.

XXV

- De Mensche, hat de klääne Prinz gesaaht, die stirme in de Schnellziech, un dodebie wisse se nitt emol, was se suche. Denod jäschde se dorum un drähe als im Kehr erum...

Un nod saaht 'r noch:
- Das hat doch alles kenn Wärt...

Der Brunne, wu m'r gefunn honn, der hat iwerhaapt nitt usgesiehn wie die Brunne vum Sahara. Im Sahara sinn de Brunne numme änfache Lecher im Sond. Un derdone, der isch gewenn wie e Dorfbrunne. Awer do war jo gaar kenn Dorf, ich honn grad gemännt, ich dätt trääme.

- Wie komisch, honn ich 'm klääne Prinz gesaaht, do isch alles debie: de Roll, de Ämer un de Stronk...

Er hat gelacht, de Stronk in de Hond gehol, de Roll drähe gemach.

Un de Roll hat gekriekst wie e alder Wetterfohne, wonn de Wind long ingeschlooft gewenn isch.

- Hasch geheert, saaht de klääne Prinz, mir honn denne Brunne wach gemach, un jetz singt 'r...

Ich honn nitt wille honn, dass 'r sich mied macht:

- Loss, ich mach 's, honn ich 'm gesaaht, 's isch viel ze schwär fer dich.

Ich honn de Ämer longsom eruffgezoh bes uff de Rond vum Brunne. Ich honn ne scheen riecht druffgestellt. Ich honn noch 's Lied vun de Roll in mine Ohre gehatt, un im Wasser, wu noch gezittert hat, honn ich de Sunn gesiehn zittere.

- Ich honn Durscht noh demm Wasser do, saaht de klääne Prinz, gibb m'r ze trinke...

Un donn honn ich verstonn, was 'r gesucht hat!

Ich honn 'm de Ämer bes on sine Läschbe gelippt. Er hat de Aue zugemach un getrunk. 'S war wie e Fescht, un so häämlich. Das Wasser do, das isch gonz ebbes onneres gewenn wie e änfachi Nahrung. Das isch kumm vun 'rer Rääs unner de Sterre, vum Lied vun d'r Roll, vun d'r Kraft vun mine Aarme. Das hat 'm Herz so gudd gedohn wie e Geschenk. Genau wie domols, wie ich e klienes Biebche war, do hat 's Licht vum Chrischboom, de Musik vun de Mitternaachtsmess un das liewe Lächle vun all Liet min Geschenk zum Wihnachtsgeschenk gemach.

- Dort, wu du här bisch, hat de klääne Prinz gesaaht, duhn de Mensche fünefdousich Rose in änem Gaarde plonze... un dodemet finne se nitt emol, was se suche...

- Nää, se finne 's nitt, honn ich 'm fir Ontwort ginn...

- Dodebie kinnte se 's in äner änzicher Ros finne oder im e bisselche Wasser...

- Allewäh, honn ich fir Ontwort ginn.

Un de klääne Prinz hat donn noch gesaaht:

- Awer de Aue sinn blind. M'r sucht besser mem Herz.

Ich honn getrunk gehatt. Ich honn gudd durchgeschnuft. 'S friehe Morjelicht hat de Sond gefärbt wie Hunnich. Un die Hunnichfaarb hat mich e so glicklich gemach. Fer was hat 's donn misse sinn, dass ich so Lääd gehatt honn...

- Was de m'r versproch hasch, das musch aah halle, hat m'r de klääne Prinz gonz lies gesaaht, wie 'r sich wider näwe mich gehuckt hat.
- Was honn ich d'r versproch?
- Ai, wäsch... e Mulkorb fer min Schoof... ich binn verontwortlich fer die Blumm!

Ich honn mine Biller us 'm Sack gehol. Wie de klääne Prinz se gesiehn hat, hat 'r gelacht un gesaaht:
- Dine Affebrodbääm, die kinnt m'r fascht fer Krutkepp hole...
- Jo!

Un ich, wu doch so stolz war iwer mine Affebrodbääm!
- Diner Fuchs... demm sine Ohre... m'r dätt grad männe, 's sinn Heere..., un die sinn jo viel ze long!

Un 'r hat wider gelacht.
- Männel, do duhsch m'r awer Unrecht, ich honn jo nix kinne moole user zuene un uffene Boaschlonge.
- Jo, 's isch schunn gudd, hat 'r gesaaht, de Kinner wisse Beschäd.

Ich honn donn e Mulkorb gekritzelt. Un ich honn e schwäres Herz gehatt, wie ich ne 'm ginn honn.
- Du hasch ebbes vor, un ich wäs nitt, um was 's geht...

Er hat m'r awer kenn Ontwort ginn. Er hat gemännt:
- Wäsch, mini Londung uff de Erd... morje isch 's e Johr...

Noh 'm e Moment hat 'r noch gesaaht:
'S isch do gonz in d'r Näh gewenn, wu ich gelond binn...

Un 'r hat e Kopp krieht wie e Bubbelhoohn.

Un do honn ich komischerwis schunn wider furchbar Lääd gehatt, ich honn gaar nitt gewisst fer was. Nod isch m'r e Frooh ingefall:
- Gell, das isch gaar kenn Zufall gewenn selle Morje, wu ich dich kenne gelehrt honn, heijt vor acht Daah, dass

du do mudderseeleellän erum spaziert bisch, wu dousich Meile wit un brät kenn Mensch gewohnt hat Hasch de wille dort hingehn, wu de onkumm warsch?

Do hat 'r schunn wider e roter Kopp krieht.

Ich honn e bissel gezickt un honn awer doch gefrooht:
- Isch 's villicht, wal 's sich jährt?...

Er isch noch emol rot worr. Er hat jo nie Ontwort ginn, wonn m'r ne ebbes gefrooht hat, awer, wonn m'r rot werrt, das will doch »ja« hääsche, gell?
- Mensch! honn ich gesaaht, ich honn Ongscht...

Awer 'r hat m'r ze Ontwort ginn:
- Du musch dich jetz on de Ärwet mache. Du musch zerick on dini Maschin. Ich waard do uff dich. Kummsch morje Owed wider....

Ich honn awer kenn Ruh gehatt. Ich honn on de Fuchs gedenkt. Wonn m'r sich zähme gelosst hat, donn konn 's vorkumme, dass m'r e bissje hiele muss...

XXVI

Näwen 'm Brunne, do war so aldi boufällichi Mur gewenn. Wie ich om nächschte Owed zerick kumm binn vum Schaffe, honn ich vun witem gesiehn, wie min klääness Prinzje owe druff gehuckt hat un de Bään erunnerbomple gelosst hat. Un ich honn ne geheert soohn:
- Ai, konnsch dich donn nimmeh erinnere, hat 'r gemännt. 'S isch nitt genau do gewenn!

E onneri Stimm muss 'm Ontwort ginn honn, wal 'r hat zerick geredd:
- Doch! doch! 'S isch schunn de richtiche Daah, awer nitt 's richtiche Plätz...

Ich binn witerscht gong in Richtung vun de Mur. Ich honn immer noch niemonde gesiehn oder geheert. Un de klääne Prinz hat awer doch wider Ontwort ginn:

- ...Ai sicher. De werrsch jo schunn siehn, wu mini Spur onfongt im Sond. Nod waardsch dort uff mich. Heijt Naacht werr ich dort sinn.

Ich binn zwonzich Mäter vun de Mur ewäck gewenn un honn immer noch nix gesiehn.

De klääne Prinz isch e Moment still geblib, un nod hat 'r noch gesaaht:

- Saah, hasch du aah guddes Gift? Bisch sicher, dass ich nitt long lide werr?

Ich binn stehngeblib, min Herz war schwär, un ich honn awer immer noch nitt verstonn, um was 's gong isch.

- Geh jetz, hat 'r gesaaht... Ich will do runner!

Donn honn ich emol geluht, was do unne on der Mur gewenn isch, un honn e Satz gemach! War jo do e so gäli Schlong gestreckt geije de klääne Prinz, so äni, wu emm in drissich Sekunde umbringe konn. Ich honn in de Sack gegreff, fer min Revolver ruszehole, un binn uff se los. Awer wie de Schlong mich geheert hat, hat se sich longsom in de Sond eninlaafe gelosst wie so e Wasserstrahl, wu dätt usgehn, un nod hat se sich gemellich zwische de Stään durchgeschlech, das hat so gonz lieser metallischer Krach gemach.

Ich binn grad im richtiche Moment on de Mur kumm, fir min kläänes Prinzebiebche in de Aarme uffzefonge, 's war blääch wie de Schnee.

- Was isch donn das fer Gedings! Duhsch du jetz aah noch met Schlonge redde?

Ich honn sin goldgääles Halsduuch uffgemach, wu 'r immer ongehatt hat. Ich honn 'm de Schlääfe nass gemach un honn 'm ze trinke ginn. Un donn honn ich ne gaar nix meh troue froohe. Er hat mich dodernscht

»Geh jetz, hat 'r gesaaht... Ich will do runner!«

ongeluht un hat m'r sine Aarme um de Hals geleijt. Ich honn gespiert, wie sin Herz bobbelt, genau wie bie'me geschossene Voggel, wu om Sterwe isch. Er hat zu m'r gesaaht:
- Ich binn froh, dass de gefunn hasch, was on diner Maschin nitt geklappt hat. So kummsch aah wider hemm...
- Ai! wie wäsch donn du das!

Ich honn 'm grad wille melle kumme, dass ich mini Ärwet spitz kriet honn, wu doch kuum Hoffnung defir war!

Er hat kenn Ontwort ginn uff mini Frooh, hat awer gesaaht:
- Heijt gehn ich aah noch emol hemm...

Un gonz trurich:
- 'S isch awer viel witerscht... 's isch awer viel schwärer...

Ich honn 's Gefiehl gehatt, dass ebbes Usergewehnliches los gewenn isch. Ich honn ne in mine Aarme gehebbt wie e klienes Kind, awer 's war grad gewenn, wie wonn 'r dätt riecht in e Abgrund enunnerrutsche, ohne dass ich irjendebbes mache kinnt, fir ne zerickzehalle...

Er hat so ernscht geluht, gonz wit ewäck in sine Gedonke:
- Ich honn din Schoof. Un ich honn aah de Kischt fer 's Schoof. Un de Mulkorb honn ich...

Un 'r hat so trurich gelächelt.

Ich honn long gewaard. Ich honn gespiert, wie 'r so longsom wider waarm kriet hat.
- Du, min Klääner, gell, de hasch Ongscht gehatt...

Allewäh hat 'r Ongscht gehatt! 'r hat awer lies gelacht:
- Heijt Owed werr ich noch viel meh Ongscht honn...

Ich honn Gänsehut kriet, so honn ich mich gegruselt, dass m'r fir immer usenonnerkumme werre. Ich honn verstonn, dass ich 's nitt iwer 's Herz kriehn, sin Lache niemols meh ze heere. Sin Lache war wie e Brunne im Sahara fer mich.

- Min Klääner, ich mehscht dich noch lache heere...

Er hat m'r awer gesaaht:

- Heijt Naacht ich 's grad e Johr. Do werrt min Stern gonz genau iwer 'm Plätz stehn, wu ich vorich Johr erunnerkumm binn...

- Gell, min Klääner, das Gedings do met der Schlong un met demm Rendez-vous un met demm Stern, das isch doch nur e beeser Troom gewenn...

Er hat m'r awer kenn Ontwort ginn. Er hat m'r gesaaht:

- Das, was wichtich isch, das sieht m'r nitt...

- Ai jo...

- 'S isch wie met d'r Blumm. Wonn de e Blumm gär hasch, wu im e Stern isch, nod isch 's e so nett, naachts de Himmel ze betrachte. Donn sinn all Sterre voll Bliete.

- Ai jo...

- 'S isch wie mem Wasser. Das, wu de m'r ze trinke ginn hasch, das isch wie Musik gewenn, weije d'r Roll un 'm Stronk... wäsch noch... wie das gudd war.

- Ai jo...

- Luhsch naachts de Sterre. Miner isch jo viel ze klien, ich konn d'r nitt zeihe, wu 'r isch. 'S isch aah besser so. Nod werrt irjend äner vun denne Sterre miner Stern fer dich sinn. Un donn werrsch all Sterre gär gesiehn... Se werre allegär Frinde fer dich sinn. Jetz will ich d'r aah noch ebbes schenke...

Donn hat 'r noch emol gelacht.

- Mensch! Klääner, du min Klääner, was heer ich dich so gär lache!

- Äwe, das isch jo, was ich d'r schenke will... donn werrt 's sinn wie mem Wasser...

- Wie männsch du das?

- De Liet honn Sterre, un fir ejeder stellt 's ebbes onneres vor. Fer die, wu rääse, duhn de Sterre de Wäg wiese.

Fer onnere sinn se sunscht nix wie kliene Lichter. Fer onnere, wu Gelehrte sinn, stelle se numme Probleme vor. Fer miner Geschäftsmonn ware se Gold wärt. Das sinn awer alles Sterre, wu still sinn. So Sterre wie dine, werrt sunscht niemonde honn...

- Wie männsch du das?
- Wal ich in änem wohne duhn, wal ich in änem lache werr, donn werrt das fer dich sinn, wie wonn all Sterre lache dätte in demm Moment, wu du de Himmel betrachtsch. Dine Sterre, das werre vun denne sinn, wu lache kinne!

Un 'r hat widerum gelacht.

- Un wonn de dich wider getreescht hasch (m'r duht sich jo immer wider treeschte), donn werrsch de froh binn, dass de mich kenne gelehrt hasch. Du blibsch min Frind fer immer. De werrsch Luscht honn, met m'r ze lache. Un nod machsch monchmol din Finschter uff, grad numme so us Vergnieche... Un donn werre dine Kumple staune, wonn se dich siehn de Himmel onluhn un lache. Nod saahsch ne: »Jo, de Sterre, die mache mich immer lache!« Donn männe die, de hasch se nimmeh all. Do werr ich d'r awer äner gedräht honn...

Un 'r hat widerum gelacht.

- Das werrt sinn, wie wonn ich d'r om Plätz vun Sterre e gonzer Hufe Gleckelcher ginn hätt, Gleckelcher, wu lache kinne...

Un 'r hat widerum gelacht. Donn isch 'r awer wider ernscht worr:

- Saah... heijt Naacht... kumm besser nitt.
- Ich loss dich nitt ellän.
- 'S werrt so ussiehn, wie wonn ich weh hätt... 's werrt so bissel ussiehn, wie wonn ich sterwe dätt. 'S isch e so. Musch nitt luhn kumme, 's hatt kenn Wärt...
- Ich loss dich nitt ellän.

Er hat sich awer Sorje gemach.

- Ich soohn d'r 's jo numme... weije d'r Schlong. Ich will nitt, dass de gebess werrsch... Schlonge sinn bees. Die kinne emm mutwillich bisse...
- Ich loss dich nitt ellän.

Ebbes hat ne donn awer beruhicht:
- 'S isch jo wohr, se honn jo gaar kenn Gift meh, fir e zwätes Mol ze bisse...

Selle Naacht honn ich ne nitt gesiehn furtgehn. Er isch gonz still ab. Wie ich ne endlich ingehol honn, isch 'r stromm witerscht marschiert. Er hat m'r numme gesaaht:

- Ah! Bisch do...

Er hat mich on d'r Hond gehol. Ebbes hat 'm awer kenn Ruh gelosst:

- Das hättsch nitt sotte mache.'S werrt d'r arich lääd duhn. 'S werrt ussiehn, wie wonn ich dod wär, un fer echt werrt 's gaar nitt so sinn...

Ich binn still geblib.

- Verstehsch, 's isch viel ze wit. Ich konn doch e so Kärper nitt methole. 'S isch doch viel ze schwär.

Ich binn still geblib.

- 'S werrt usgesiehn wie so aldi lääri Scheel. Alde lääre Scheele, das isch jo nix Truriches...

Ich binn still geblib.

Er hat ball uffginn. Awer 'r hat sich doch noch emol Mieh ginn:

- Wäsch was, das werrt nett. Ich werr aah de Sterre on-
luhn. All Sterre werre Brunne sinn met 'rer ruschticher
Roll. All Sterre werre m'r ze trinke inschenke...
Ich binn still geblib.
- Das werrt so luschtich! Du werrsch fünefhunnert Mil-
lione Gleckelcher honn, ich werr fünefhunnert Millione
Brunne honn...
Un 'r isch aah still geblib, wal 'r gehielt hat...
- Do isch 's. Loss mich äner Schritt gonz ellän mache.
Un 'r hat sich hingehuckt, wal 'r Ongscht gehatt hat.
Un 'r hat gesaaht:
- Wäsch... mini Blumm... ich binn verontwortlich fer
se! Se isch doch e so schwach! Un se ich e so änfällich.
Se hat numme vier aarmseeliche Deere, fer sich geije de
Welt ze schitze...
Ich honn mich hingehuckt, wal mine Bään mich nimm-
meh getrah honn. Er hat gesaaht:
- So... das wär 's donn.
Er hat noch e bissel gezickt, un donn isch 'r uffge-
stonn. Er hat e Schritt gemach. Ich honn mich nitt
kinne ripple.
'S isch grad numme wie e gääler Blitz gewenn on sim
Knechel. Er isch e Sekund stehn geblib. Er hat nitt ge-
kresch. Er isch gonz longsom gefall wie e Boom, wonn 'r
umfallt. Weije 'm Sond hat m'r nitt emol 's Geringschte
geheert.

XXVII

Ja, un jetz sinn 's schunn sechs Johr här... Bes heijt honn
ich die Geschicht do noch nie verzehlt. De Kumple, wu
mich wider gesiehn honn, ware froh, dass ich lewendich

Er isch gonz longsom gefall wie e Boom, wonn 'r umfallt.

devun kumm binn. Ich binn trurich gewenn, awer ich honn äwe gesaaht: »'S isch numme Miedichkätt...«

Ich honn mich jetz schunn e bissel getreescht. Das hääscht... noch nitt so richtich. Awer ich wäs, dass 'r wider uff sim Planet onkumm isch, wal ich honn sin Kärper nimmeh gefunn, wie 's Daah worr isch. So arich schwär war 'r jo nitt, sin Kärper... Un naachts duhn ich gär de Sterre zuhorsche. Das isch wie fünefhunnert Millione Gleckelcher...

Un nod gibbt 's awer ebbes gonz Usergewehnliches. Denne Mulkorb, wu ich 'm klääne Prinz gemoolt honn, do honn ich vergess, e Ledderrieme dronzemache! Er werrt ne also sim Schoof nie gekinnt honn onziehe. Un do frooh ich mich: »Was isch los uff sim Planet? 'S konn sinn, dass 's Schoof de Blumm gefress hat...«

Monchmol soohn ich m'r: »O wuhär! De klääne Prinz sperrt doch jed Naacht sini Blumm unner de Glasglock in, un uff sin Schoof passt 'r gudd uff...« Donn binn ich glicklich. Un de Sterre lache allegär gonz lies.

Monchmol soohn ich m'r: »M'r brucht numme emol de Gedonke sunschtwu ze honn, un schunn isch 's passiert! Er werrt emol oweds de Glasglock vergess honn, oder 's Schoof witscht naachts emol still us...« Donn werre us de Gleckelcher Träne!...

Das isch schunn e arich großes Geheimnis. Fer eijch, wu de klääne Prinz aah gär honn, un fer mich isch doch de Welt nimmeh selwe, wonn, wäs de Deijwel wu, e Schoof, wu m'r nitt kennt, e Ros gefress hat oder nitt...

Luhn eijch emol de Himmel on, un froohen eijch: »Hat das Schoof de Blumm gefress oder nitt?« Donn werren ihr emol siehn, wie do alles onnerscht ussiehn werrt...

Un kenn äni änzichi großi Person werrt jemols metkriehn, wie wichtich das alles isch!

Diss done isch fer mich de allerscheenscht un de allertruricht Londschaft vun de Welt. 'S isch de nämlich Londschaft wie uff d'r vorich Sit, ich honn se eijch awer noch emol gemoolt, fer se eijch gudd ze zeihe. Do isch de klääne Prinz uff de Welt onkumm un donn verschwunn.

Luhn eijch die Londschaft gudd on, dass n'r se aah gonz sicher wider kenne, wonn 'r je emol in Afrika verräse duhn im Sahara. Un wonn 'r zum Fall dort verbie kumme, machen um Gottes Wille gemellich un waarden e Aueblick riecht unnerm Stern! Wonn eijch donn e Kind engeije kummt, wonn 's lache duht, wonn 's Hoor hat wie Gold, wonn 's kenn Ontwort gibbt uff eijere Froohe, donn kinnen 'r eijch jo denke, wer 's isch. 'S wär nett vun eijch, wonn 'r mich donn nimmeh länger wotte so trurich lonn: schriewe m'r dapper, dass 'r wider kumm isch...

Jean-Louis KIEFFER

Jean-Louis Kieffer wurde 1948 in Filstroff im Département Moselle geboren. Er wuchs bis zu seinem sechsten Lebensjahr deutschsprachig auf. Von da ab lernte er Französisch und später als Fremdsprache wieder Deutsch. Er war Französischlehrer am Collège von Bouzonville (Busendorf), ist verheiratet und hat zwei Kinder.

Als begeisterter Lokalhistoriker- und forscher, hat er sogar einige archäologische Funde gemacht. Seit 1983 widmet er sich mit ähnlichem Engagement der Verteidigung und Förderung seiner Muttersprache. Er ist Präsident und Gründungsmitglied der Vereinigung *Gau un Griis*. Zudem gehört er der *Bosener Gruppe*, der *Société des Ecrivains d'Alsace et de Lorraine* und dem *Conseil Académique des Langues* an. Seit 1985 betätigte er sich schriftstellerisch. Bereits sein erster Text *Der Knopp* wurde prämiert. Weitere **Auszeichnungen:**

1985, 1986, 1987: Mundartwettbewerb des Saarländischen Rundfunks.

1989: Grand prix de la Société des Ecrivains d'Alsace et de Lorraine für den (vom saarländischen Kulturministeriums unterstützten) Band *Wou de Nitt brellat*

1992: Goldener Schnabel (Saarländischer Rundfunk)

1993: prix spécial du Jury au prix »Charlemagne« à Thionville

1998: Trophée Lorrain CEPAL (Centre Européen pour la promotion des Arts et des Lettres)

1999: Hans Bernard Schiff-Preis.

2001: 1. Preis Völklinger Platt

2005: Arts et Lettres de France deuxième mention

Selbständige Veröffentlichungen:
1988: Wou de Nitt brellat. Gedichten un Geschichten, Bouzonville: Edition Gau un Griis

1994: Wierter for de Wolken. Gedichten un Geschichten, Saarbrücken: Logos Verlag
1991: Saa mol. Wörter aus Lothringen, Bouzonville: Edition Gau un Griis
1994: De Nittnix un anner Zählcher. Sagen, Märcher un Legenden aus Lothringen, Metz: Edition Serpenoise
1997: Le pays de Nied au début du siècle, Metz: Edition Esde
1998: Mach keen Dénger, Metz: Edition Esde
1999: (mit Georg Fox): Völklingen & Forbach bitten zu Tisch, invitent à table, VHS Völklingen und UTP Forbach-Völklingen
Em Néckel sei Mad / de Famill Schrecklich, Theaterstücke, (Unveröffentl.; Texte daraus erschienen in zahlreichen Anthologien und Zeitschriften.)
2003: Der Opa un sein Schinken. Kurze Geschichte, Selbstverlag
2006: Le Platt Lorrain de Poche, Paris: Edition Assimil

MEINER HEIMAT
IN SYMPATHIE UND SORGE

Lottringen (1994)

Dierfer un Leit verstoppt zwéchen Wälder un Wisen.
Nämen wo »Déi Annern« nur kotzen kannen...
Stroosen déi spazieren zwéchen Aeppel un Bierenbääm.
Stécker ronner, Berjen rof.

Bleiw stehn. Guck!
Dat és mein Land.
De Wolken hängen aan de Päppelterbääm un der Schwadder
aan den Schouhn.

De Féiss im Bodem, den Kopp in den Wolken
Mir schwätzen us Sprooch so hart wéi de Steen,
Sou weech wéi der Lehm aus usem Land
In usem Lottringerland.

Wierter for de Wolken. Avant Propos (1994)

Ces mots pour accrocher quelques images fugitives, vers ou
prose, aux nuages, dans une langue apprise sur les genoux de
ma mère, désapprise à l'école dans le rire moqueur de ceux
qui parlaient si bien.

Des voix s'élèvent maintenant pour dire de parler avec notre
langue coupée...

Ma langue ravalée à un vulgaire »patois« germanique dégé-
néré, so en arm Sprooch! La honte de l'avoir cru et celle plus
terrible d'avoir trahi »*mein Mammenssprooch*« et de n'être plus
capable de la léguer à mes enfants... quelques bribes seulement.

Et ainsi disparaît, devant l'arrogance du plus fort et l'indifférence du faible, notre différence.

L'uniformisation est en route, mais vers quel modèle?

Les mots de ma langue de coeur, ma richesse la plus intime...

De Wierter von meiner Sprooch, wo dau noch lesen kannscht,
awwer Reliquien for déi, wo noo dir kommen.
Indianerzeechen.
Wierter for de Wolken.

Wierter for de Wolken. Vorwort (1994)

Die vorliegenden Vers- und Prosatexte sollen einige flüchtige Bilder an den Wolken aufhängen. Die Sprache, in, der sie geschrieben sind, habe ich auf dem Schoß meiner Mutter gelernt und in der Schule unter dem spöttischen Gelächter der anderen, die so schön sprechen konnten, wieder verlernt.

Heute erheben sich Stimmen, die dafür plädieren, dass wir wieder mit der uns herausgerissenen Zunge sprechen. Meine Muttersprache war als vulgäres, germanisches »patois« abqualifiziert worden, »so en arm Sprooch«! Ich schäme mich, dass ich daran geglaubt und »mein Mammenssprooch« verraten habe. Noch mehr schäme ich mich, dass ich sie heute nicht mehr an meine Kinder weitergeben kann – außer einigen Brocken.

Und so stirbt durch die Arroganz der Starken und die Gleichgültigkeit der Schwachen unsere Andersartigkeit in der französischen Gesellschaft aus.

Die kulturelle Uniformierung kann nichts aufhalten. Aber was beschert uns die Zukunft?

Hier sind die Wörter meiner Herzenssprache, mein größter innerer Schatz.

Wierter von meiner Sprooch, wo dau noch lesen kannscht,
awwer Reliquien for déi, wo noo dir kommen.
Indianerzeechen.
Wierter for de Wolken.

Assimilation (1994)

De Zeit és do *le temps est là*
Wo us de Gedanken aus em Kopp *où les pensées de nos têtes*
Verschmelzen. *seront fondues.*
De Zeit és komm *Le temps est venu*
Wo us de Biller aus em Herzen *où les images de nos coeurs*
Verbrennen. *seront incendiées.*

De Zeit der Niiderdrächtichkeet. *Le temps de la lâcheté.*
De Zeit for sich ze schämen. *Le temps qu'il faut pour avoir honte.*
De Leit sén reif: *Les gens sont mûrs:*
Mei Land muss ersaufen, *mon pays doit se noyer*
Mei Sprooch erstécken. *ma langue étouffer*

De Zeit és do *Le temps est là*
For us ze verlieren. *pour nous perdre.*

Der Knopp (1989)

Der Lehrer hat us gefroot, of franséisch natierlich, watt for
bléd Leit mir wären, wo héer mir kämen. User Lehrer wor von
Südfrankreich un hott nét wéi useräner geschwätzt. Er hott
nét wéi de normal' Leit geschwätzt.

»Von muer ab, hat er gesaat, géft nur meh franséisch ge-
schwätzt: én der School, ém Hof, of der Gass, dahäm, iw-
werall. Hann der verstann? De Franzosen schwätzen fransé-
isch un dir sénn Franzosen!«

Wéi der Schoolmeeschter us dat lo verzehlt hat, hann mir
us de Faischt voll gelacht. »Wéll deer lo us, us Sprooch ver-
dreiwen?«

Un deer lo hat us, us Sprooch verdriff!

So és dat vorgang: wéi eich den näckschten Dach én de

School komm sénn, do wor métten of meinem Désch en dicker Knopp.

»Wat és dat lo?« hann eich gefroot.

Der Lehrer hat mir gleich Beschedt génn: »Dau hascht den Knopp, déin Ierschten, wo de hierscht Platt schwätzen, kréit den Knopp von dir. Un deer, wo muer Mojen én de School kémmt mét dem Knopp, géft gestrooft; honnert mol muss er schreiwen »les Français parlent français! Un aweil mach nur, datt dau déin Knopp lo loss kréischt!«

Déin Knopp lo hot eich gleich loss. Den ierschten Dach és er rond gang. Jed Schooler hott ehn wénschtens ä mol gehaat, et woren er segar paar, déi ehn zwei, drei mol hotten am ierschten Dach!

Un am näckschten Mojen hat mein klä Cousin von der klä Klass honnert mol schreiwen mussen: »les Français parlent français«. Er kònnt kaum schreiwen un hott sicher noch nét gewoscht, wat eijentlich en Franzos és!

Un so sénn de Daa rémgang. Ä mol dau den Knopp, ä mol eich; eich honnert mol, dau honnert mol.

Awwer der Knopp és emmer langsamer rond gang. Déer, wo en hott, hat mischten schlau wéi en Fuchs sénn, for ehn loss ze kréin, un déer, wo ehn nét hott, noch schlauer, for ehn nét ze kréin, weil der Feind wor iwwerall. De bescht' Kompeln, dat woren de greescht Feinden.

Mét meiner Oma, déi kä Wuert franzéisch gekannt hat (fui, dat arm' Fraaminsch!), hot eich nur noch wéi de Taubstémmen geschwätzt: mét de Hänn un émmer geguckt, äss käner én der Nähe wor.

Et és peinlich, sich mét em Hammer of den Féngern ze kloppen, awwer noch peinlijer, of franséisch ze flouchen. Un wéi mir aagefang hann, of franséish ze flouchen, do wor et am Enn: do hott de Schoolmeeschter gewonn. Deer, wo mojens den Knopp hott, hott ehn noch gemännerhand owens.

Den letschten Knopp hot mein beschter Kompel kréit. Un er hott ehn von mir kréit... An der Nied hann mer gehuckt ze féschen. Meim Kompel sein Stoppen és ronner gang. Den Fésch hat er verfählt, awwer sein Flouch, un of Platt, déin hott eich nét verfählt. Ich hott mein Knopp loss. Seitdem guckt er mich schief an, un eich schäme mich.

So hann se us geliert, franséisch schwätzen, awwer nie hann se ferdich brat, datt mir of franséisch drämen. Mir drämen of Platt un dat ohne Knopp.

For de Katz (1994)

De alt Leit aus meinem Duerf schwätzen wei franséisch mét den Katzen. Un déi Sprooch verstehn us Duerfkatzen ganz géer, seitdem dass se »Minou« un né meh »Missien« heeschen.

Us Katzen sén fein Katzen, wenn se och von lottringer Abstammung sén. Se hann sich gutt zivilisiert.

De alt Leit aus meinem Duerf hann et och gutt verstann: no de Johren 70, és en ganz nau Generation Katzen bei us ofgezillt génn... Keen honsgewéhnlich Dachkadern oder roppich Mouderkatzen mét en Zucht arich un dreckich Jongen... Nee nee! Fein Katzen: dick kastrierten Kadern, fett wéi Notären, déi sich nii frohen, watt »mausen« heescht. Oder noch kleen delikaten Katzenmadammen, déi, wenn se duerch et Schlofzémmer tappen, den Schwanz strack gént den Himmel strecken... als wenn dat en Konscht wär!

De alt Leit aus meinem Duerf hann verstann, datt mét so Katzen nur noch franséisch geschwätzt kann génn.

»Il est chic de parler français« mét den Katzen, bei us in Lottringen... gell jo Méimé? Dann féihlt man sich baal sou gescheit wéi déi im »Kaschten«, im Fernséhen, in der Télé!

Mein Katz hat wei och so domm Tuppen im Kopp. Awwer se soll sich mol ennerstehn, mich auszelachen, wenn eich se verbréllern in meiner alt Katzensprooch... Dann géft awwer nét lang geschwätzt for de Katz!

Mei Sprooch és en alter Knochen... (1994)

Mei Sprooch és en alter Knochen
Wo keen Hond meh fressen wéll.
En fauler Appel
Verduerf un verfress
Verpickt un verschéss.

Mei Sprooch fault ab.

     En drockener Baam

        Vom Méschpelter

           Erstéckt

             Gréin ohne Saft

               Ohne Bläder

                 Ohne Kraft.

Mei Sprooch és en alter Knochen.
Werf ehn weck!
En fauler Appel,
Of de Méscht!
En drockener Baam,
Hau ehn rém!

Mei Sprooch fault ab...
»Gott sei Dank« saan déi een'n,
Déi annern faulen mét.

De Sprooch for deich La langue pour toi (1994)

Eich schwätzen en Sprooch *Je parle une langue*
Déi dir im Herz né meh séngt
> *Qui ne chante plus dans ton cœur*
Un schwätzen se doch for deich
> *Et cependant je la parle pour toi*

Eich schreiwen en Sprooch *J'écris une langue*
Déi dau nii meh lésen kannscht
> *Que tu ne sauras jamais lire*
Un schreiwen se doch for deich
> *Et cependant je l'écris pour toi*

Eich sammeln Wierter *Je collectionne des mots*
En all Heftern un Béichern *Dans tous les cahiers et livres*
Mét déi'n dau nii spillen kannscht
> *Avec lesquels tu ne sauras jamais jouer*
Un sammeln se doch for deich
> *Et cependant je les collectionne pour toi*
Watt ich machen hatt keen Wéert
> *Ce que je fais n'a pas de sens*
Watt ich saan hatt keen Zweck
> *Ce que je dis n'a plus d'utilité*

Un machen un saan et doch
> *Et cependant je le fais et le dis*
For deich... *Pour toi*

Mein Kénd *Mon enfant*

Gedicht for welschisierten *Lorrains* (1994)

Ich wéll der verzehlen von den Geféihlen
Mais les mots se perdent
Schéin rohig un geméihtlig...
Mais tu ne comprends plus
Wenn de Tränen bés aan de Ecken von den Auen kommen,
weil alles verbleecht...
Aber nicht in meiner Sprache
Ma langue de plomb...
Mes chemins sentaient la noisette, un mein Gedanken sén bétter
Wéi de Schléiwen.
Mein Land entfärbt sich von Niederträchtigkeit.
Ich habe meine Sprache verlernt.
Et les mots n'ont plus la même douceur.
Et és ze spät for ze bréllern
Ze spät for ze brélsen
En Deckel iwwer us
Un chuchotement en décrescendo
Ma langue déracinée
Coupée
Ich hann neischt meh ze saan.

Wat weescht dau besser...? (1994)

Dein Auen hann nii gesinn
Et Zédern von usem Land
Dein Ohren hann nii gehuert
Et Séngen von den Wolken
Un dein Hänn hann nii verzehlt
Et Gedicht
Von déi
Von léi...

Un dau wéllscht schwätzen
Un besser wéssen
Un alles kennen
Un noch alles saan.

Kennscht dau déi Sprooch
Wo de Steen noch péschpern
De Bääm noch séngen
De Wolken métbréngen?

Kennscht dau de Häämligkeet
Von den Wiertern?
Us Wierter.

Mein Heimatwiegelied (1994)

Schloof Lottringer, schloff,
Der Jacobiner héit de Schoof,
Et Marianne héit de Lämmercher
Mét den blou weiss rout Bännerchern,
Schloff Lottringer, schloof.

Drääm Lottringer, drääm
Von léi, von lo, von dahäm
Se hann dir en nau Seel geschenkt
Ess dau alles schéin vergessen kannscht
Drääm Lottringer, drääm.

Séng Lottringer, séng,
»En passant par la Lorraine«
Mét deinen Klompen
Et Lottringer Kreiz om Bockel
Séng Lottringer, séng.

Wo és dein Sprooch Lottringer?
Wo és dein Sprooch?
Né meh for ze schwätzen...
Nur noch for ze dräämen...
Wo és dein Sprooch Lottringer?

Schloof Lottringer, schloof
Der Pariser héit de Schoof
Déi annern héiden de Lämmercher
Mét all' Sorten Bännerchern,
Schloof Lottringer, schloof.

Awwer muar Lottringer, awwer muar... viilleicht!

Grenzen (1994)

Zwéchen deich un meich
Es en Grenz
Herzgrenz

Zwéchen dein Heimat un mein Heimat
Es en Land
Vaterland

Zwéchen dein Land un mein Land
Es en Kreiz
Heldenkreiz

Zwéchen us wor mol
En Sprooch
Zersplittert
Verstoppt
Verschäämt...

Zwéchen meich un deich
Es en Mauer
Déi sich langsam baut

Zwéchen meich un deich
Es wei gleich
Neischt.

Et letscht Wuert / le dernier mot (1994)

»Mach alles schéin propper un sauwer
                    »Nettoie tout nettement et proprement
Kier de Wierter un schepp se of
                    Ballaie les mots et ramasse les
Vergess nét de Grimmeln. *N'oublie pas les miettes.*
Holl de schéinscht Biller *Prends les plus belles images*
Un dou mich herresch aan.
                    Et pare-moi de mes beaux habits.
Mét den Geféihlen aus deinem Herz
                    Avec les sentiments de ton cœur
Schmink mein Auen én blou *Maquille mes yeux en bleu*
Mein Broscht én weiss *Ma poitrine en blanc*
Mein Gesicht én rout. *Mon visage en rouge*
Parfumier et Zémmer mét der Musick.
                    Parfume la chambre avec la musique
Von den Silben. *Des syllabes*
Un loss se kommen *Et laisse les venir*
Dass se noch gesinn, *Pour qu'ils voient encore*
Wéi schéin ich sén. *Comme je suis belle*

Un dann loss mich steerwen *Et puis laisse moi mourir*
            Alleen...« *Seule...«*

Musel (1994)

Musel
Musick von meiner Seel
Mosella
Moselles fluidités féminines
Muses divines
Mosella
Wasser
aus meinen Auen
Drépsen aus meinem Bléck
Fléissen
Fluidités de mes traces
Musel
Musick von meiner Seel.

De Nitt (1994)

De béscht keen Rhein
Un aach keen Musel
Mol nét mol de Saar
Awwer de béscht mein.

De béscht mein Bach
De béscht mein Fluss
De béscht mein Meer.

De schwänzelscht duerch mein Herz
De drépscht duerch mein Auen
Nitt, de béscht mein.
Se lachen mich aus, déi vom Rhein
Un aach déi von der Musel
Un zegar déi von der Saar.

Et mächt awwer neischt
Weil dau bescht mein.

De tränselscht in meim Léwen
Ohne Lorelei am Rhein
Ohne Wéngert an de Musel
Ohne Stadt an der Saar.

Duerch paar Dierfer
Duerch mein Land
Gehscht de in de Saar
Un dann in der Musel
Un noch in den Rhein.

Ohne deich, Nitt,
Wären déi anner Drei lo...
Iwwerhaupt gar neischt.

Papa Noël (1994)

Hochwasser hat er in den Stiwweln
En versoffenen Kopp
En amerikanischen plastiken Bléck
Der Weihnachsmann, »Papa Noël« genannt.
Coca Colamännchen, hau ab!
Hascht neischt bei us ze suchen
Geh zréck in dein Kaugummiland
De verdeibelscht us de Gedanken
Du Chréschtkéndchenfresser!

Mei Gewann (1994)
(For den Alain Greiner, ami poète)

Mét meinen schockelijen Wiertern
Von meiner Indianasprooch
Meiner Katzensprooch
Schwätzen ich von meinem bockelijen Land
Do wo de Bächer so häämlig lachen:
Dousbach, Grawinkelsgreth, Marbach, Schotterbach
Dir schwänzeln duerch Felder un Stécker
Un spillen Verstoppnis in de Hecken.

Mét meinen schockelijen Wiertern
Von meiner Negersprooch
Meiner hondsgewéhnlich Sprooch
Séngen ich de Léider
Wo de Wolken so häämlig péschpern:
Molkenacker, Appesratt, Renndrech, Rampert
Dir spréngen iwwer Wejen un Berjen
Un spillen Buertzelschääs in de Rommeln un Grompern.

Un mein schockellig Wierter spillen
In meinem bockelijen Land
Un mein schappig Sprooch
Zéddert von Häämligkeet.

Et ma langue de misère
Tremble de tendresse

Kompel aus der Kénnerzeit (1994)

»Em Amerikaner sein Kompel hat den Deitschen dout ge-
schoss, un em Deitschen sein Kompel hat den Amerikaner
dout geschoss.«

Sou hat mein Pappen zou mer gesaat, ess eich soll richtig
verstehn, wéi déi zwei Soldaten lo gefall sén. Zwää Gräwer
newenänner om Kerchhof, zwää selwich Kreizer, de selwich
Bloumen, wo de Fraaleit aus mei'm Duerf of de Soldaten
geplanzt hann. Un of jedem Kreiz en Helm: en deitscher un
en amerikanischer. Kompel woren déi zwei lo nét... datt hann
ich gutt verstann: se hotten jo nét de selwich Helmen. Nur
déi, wo de selwich Helmen hotten, konnten Kompeln sén;
weil annerschess kinnt man jo keen Kréig machen. Datt hann
ich gutt verstann... Ich hann och gutt verstann, forwatt se
newenänner fascht im selwijen Grawt geleen hann: im Dout
woren se né meh gefährlich. Un eener grad so dout wéi déer
anner, also keen Onnerscheedt énner de Bloumen von den
Gräwern.

Ich hott awwer nét verstann, forwatt eich Schläjen kréit
hann, wéi mein Pappen meich un den Jean-Jacques erwétscht
hat, wéi mir Kréig gespillt hann, awwer nur for ze lachen mét
den Helmen om Kopp.

»Schämen eech! Mét so eppes spillt man nét... dencken aan
déi arm Soldaten, wo lo leijen! Un draan déi Helmen lo zréck,
do wo der se geholl hann! Dir Trawanten!«

Mir hann se zréck gedraan, awwer aan watt for Kreiz den
richtijen Helm hinhängen? Datt hann mir nii gewoscht, je-
desmol wo mir se zréckgedraan hann... Mir hann us de Hel-
men geweessselt, déer wo den amerikanischen om Kopp hott,
hott mussen gewénnen, sonscht wär jo alles falsch geween. Of
den Kreizern hann mer se och geweesselt un am Enn né meh
gewoscht, wéer aus Amerika, wéer aus Deitschland wor. Dat
hott jo neischt meh ze saan. Déi zwei lo hann so wéi so alle
zwei den Kréig verluer. Un weil se schon so lang beienänner

énner de selwich lottringer Bloumen schloffen, sén se wahr-
scheinlich Kompeln génn...

Déin of der lénkser Seit hann se derierscht rausgeholl... Mét
eenem Helm hott man né meh kinnten spillen: do wor user
Kénnerkréig am Enn. En schéinen Dach wor déer anner och
verschwonn: Helm un Grawt.

Wei leihen se paar dausend Kilometer ausenänner, us Kom-
peln aus user Kénnerkréigzeit.

Klischee (1994)

Der Newel krowelt langsam aus der Nitt raus
Un dann gesitt ma
De Weiden
Déi zompen de Féngernäln in't Wasser
Un de Päpelter péschpern
Un ruhig glétscht der Néwel weider
Un rutscht bés in de Wisen

Klischee...
De Nitt, mei Land, der Newel, de Bääm un der Steen
Un de Bloumen un mei Sprooch
Un iwwer dat alles en Deckel... Klischee!
Kättenuwen... Catenom.

Un de Bauern sausen duerch de Stécker
Un de Fésch schwämen faul un weiss om Bockel
De Hubschrauwern sprétzen den Raps of Deiweln kommen raus...
Un am Rand vom Wald waassen braun Tannen.

Awwer seit paar Dausend Johr
Jeden Mojen
Krowwelt der Newel langsam aus der Nitt raus.

Ma terre lorraine (1994)

Ma terre termitière
Lacérée de blessures
Aux cicatrices incandescentes
Connaît les cris de la déchirure

                                        les révoltes enfouies.

Ma terre cimetière
Aux soldats oubliés
Habillée de deuil et de feu
Ma terre de passage forcée
Connaît les pleurs interdits

                                         les regards sans retour.

Ma terre mère
Aux seins trop lourds
Aux parlers divers
En mosaïque d'accents
Connaît les silences de l'attente

                                         les pesanteurs assoupies.

Ma terre aux bras ouverts
Jamais repliés
Habillée d'espoir et de rire
Ma terre amante
en attente d'amour

                                            Ma terre sans détour.

(Prix Charlemagne de la ville de Thionville 1993)

VERTRAUTE ORTE, SAGEN UND KÄUZE

Wendelchen (1994)

Ich wor en Lausert von 10 - 11 Johr; als Bauerbou sén ich domols mét den Kéihen ausfahren gang... of den »Wendelchen«. Do hotten mir en grouss Wiss gehaat. Nét weit davon am Rand vom Wald do steht haut noch en ganz kleen Kappelchen un do drén huckt der Wendelchen.

»Wendelchen, eich wéll dir mol grad eppes saan. Eich hann dir domols Bloumen gepléckt, Kierzen aagefang, ich hann halt gebet, de sollscht of mein Kéih'n ofpassen, un do sén eich in den Wald mét annern Trawanten Haisjer bauen gang... Un dau hascht so gemach, wéi eich et gewollt hann. Un eich hott iwwer deich keen Grimmelchen gewoscht: wohéer de komm béscht, wéer de béscht. Et hott eefach geheescht: om ›Wendelchen‹ huckt der Wendelchen, un domét basta!«

Nohéer hann de Alten mir dein Legend verzehlt. Et hott geheescht, in user Gejend wär mol en grouss Schweinenpescht geween. De Bauern hann all Heilijen aagerouf awwer keener hat ehn'n wéllen helfen. Un ohne Schwein hätt fréijer keen Lottringer kinnten lewen. Do hat der Alwiss oder der Jupp oder der Néckel oder en annerer schlauer Matz, gesaat:

- Der Wendalinus déer kennt eppes von den Schwein'n, weil déer domols mét déinen ze doun hott als Schweinenhiert. Wenn déer us nét helft dann és der Baart ab...!

Un der Wendalinus hat de Pescht verdriff.

Un de Bauern hann en Kabaitzien gebaut, den Wendalinus drén gesétzt un sén dohinn piljern komm een mol im Johr im Oktober. Dat wor of em »Wendelchen« do wo eich mét meinen Kéih'n ausfahren gang sén. Un do huckscht dau noch émmer, Wendelchen, du armer Deiwel!

Wendelchen, weescht dau, wo eich de ganz Woch wor? Root mol? Im Wendler Land! Ja, genau, do wo dau begraawscht bescht! Mein léiwer Freindchen wat hascht dau jo en schéin Kérch, donner Keil noch mol! Eich hann mol de Auen ofgeriss wéi en Scheierpuert un mir déi aus em Kopp geguckt, wéi eich dein Sarg gesinn hann im Dom.

Eich wees jetzer Beschedt iwwer deich, datt hann se mir léi beibraat...

Dau, Prinz von Irrland, hascht dich in us Gejend niddergeloss, bescht mét Schweinen Schoof un Kéih'n ausfahren gang... so wéi eich fréijer. De hascht sicher den Dagobert kannt, déer wo Huddel mét seiner Bocks hott, de worscht Abt von Tholey, un noo deim Dout bescht de in dein kleen Heimat zréckkomm... Do génn eich dir Recht!

Ich hann och gehuert, de wärscht nét alleen riwwer komm von Irrland. Dei Schweschter hascht de métbraat et heilig Oranna un sein Maad et Cyrilla... Déi sén in Beress begraawt nét weit von dahäm. Un et Oranna streckt sein Armen iwwer us Lottringer Land; et és, dat weescht dau doch sicher, de Schützpatronin von den Deitsch Lottringern, un dat sén eich. Also és dein Schweschter mein Schützpatronin un eich hott dat nét gewoscht... Ä bä, dat hann se mir léi beibraat.

Domols hann ich dir Bloumen gepléckt un de Kierzen aagefang, de hascht of mei'n Kéih'n ofgepasst. De hascht mein Vorfahren vor Paar Honnert Johr von der Schweinenpescht beschétzt. Wenn déi verhongert wären, kinnt eich haut neischt iwwer deich schreiwen... Wendelchen!

Wendelchen, wenn ich im Fréihjohr dir en dicken Strauss Schlésselbloumen un en dick Kierz gätt schenken! Hein!

Derierscht for dir Merci ze saan, datt eich deich in deiner Heimat kennen geliert hann...

Un zweitens for eppes ze verlangen.

Ich hann keen Kéih meh ze héiden... alles héit sich selwer. Un ich sén wei en alter Lappes... Awwer guck mol wéi et zougeht bei us in Lottringen. Dein Schwester, et Oranna, és de Schützpatronin von den Deitsch Lottringern, lo gleich sén keen Deitsch Lottringer meh do, mét der Sprooch steerwen déi aus un dann és alles flötten. Un dein Schweschter kann dann gucken wéi se gesitt!

Mach doch eppes! Stéppel mol en bessien et Oranna, datt et of Tueren kémmt! Et és héchscht Zeit. Dir zwei kannen doch eppes machen? Oder? Bloumen kréin der jedes Johreszeit von mir... Eich hann eech alle zwei arich geer, weil dir bei us wahnen komm sén... freiwillig, un so muss et och weider gehn. Gell jo Wendelchen!

Dommel dich en béssien, Hergott noch mol!

(*Mundartautoren Symposium Bosener Mühle 2.3.1993*)

Metzer Kathedral (1994)

Zéih dein Sejeln of, Fenschter aus allen Faarwen
Am goldenen Maschten
Un fahr iwwer de Musel
Iwwer de Welt
Dein Piljern bés in de Steeren.

De Deiweln in deinen Steen verhext
Los se aan de Wolken hängen
De Gespenschter von allen Ängschten.

Zéih dein Fenschter of am goldenen Maschten
Los de Otem von den Engeln
De Sejeln schwellen
Un fahr dein Leit im goldenen Schéff
Bés aan den ewijen Borren Gottes.

Im Wendler Land (1994)

Weit von den Hétten
Hénner de Schurschten un Grouwen
Am Enn vom Land
Do sén
Keen grouss Berjen
Awwer Hiwweln
Déi von Weiler zou Weiler
Buertzelkopp spillen
Dahäm
Im Wendler Land.

Keen grousser Palawer
Keen Déngs un keen Dénger
Keen Kuddel
Keen Muddel
Von Wisen zou Stécker
Iwwer Tal un Wälder
Nur Häämligkeet
Dahäm
Im wendler Land.

Awwer in der toolejer Kérch
En Deiwelchen
Wéllen Schimmelreitern ohne Kepp
Gespenschter mét feier Auen om Mumrich
Bosener Grindmännchen
Un om Rennweg
En schwaarzer Hond
Von Hexenbesen verdriff
Am Fouss vom Schaumberg
Verzauberte Landschaft
Dahäm
Im wendler Land

Un of der Wendalinus Basilika
Noch en Gans.

Bostalsee (1994)

Mojens schleimert de Sonn
Am Rand
Vom Damm
Un der Newel rutscht iwwerm Wasser
De Seenix häämelt
De Lechen
Un spruddelt von Freed
Am Bostalsee.

Legenden von der Nittnix (1994)

Wéi Féngernääln sén de Quellen von der Nitt. Bächer wéi
Fraaenféngern, wo sich in de nass Wisen treffen, un dann
bilden se en Bach wéi en Schlang, déi sich duerch Weiden un
Päppelterbääm schleeft. Dat és de deitsch Nitt. En Condé-
Northen kémmt de franzéisch Nitt entgéent.

Zwei Armen vom selwijen Keerper, né meh deitsch un né
meh franséisch, nur noch Nitt. De Nitt schwänzelt dann
duerch us Lottringer Land bés in de Saar, rohig un méi-
sam im Summer; awwer wenn der Himmel im Herwescht
ronnerkémmt, dann brellert se dreckig un nasskalt. Un im
Wénter, wenn der Bodem sich géent de Kält wiercht, dann
dout se seinen weissen Schleier aan. Im Fréijohr lacht se mét
de Schmälwen.

Un in der Nitt és en Nix, wo iwwer alles ofpasst. Wenn
der Néwel im Summer iwwer de Wisen schwémmt un de
Weiden ganz zaart ihr Féngern in et Wasser zompen un de

Päppelterbläder langsam péschpern, dann kann ma se manch-mol gesinn: Nét gréisser wéi en Frosch huckt se of en Seeruus un kämmt ihr Hoar. Ihr Auen sén wéi der Lottringer Himmel un ihr Rock wéi et Nittwasser. Déer, wo se hiert séngen, és wéi aagelockt, un et heescht, manch Féscher wär schon in der Nitt verschwonn.

Manchmol kémmt se aus em Wasser raus, awwer dann ge-sitt se aus wéi et schéinscht Mälen von der Welt...

1. De Glécksschéffer (1994)

De béscht mein Bach
De béscht mein Fluss
De béscht mein Meer
De schwänzelscht duerch mein Herz...
Nitt, de béscht mein!

Wenn im Fréijohr de iersch Bloumen de Spétz von ihrer Naas weisen, dann geht de Nix de Nitt rof bés aan de Quell bei Marienthal un pléckt iwwerall all Kreiter, déi se dann in de Quell zompt. Déer, wo dat Wasser den ierschten Mai drénckt, és for et ganz Johr géent all Fiiberkrankheeten beschétzt.

Bei Vollmond, im Fréijohr, kann man se noch bei Marthille gesinn. Do pléckt se all Sorten Kreiter for de Quellen; dèer, wo dat Wasser for den Hannesdach drénckt, gétt im ganzen Johr nét krank.

Fréijer, in jed Maistuw, hat man de Sagen un Märchen von user Nix kannt, von der Quell bés zou der Saar. Paar Alten kennen se noch.

Am Ufer von der Nitt hat se gewaant... keener hat se dierfen stieren. Wenn de Fraaleit aan der Nitt mét den Blauweln de Wäsch gekloppt hann un Palawer gefahr hann, és manchmol en jong Mälen in blouweisser Tracht bei se komm un hat en uralt Liid gesong. Keen Minsch hat meh eppes gesaat, un wéi verzaubert hann se zougehorscht. Et wor de Nittnix.

Mojensfrei és se mét em Néwel iwwer de Wisen spaziert

un hat sich mét den Wasservuweln énnerhaal: de Wasservu-
weln woren ihr bescht Freinden. Vier Enten hann ihr Kahn
gezuu, de Nitt rof, de Nitt rapp. Mét den Eierschaaken von
den Vuweln hat se kleen Schiffer gebaut un déi of em Wasser
laafen geloss. Dat woren Glécksschéffer. De Bauer, déi wo in
den Wisen am Fouder geschafft hann, der Méller bei seiner
Millen, der Féscher am Strand, hann sich dann gefreit, wenn
se déi Schéffercher gesinn hann. Un de Fraaleit, de Hänn
im Wasser, den Hénner breet zou der Wis gestreckt, hann
noogeloss mét ratschen un prowiert, et friim Liid ze séngen.

De Nittnix wor do un hat iwwer Leit, Veih un Land ge-
wacht. Keener hätt och den Enten oder annern Vuweln eppes
gedoun, im Gejenddeel: Wasserratten,

Madern un aaner Gevéisch hann de Bauern un Féscher fott-
gedriff un gejacht.

Wenn de Nitt im Fréijohr ausgang és un sich in den Wisen
ausgedeelt hat, és de Nix mét ihrem Kahn iwwer't Wasser ge-
schwomm komm un hat de Wisen geseent, dann és et Grass
fescht, reich un fett gewaas.

2. De Seeruus (1994)

Wenn im Summer de Nitt sich pläzerweis zwéchen de Steen
schlauwt, dann prowiert man riwwer ze gehn, awwer manch-
mol métten im Weg bleiwt man stehn: Et Wasser rauscht,
et Grass schleidert in den Wellen, un der Kopp fängt aan ze
drehen. Un dann muss man ofpassen...

Emol és en jong Fraa, wo in »Nidderbann« am hauschten
wor mét ihrer Gawel un ihrem Rechen, iwwer de Steen gang
for bés of déi anner Seit. Se hat sich of ihr Gescherr gesteipt
for nét ze fällen, awwer métten in der Nitt hat se of emol
gerouf:

- Wo és et Wasser? Wo és der Himmel? Alles dreht... helfen mer!

Déi anner Fraaleit in der Wis hann de jong Fraa ausge-
lacht...

Do hat de Älscht von ehn'n gesaat:

- Et és nét for ze lachen. Us Nittnix hat dat Fraaminsch lo gesinn, un se és neidig, weil dat zou schein és. Gehn helfen der Fraa, riwwer ze kommen, un dann verzehlen ich eech dat schéin Märchen vom armen Féscher. Un dann verstehn dir, wéi neidig de Nittnix kann sén. Un so hann se gemach, un do hat de Fraa verzehlt:

In den alten Zeiten, wo ma noch Zeit genuch hott, for de Zeit ze verdreiwen, ohne de Zeit ze verlieren…, hott im Siersbuerjer Schloss et schéinscht Mälen gewahnt, un énnen, do wo de Nitt so déif gréndet un de Fésch am dickschten sén, wor en armer Angler...

Un wat nét hätt sollen passieren, és passiert: Ét Mälen hott Bloumen gepléckt, der Féscher hat aan der Nitt gehuckt. Se hann sich gesinn, de Auen un de Herzer hann sich getroff. Seitdem hann se sich jeden Dach gesucht un émmer fonn...

Forwatt hat dat Mälen missen seinem Pappen verzehlen, datt et den Féscher so geer hat? Et schéinscht un et reichscht Mälen von der Gejend mét en honnsgewéenlijen Féscher! Voller Raasch un Wuut hat der Heer von Siersbuerg sein Mälen in en Tuerm egesparrt, bés dat et zou Verstand kémmt. Awwer en Mälen, dat verliibt és, wéi kann man dat zou Verstand bréngen? Et hat so gebrélst un gehill, datt de Maad de Dier ofgesparrt hat, jedesmol, wo der Meeschter of de Jacht gang és. Un do és et bés aan de Nitt gelaaf, seinem Féscher in de Armen... Wéi hotten se sich so geer...!

- Horsch, mein Herzchen, et kann né meh so weider gehn, hat der Féscher gesaat, ich sén nét reich, awwer ich schaffen un sén eehrlich. Muer gehn ich zou deinem Pappen un schwätzen mét ehm. Wenn er en Herz hat, kann er nét »nee« saan.

- Geh nur nét! De kennscht mein Pappen nét... geh nét!

Der Féscher és doch gang. Der Heer von Siersbuerg hat nét lang gefackelt, er hat ehn von seinen Soldaten wéi en Hond rauswerfen geloss.

- Wéi kannscht dau, du arm Schwein, em Heer von Siers-
buerg sein Mälen verlangen! Wo és dein Schloss? Dein Gold?
Dein Namen? Glécklich genuch kannscht de sén, datt de
noch weider in deiner Buut aan der Nitt wahnen darfscht!
Hau ab, datt ich dich né meh gesinn, sonscht...
    Paar Daa drof hat der Siersbuerjer Heer missen for sein
Sachen of Trier gehn. Et Mälen wor den ganzen Dach frei un
wor bei seinem Freier.
    - Ich hott dat jo gesaat, mein Pappen erlaabt nii, datt mir
zwei us heiraten. Komm, mir gehn in en aaner Land, wo
keener us kennt un wo mir glécklich léwen kannen.
    - Ich sén ze arm for deich. Nii kinnscht de mét mir léwen.
Ich wees, wat ich machen soll. Ich roufen de Nittnix, déi gétt
mir et Reichtum, dat ich brauch, for dein Mann ze génn un
deim Pappen ze weisen, datt ich keen armer Deiwel sén... Ich
wéll dich nét klauen, awwer heiraten...
    - Rouf nét de Nix, jeder eener, déer se gesinn hat, hat sich
in se verliibt... dann vergescht de mich, un dann muss ich
steerwen von Kommer.
    - De Nix bréngt us Reichtum, un eich hann dich for émmer
geer. De muscht keen Angscht hann...
    Kaum wor et Mälen fott, hat der Féscher sein Angel ge-
worff. Der Stoppen és ronner gang, awwer am Enn von der
Angel wor keen Hescht, wéi er et gemonnt hott, awwer en
Fraa mét hell blonden Hoar, déi wéi Wellen sich iwwer sein
nackig Schéllern verdeelt hann un ronner iwwerm Wasser
geschwonn hann, ganz häämlich. Ihr Auen woren hell wéi
der Himmel un ihr Stémm hat gesong:
    - Komm, in meinem Palascht és Gold un Silwer, Edelsteen
un Christal. Komm mét... ich génn der so vill, wéi de wélscht.
Komm mét, Féscher, komm mét...
    Un der Féscher és métgang, ohne sich rémzedrehen, sein
Angel hat er leien geloss, er hat der Nix de Hand génn, un
langsamm és er mét der Fee in de Nitt rénn, wéi aagelockt.
Un és verschwonn...

Wéi et Mälen vom Schloss nees hott kinnten rausgehn, hat et sein Freier am Wasser gesucht. Do hat noch de Angel geleen un all sein Sachen.

Et hat do gestann, un aus seinen Auen sénn Träänen gefall: Liebesträänen, Kommerträänen… »De hascht mich vergess, un de Nix hat mein Herz geklaut, steerwen muss ich weil!«

Un de Träänen sén gefall bés int Wasser von der Nitt, un aus jed Trään és déi schéinscht Bloum erschinn. De schéinscht Bloum. So zaart wéi em Mälen sein Backen, so hell wéi sein Auen. De Seeruusen.

De Seeruusen sén de Träänen vom armen Mälen aus em Siersbuerjer Schloss. Dencken draan!

Der Nongkercher Paschtuer (2003)

Keen Minsch of der Welt és fehlerlos. Eich meenen mol.

So wor et och én Nongkerchen mét seinem Paschtuer. Et wor en gudder braver Mann, et wor neischt gend'ehn ze saan: jeden Dach hat er sei Méss geleest, er hat de Leit gebeischt, beerdigt, gedääwt; er hat scheen gesong un »kurz und bündlich« geprédigt… Un dofor hotten de Leit ehn géer un der Paschtuer hot de Nongkercher Leit och géer, awwer wat er noch meh wéi géer hott, wor wat de Leit' ehm so én't Herrenhaus gebraat hann.

Fréher hot jo jed Haus sein Schwein geschlacht. Un et bescht Stéck vom Schwein wor émmer for den Heer Paschtuer. Niimols hätt sich äner getraut den Paschtuer ze vergessen. Em Gottes Wellen Nee!

»Gelob sei Jesus Christus, Herr Paschtuer! ma hann de Wutz geschlacht, lo bréngen ich Eech en Rondel Treib un zwei scheen Kotletten.«

»Anna, der gute Mann bringt uns was zu essen!«

Un dann és de Herrenmaad aagewatschelt komm mét'er

Schossel, un és nees zréck mét em Fleesch én der Schossel ohne eppes ze bipsen oder mol en Minn ze verzéihen.

»Der gute Mann« hat sein Sejen kréit un és hénnertsich, de Kapp én der Hand, aus em Herrenhaus raus.

Un so hotten der Nongkercher Paschtuer un sei Maad émmer béllig un gutt frésch Flesch. Awwer wat user Paschtuer am léiwschten gess hat, wor der Schinken. Der Paschtuer wor arich verkafft of den Ham, of den Jambô, of den gudden hausgemachten gereechten Schinken, wenn er frésch aus em Reechhaus komm és.

Un én so en kleen Duerf wéi Nongkerchen hat man émmer gewoscht, so vill Daa noo'm Schlachten, wann der Moment wor, for den Schinken ofzeschneiden.

Der Paschtuer hot dat och gewoscht. Un wenn dann noch én der Famill en Kénddaaf oder en Hochzeit geplaant wor, és déi émmer Paar Wochen noo'm Schlachten gefeiert génn. Et Fleesch wor frésch un der Paschtuer hot en gudden Deel draan. Er hot och alles gemach dafor.

«Gelob sei Jesus Christus, Herr Paschtuer! Usem Jheni sein Hochzeit wor richtig scheen un weil Der so gutt gesong un gepredigt hann, schenken ma Eech déin Jambô lo...«

»Anna der gute liebe Gott bringt uns schon wieder einen Schinken...«

Un wéi émmer és de Maad aagewatschelt komm mét leeren Hänn un fottgetréppelt mét de Hänn voll... ohne mol en Minn ze verzéihen... wéi émmer.

Langsam wor Moden génn én Nongkerchen noo jed Hochzeit, Kénddaaf un segar Beerdijung (obwohl dat nét geplaant wor) em Paschtuer en Schinken oder Paar Rondeln Worscht oder Treib ze schenken.

Et Lewen wär jo scheen gewenn, for den Paschtuer hauptsächlich, wenn dat so ewig hätt kinnten weider gehn!

Of eemol és et schiif gang. Wann hat et aagefang? Se saan et wär wéi der Alwiss sei kleen Bibi gedääft hat. Er hot em Paschtuer en Schinken geschenkt. Awwer den nächschten Dach wor der Paschtuer nét bei seiner Sach iwwer der Méss, er hat sich Gedanken gemach un déi Paar Fraaleit wo hénnen én de Bänk gesétzt hann, hann sich Kommer for den Paschtuer gemach. »Wat hat user Herr nur?«

Noo der Méss hat der Kuschter ehn gesinn de Schäff én der Presskammer rewiedieren, als wéi wenn er gätt eppes wichtijes suchen.

»Suchen der eppes Herr Paschtuer?«

»Mir ist ein Schinken gestohlen worden!«

»Oh Jesses Maria!«

Et Duerf wor gleich voll. »Em Paschtuer hann se em Alwiss sei Schinken geklaut, déer vom kleenen Bibi seiner Kénddaaf!

- Oh saa nur!

- Himmel dou dich of!

- Mach keen Dénger!

- Jo et és woar un et és nét et ierscht mol. Em Herrenhaus hätten se schon Paar Pond Worscht geklaut. Awwer dat wär de Herrenmaad geween. Do hat der Paschtuer de Rescht von der Bloutworscht én den Beischttouhl verstopp un déi és och verschwonn, un weil noch hénnendrof den Schinken én der Presskammer! Himelicher Vatter! ét és doch gaar neischt meh sicher hautzedaa!«

De gutt Nongkercher Leit woren schokiert un der Paschtuer verzweifelt.

Un Paar Wochen drof és der Misch gestuerw. Noo der Begräwniss hot em Misch sei Maja em Paschtuer, wéi et sich gehiert hat, en scheenen Schinken geschenkt:

»Passen awwer gutt of, Herr Paschtuer, wo Der déin lo'n hin verstoppen!«

Un dat wor déer letscht Schinken wo der Nongkercher Paschtuer »von seinen lieben Brüdern und Schwestern« abgehol hat. Noohéer hat er keenen meh wéllen hann. Wéssen Der forwatt?

Een Moment!

Eich verzehlen eech dat…

Er és mét seinem Schinken én de Kérch gang. Wohin déin verstoppen? Nét én den Beischttouhl, nét én de Presskammer. Nee, nur nét! Of de Kanzel och nét. Un wenn man'ehn gett énner den Altar verstecken? Dat wär en gutt Idee. Do traut sich keener hin schnauwen ze gehn.

Un so hat der Paschtuer gemach. Der Schinken wor gutt verstoppt, un for noch meh sicher ze sénn, hot er Paar Heilijen déi ém Chor verlangert hann, bei den Altar gedraan.

Der heilijer Antonius déer mét seinem Fénger of den Schinken gewiss hat; der gudder heilijer Josef déer mét seinen Auen én den Himmel gestort hat, der Petrus mét seinem Schléssel for alles zouzesparren un noch en anner Heilijer wo keener richtich gekannt hat…

Un déi Heilijen hann vom Nongkercher Paschtuer den Befehl kréit of den Schinken ofzepassen.

Un alles wor én Ordnung. Paar Wochen lang wor Rouh. Der Schinken wor do, de Heilijen hann kreizfidell ofgepasst.

Awwer en scheenen Dach, wéi der Paschtuer komm és for sein Mess ze lesen, és er bleech genn un és baal iwenänner gefall. Ennerm Altar wor nur noch en dick Schinkenschwaart! Un wat kaum ze gläwen és, de Heilijen, déi gutt Heilijen lo, der Petrus, Josef, Antonius un der unbekannter Heilijer hotten alle vier de Maul ganz versmiert mét Fett. Em Antonius sein Seijenfénger un em Josef sein Baart hann geglänzt wéi en Speckschwaart, un der Petrus hott noch en Fatzen Schinken am Schléssel hängen. Vom Vierten unbekannter Heilijer schwätzen ma nét, so hat déer ausgesinn! Déi vier Koppeln lo hotten sich gedommelt den Schinken ze futtern. Do sénn usem Heer Paschtuer de Auen ofgang. Jo der Herrgott hat ehn gestroof for sein Guerrichkeet. En Paschtuer soll en Beischpill sénn un daarf och nét guerrich sén. De Heilijen, wenn och aus Steen oder Holz, hann von usem Heiland de Aalabniss kréit em Misch seelig sein gudden gereschten Hamm ze essen. Un wéi et ausgesitt hat, hann se dat mét guddem Apptit gemach.

Un seitdem hat der Nongkercher Paschtuer nii meh eppes vom Schwein un von »seinen lieben Brüdern und Schwestern« abgeholl.

Un der Orjelspiller, der Nongkercher Organist, déer om Ducksaal sich mét der Zong déi letscht Zeit so docks un so géer den Schnurres abgeleckt hat, déer kann weil selwer en Schwein zillen, wenn er weider Jambô, Ham oder Schinken essen wéll...

Der Bousendrower Pater (2003)

Et és nét gutt, mojens fréi énnen én der Saarlouijer Strooss sich ze verrennen. Langescht der Ohlichbach zou Oljhéngen rof, wenn der Dach noch halwer Naat és un sein Mantel iwwer de Hecken schlääwt, dann gesitt ma manchmol komisch Déngs... Gespenster, Gestalten... Déer wo dat gätt verzehlen, gätt ausgelacht génn:

»Saa nur, dau gläwscht noch aan Geeschter un Hexen!

- Eich gläwen aan keen Geeschter un Hexen, awwer aan den Deiwel doch!« So hat de Alwiss aagefang déi Geschicht vom Bousendrower Pater ze verzehlen. Horschen gutt!

Der Hannes és mol von der Oljhénger Kermes iwwer't Feld noo Bousendroff häm komm. Et wor én aller hergotsfréih. Dat és schon lang héer! Iwwer Ädlingen oder Hechlingen lo hénnen hat de Sonn schon aagefang iwwer den Berg ze schilksen un ze fuerwetzen for ze gesinn, wat soll passieren. Der Johann hat sein Kapp én den Schéller gezuu un den Mantel driwwer gedeckt. Et wor nasskalt. De Dächer von den Haisern én der Saarlouijer Stross hat ma schon gesinn zwéchen de Obtsbääm, lo hénnen ém Donkel verstoppt un widenänner genujhelt. Der Néwel és iwwer de Ohlichbach geschleimert un én de Hecken hat et aagefang ze roschpénsen. »Dommel dich Hannes!« hat er zou sich selwer geschwätzt un ém selwijen Moment hann sich de Päppelter un de Weiden aan der Bach geréselt, en greilijer Wénd és ofgestann. En halwen Meter iwwer'm Boden hat er do en Mann gesinn, ganz schwaarz aagedon. En Pater. »Ich sénn der Nicolas Parfait«... en Stémm wéi aus der Hell és aus déim schwaarzen Mantel raus komm: »ich sénn der Nicolas Parfait...« Iwwer den Néwél, iwwer de Bach és de Gestallt verschwonn un der Hannes hat nur noch gehuert von weit héer, wéi gemurmelt »ich sénn der Nicolas Parfait«... un dann de greilich Loft. Un alles wor verschwonn.

Natierlich hat der Hannes keen Minschen verzehlt, wat er déin Mojen lo gesinn un gehuert hott. Wenn ma mojens fréih von der Oljhénger Kermes hämkémmt, és et nét gutt eenem von Gespenster un Geeschter ze verzehlen.

Er hott neischt gesaat bés déin Dach wo er eppes iwwer de Bousendrower Abtei gelest hott.

Der Nicolas Parfait wor nét en Gestallt aus seinen Dräämen, er hat én Wierklichkeet geléwt. Er wor Abt von Bousendroff von 1641 bés 1690. Em Bouch hat gestann, er wär von Pareis komm un et wär keen richtijer Pater geween. Er wor nur do for et Geld énzekassieren. Geer hot keener'ehn én der ganz Géjend, dat és gutt ze verstehn. Wat er genau gedriw hott, hat nét ém Bouch gestann. Awwer ma wääs, datt den 19 Mai 1684 de Abtei abgebrannt és. Der Hannes hat noogesucht, geforscht un den Alten gefroot... un de Mailer sénn ofgang...

De Alten hann verzehlt, all siwen Johr kinnt ma en schwaarzer Pater aan der Ohlichbach gesinn, anner Leit hann ehn erbléckt beim Heilich Kreiz un ganz fréher wéi noch alles iwwer Kopp un Äersch gestannt hat, hätt ma naats manchmol en groussen Mann gesinn mét em schwaarzen Rock un en Kapauz om Kopp, déer eppes énner de Steen von der verbrannte Abtei gesucht hätt.

Domét és awwer wei déi Geschicht vom Bousendrower Pater noch nét grad fierdich, hat der Alwis weider verzehlt.

Dir wéssen jo sicher, datt se fréiher mét der Poscht jeden

Owend von Téterchen bés Déinhowen gefahr sénn.

Un domols, én de letscht Johren vom nauzehnten Johrhonnert, hott der Mats, der Gerwer Mats, de Poscht gefahr. De Kutscht wor mét zwei Peer aagespannt. Gemännerhand wenn der Mats von Bousendroff, wo er émmer en lang Halt gemach hat, fottgefahr és, wor er ne meh ganz alleen. Dat hot och nét vill ze saan, de Peer hann den Weg gutt kannt. Em Summer wor et warem un der Bier hat gutt geschmackt; ém Wénter hat ma den Schnaps gutt verdraan.

Dat lo és passiert eppes vor Allerheelijen. Den ganzen Dach hot et nasskalt gesabelt. Der Mats of seiner Kutsch wor nass wéi en Katz un hat gedrépst wéi en Géiskann. Dat hat déim awwer gar neischt ausgemach: de halw Buttel Schnaps wor schon leer. Un der Mats hat of seiner Kutsch gebampelt, eemol lénks, eemol rechts, eemol hénnertsich, eemol vortsich, de Sääl awwer émmer zemlich locker. Un de Peer sénn vorgang scheen geméitlich, déi woren dat geweent. Un so sénn se bés aan de Speckbréck komm, énnen bei Géchéngen do wo de Sompen sénn.

Of eemol sénn de Peer stehn bliw un hann mét de vierscht Féis gekloppt.

»Wat és dann los!« hat der Mats gebréllert un mét der Gäschel of de Peer gehau. Awwer anstatt vorran ze gehn, sénn déi hénnertsich gesprong. Der Mats és fascht von der Kutsch én den Grawen gefall. Er hat sein Lanter geholl un geguckt: vor de Peer, ém Flimmern vom Licht, hat en grousser Mann gestann.

»Crénon die Pipp, gehscht dau lo riwwer! Allez hop!« hat der Mats gebaupst

- Ich sénn der Nicolas Parfait!

- Mä sicher, un eich sénn der Bischof von Metz« hat der Mats gespott.

De Gestallt és langescht de Peer bés aan de Kutsch komm, hat den Mats geschnappt von der Sétz ronner un én den Grawen gestallt. Watt hat er do gesinn? En langen schwarzer

Rock, Strang ronderem, Kabauz om Kopp... un en Gesicht weiss wéi der Dout mét Auen déi én de Ewigkeet geguckt hann.

Der Mats hat do gestann wéi en Bocksenschésser, er és schnell zou sich komm.

»Ich sénn der Nicolas Parfait... Ich hann vill gemach, wat ich nét hätt sollen machen... geh of Rom bei den Papscht Verseihung, Versorjung verlangen for meich. Ohne Verseihung vom Papscht fénnen ich den ewijen Rouh nii. Ich génn der Geld Genuch. Geh of Rom!«

Der Mats hat den Pater aageguckt, mét em Kopp »nee« gewonk un hat wéllen fottlaafen, awwer de Bään hann ehn ne meh gepackt:

»Geh of Rom for meich, sonscht...«

De Rescht hat der Mats né meh gehuert.

Den näckschten Dach hann se den Mats ofgeroff ém Grawen, nassverkaalt un halwer dout. De Peer woren ausgespannt un de Kutsch hat of déer anner Seit von der Speckbréck én den Sompen gestoch. »Er hat sich nochmol den Äersch voll gesoff«, hat et geheescht.

Drei Daa hat der Mats noch ém Bett geleen... un alles duerjenänner geschwätzt: vom Pater, vom Papscht, vom Rom. Keener hat eppes verstann. Paar Daa drof hann s'ehn begraawt.

So, hat der Alwiss gesaat, dat wor déi richtich Geschicht vom Bousendrower Pater. Awwer déi Geschicht lo hat keen richtich Enn, dofor muss déi weider verzehlt génn. De Leit mussen Beschedt wéssen, weil bés haut és noch keener for den Nicolas Parfait of Rom gang un wat sén dat schon Onglécker passiert, én der Kreizung béi Géschéngen, aan der Speckbréck!

WAS SONST NOCH GILT

De Sammlung (1994)

(Beim Alphonse Allais »geklaut« un émgemuddelt of Platt)

Gell dir wéssen nét, wat mét der Sammlung vom Marquis von Schnautzen Schotterbach passiert és?

Der alt Marquis von Schnautzen Schotterbach der sich sein Lewen lang in neischt gekämmert hat, auserdem in de Fraaleit, hat sich of seinem alten Dach of een mol in'er ganz komisch Sammlung verliibt.

Von Schnautzen Schotterbach wor wéi faréckt, sein Sammlung hat ehn dortich gemach.

Un wat for en Sammlung!

Der Marquis hat Bohnen gesammelt. Ja, Bohnen!

Dencken mol hinn: 4532 Bohnen.

Weiss Bohnen, schwaarzen, blouen, rouden, violetten. Strämich Bohnen, Bohnen mét Pinkelschiern. Braunbrinzlich Bohnen. Ronn Bohnen, langlänglich Bohnen. Schinesich Bohnen. Un zegar Saubohnen von all Sorten. Der alt Marquis von Schnautzen Schotterbach wor bohnengeckig.

Er hat se all kannt, sein Bohnen; jeden Dach hat er se gezehlt, verféngert un émmer gesaat: »ich muss se mol klassieren, ich muss se mol klassieren déi Bohnen lo...«

4532 Bohnen in'er ganz grouss Schossel, en Schossel voll Bohnen!

En schéinen Dach, im Fréihjohr. De Sonn hott schon Blodern geschinn. Der Marquis és spazieren gang. Un léi és wei der Hoocken: wär er bei seinen Bohnen bliw, wär neischt passiert!

Kaum wor der Marquis fott, steht vor em Schloss en schéin jong Madamm un en hübscher Monsieur.

»Wat wéllen der hann?«, hat de Maad gesaat, déi schnell aus em Gaarten agelaaft komm és.

- Es der Marquis von Schnautzen Schotterbach nét dahäm?

171

- Nee!

- Hat er for lang?

- Wat wees eich, wat wees eich?

- Eich sén em Marquis sein Neveu un lo és mei Fraa, mer waarten of ehm im Schloss.

Un léi és wei der zweit Hoocken: hät de Maad se mét réngeloss, wär neischt passiert!

Et wor eppes vor Mettach. Un do és der jong Madamm en gutt Idee egefall.

- Wenn mer gätt et Essen preparieren?

De Maad hat mussen Eiern suchen gehn, en Schinken aus em Schurschten hollen...

Iwwerm Fuerwetzen un Gucken és de jong Madamm mét der Naas of de Schossel voll Bohnen gefall.

Un do és passiert wat noch nii im Lewen passiert és: de jong Fraa hat de Sammlung gekocht, hat se ausdrépsen geloss, hat se in de Pann geschutt. De jong Madamm hat Zéweln, Knowloch un Peterselig iwwer de Sammlung gestraut.

Et uralt Schloss von der Famill von Schnautzen Schotterbach hat geschmackt wéi noch nii... un de Flammen vom Feier hann de Pann geleckt, un de Pann hat gesong en alt Léid von Fréijer...

Un do és der Marquis zréckkomm.

Der Désch wor gedeckt.

Un do hann se gess, derierscht Eier mét Speck, un dann den Schinken un dann...

Un dann...

Un dann... de Bohnen.

Von Schnautzen Schotterbach hat se gesinn: sein weiss Bohnen, sein schwaarzen, sein blouen, sein rouden, sein violetten. Er hat se gesinn: sein strämich Bohnen, sein Bohnen mét Pinkelschiern, sein braunbrinzlich Bohnen. Er hat se gesinn: déi ronnen, déi langlänglijen, sein Chinesich Bohnen. Un de Saubohnen von aller Sorten hat er och gesinn.

Der Marquis és ofgestann, hat zwei drei mol sein rabbeldorr

Aarmen in de Loft geschlaan un és hénnerzig mét'm Kopp in de uralt Wandauer gefall.

Er wor dout.

Moral:

Man daarf en Sammler stéppeln. Dat daarf man machen. Awwer et és stréng verbot eenem sein Sammlung essen ze doun, un wenn se och mét Zéweln un Peterselig prépariert és.

Et Routkéihlchen un user Herrgott (1994)

(Errinerung aan mein Pappen, wo mir so vill verzehlt hat et pour Henri Pichette, frère Rouge-Gorge en Poésie.)

User Herrgott hott am Kreiz gehang,
Grouss Schmerzen hott er gelitt user Heiland...
Keener hott Métleed for ehn,
Ausgelacht és er génn...
Nur en Viwelchen, en kleener Viwelchen
Hat mét seinem Schnawel de Starreln aus usem Herrgott seinem Kopp rausgezuu, een Starrel noo déer anner...
Dat wor em Deiwel sein Aerwet!
Nur en Viwelchen hott Métleed gehaat, déi annern hann gelacht.
Un en Dréps Blout von usem Heiland és em Viwelchen of de Broscht gefall un hat sein Fédern in rout gefäerwt.
Do hat user Herrgott gesaat:
»Routkéilchen és wei dein Namen, Viwelchen!
Als Errinerung aan wat de gemach hascht, bleiwen dein Fédern rout wéi mein Blout bés in de Ewigkeet,
Un dein Eier blou wéi der Himmel,
Un dau béscht der Vuwel von aller Seligkeet.
Bréng et Gléck vom Himmel of de Welt...«
Un dofuer hann haut noch de Leit groussen Reschpeckt vor em Routkéihlchen, déer Viwelchen wo usem Herrgott am Kreiz geholf hat.

Dau (1994)

Eich vergehn wéi en Gréiw in der Pann
Wenn dau mich aakuckscht.

Un mein Blout spruddelt von Freed
Wenn dau géer wéllscht.

Et ganz Wasser von der Welt
Séngt in deinen Auen
Un dodrenn
Wéll eich
Ersaufen.

Em Dichter sein Hand (1994)

Wéi en Flédermaus
Flangiert de Hand am Enn vom Armen
Un sucht iwwer'm Kopp
De Biller ze fängen
Oder de zwei Hänn treffen sich
In der Métten
Un widdenänner gesteipt
Rouhen
Wéi en Gebeet
De Hand
Häämelt dann de Silben
Un verstraut de Gedanken iwwer't Blatt
Un de Biller léwen
De Wierter séngen
Un de Hand am Enn vom Armen
Streckt ihr Féngern
Iwwer de Welt.

Lewensbouch (1994)

Im Lewensbouch
Bloost de Zeit
De Bläder rem.

Sén de Seiten gelest?
De Biller geguckt?

Oder
Nét...!

Im Léwensbouch
Schläjt der Dout
Den Deckel zou...

Haiser (1994)

De Haiser verlieren de Leit
Un de Leit de Haiser

De Haiser lachen mét em ganzen Gesicht
De Dier grouss of, un schnéssen.
Se hann ze verzehlen

De Haiser petzen de Auen zou
Un zéihen sich zréck
Wenn de Naat kémmt

De Haiser dräämen
Von Ewigkeet
Wenn et Grass of den Dächern
Im Wénter peifft.

Dout (1994)

Et génn Kerchhoffen ohne Kérch
Gräwer voller Knochen
Herzer ohne Seel
Menschen voller Loft.

Wéi en Schouhn ohne Fouss
En Schleier ohne Braut
Kémmt der Dout
En us selwer.
Mann ohne Haut.

Et génn Menschen voller Loft.

Der Gockel om Glockentuerm (1994)

Der Gockel om Glockentuerm és verroscht
Wei keener meh guckt, ess der Gockel sich dreht
Un heeser sén de Glocken im Glockentuerm
Weil keener meh wees, wat Beetglock és.

Der Kerchentuerm im Duerf és einsam alleen
Wei de Haiser sich leeren
Bei der Kérch ronderem.

Der Gockel om Glockentuerm guckt ronner in't Duerf
Mét verblotzten Auen
Un verroschtem Bléck

Der Gockelbléck om Glockentuerm
Guckt leer ohne Loscht
Iwwer de Dächer un de Schurschten wech...

Alphonse Walter

wurde am 23. September 1946 in Ingwiller (Bas Rhin) geboren und lebt heute in Goetzenbruck. Seine Heimat ist das Bitscherland. Sein Interesse für Sprache und Bühne, aber insbesondere Mundart stammt aus der Zeit, als er noch das Gymnasium besuchte. Bereits 1972 wurde seine erste Übertragung von Molières *Eingebildetem Kranken* aufgeführt. Nach einigen Beamten-

Foto: Rémi Blang

Jahren im Elsass, war er bis zur Pensionierung als Sprachlehrer in Sarregueminnes und Saarbrücken tätigt. Seit 2008 ist er Vizepräsident von MELUSINE. Besondere Aufmerksamkeit fand er als Gründer und Leiter des *Lothringer Theaters*. Sein Hauptinteresse gilt dem Nachweis und Erhalt der Literaturfähigkeit der Mundart, wobei er sich vornehmlich als Stückeschreiber einen Namen gemacht hat. Bislang hat er folgende Dramen verfasst:

1996/97: Walberger & Cie I und II, Glasmachersaga
1999: Schweyck im Zweiten Weltkrieg, nach Bert Brecht
2000: Venedich, Komödie
2001: Perceval d'Bitscherländer nach dem Gedicht von Chrétien de Troyes
2003: D'Inbildungskranke, nach Molière, neue Fassung
2004: Leonce und Lena, Schattenspiel, Lemberg (Pfalz)
2008: Question Ordinaire, französisch
2012: D'Autobahn frei nach Ludwig Thoma
2013: Hexelied, Lieder nach *Question Ordinaire*
2016: D'Bacchante (in Vorbereitung) nach Euripides

Grafik: *zelig-tm.com*

D' INBILDUNGSKRÀNKE (2003)

nach MOLIÈRE

PERSONE

ARGAN: älterer wohlhabender Bürger,
krankhaft um seine Gesundheit besorgt

ANGELIQUE: seine Tochter aus erster Ehe, liebt Cleante

LOUISON: eine jüngere Tochter ebenfalls aus erster Ehe

BELINE: Argans junge zweite Frau

TOINETTE: Toinettel genannt, das Dienstmädchen

BERALDE: Argans Bruder

CLEANTE: junger Mann, liebt Angelique

Die Herren
DAUERFURZIUS (DIAFOIRUS)
Vater und Sohn **Thomas**

ÄRZTE

Herr **LAXIER**: Argans Hausarzt
Herr **FEINNAS**: Apotheker
Herr **GEWISSESTARK**: Notar

AKT I

SZENE 1

ARGAN, *ellän in seynere Kàmmer, er brieft d' Rechnung vum Apotheker.*

Drey un zwei sin finef, un finef sin zeh, un zeh sin zwanzig. Drey un zwei sin finef. Dann am vierundzwanzigsten »eine kleine sich einmischende, vorbereitende und weichende Darmspülung, um des Herrn Eingeweide aufzuweichen, zu befeuchten und erfrischen.« Was mir beym Herr Feinnas, meym Apotheker, gut gfallt, isch, dass sey Rechnunge immer sehr heflich sin: »Des Herrn Eingeweide...320 Franke«. Ja, awer Herr Feinnas, heflich sin isch net alles, mir muss a noch verständich sin, un d'Krànke net so wille àussuckle. 320 Frànke fär e Inlaf! Ich glab es geht los! Dà mach ich net mit, ich hàn's Eich schun emàl g'sat. S'letschde Màl hàn'r ne fär 280 gemach, un 280 in Apotheker Spràch, dies heischt 140; so, dà sin se, 140 Franke... Dann am fünfundzwanzigsten »eine gute laxierende und stärkende Arznei, mit frischer Kassie und morgenländischen Sennesblättern, laut Rezept des Herrn Laxier, um des Herrn Galle auszutreiben und abzuführen, 400 Franke.« Ja, Herr Feinnas, Ihr lache jà d'Leit aus, Ihr misse d'Kranke a làwe làsse, de Herr Laxier hat doch allewäh kenn 400 Franke verschrib. Schreywe 300, wànn's belibt. Also hundert un fuchzig... Dann, am sechsundzwanzigsten »eine Darmspülung gegen Blähung um des Herrn Winde zu vertreiben, 320.« Dà kànn ich jetzt net glage, der Inlaf hat grosartich gewerkt. 260, Herr Apotheker... Dann, am siebenundzwanzigsten »eine gute, den Stuhlgang fördernde Arznei, um alle schlechte Säfte des Herrn auszutreiben, 500.« Awer jetzt langsàm, Herr Feinnas, wànns belibt; wànn Ihr so weiter mache, will niemand me krànk sin: 400 sotte a lànge. Drey un zwei sin finef, un finef sin zeh, un zeh sin zwànzig. Drey dausicht vier hundert un finefefuchzig Frànke. Nà hàn ich also ens, zwei, drey, vier, finef, sechs, siewe, acht Arzneie un ens, zwei, drey, vier, finef, sechs, siewe, acht, neyn, zeh, elef, zwelef Inläf; de letschde Mònd sin's zwelef Arzneie und zwànzig Inläf gewenn. Kenn Wunder wànn's mir dene Mònd net so gut geht. Ich wer's im Herr Laxier sàn, dass er die Sach ràngiert. Hep! Mache mir d's eweck... Niemànd? Ich kànn sàn, was ich will, ich wer immer allän geläss, es isch äwe net mechlich, dass eber dàbleybt. *(Er glingelt)* Die here net, un mey Glingel macht net genu' Radau. Klingeling, klingeling: nix tse mache. Klingeling, klingeling: die sin dab. Antoinette! Klingeling, klingeling: wie wànn ich net dät schelle. Wutz, Galjestrick! Klingeling, klingeling: ich wer rassich. *(Er glingelt nimme, kreyscht.)* Klingeling, klingeling: Hundsknoche, de Deywel soll dich hole! Isch's mechlich, dass mer e armer Krànker so gànz ellän làsst? Klingeling, klingeling: d's isch zum heyle! Klingeling, klingeling: o Gott, o Gott, die làsse mich dà stärwe. Klingeling, klingeling …

SZENE 2

TOINETTE *kummt herin*: Dà sin m'r.

ARGAN: O du Sàu! O du Hundsknoche!

TOINETTE *hebt d'Hand àn d'Stirn*: Ihr mit Eyere Ungeduld! Ihr verstawere jà so d'Leit, dass ich m'r de Kopp àn de Kànt vum Lade àngerennt hàn.

ARGAN: O du Judas... !

TOINETTE *unterbrecht'ne jedesmàl*: Au!

ARGAN: Schun e...

TOINETTE: Au!

ARGAN: Schun e Stund...

TOINETTE: Au!

ARGAN: Hasch mich verlàss...

TOINETTE: Au!

ARGAN: Halt se doch, freches Ding, dass ich dich emàl verstei'!

TOINETTE: Ei jà dànn, was dànn net noch, nà dem, was m'r bassiert isch.

ARGAN: Du hasch m'r d'Stimmbänder veriss, Hundsknoche.

TOINETTE: Un Ihr, Ihr hàn m'r e Schädelbruch gemach, ich menn d's isch g'rat so schlimm. Mir sin quit, wànn Ihr wille.

ARGAN: Was! Du Gaunerin...

TOINETTE: Wànn Ihr händle, heyl ich.

ARGAN: Mich ze verlàsse, Judas...

TOINETTE: Au!

ARGAN: Willsch ball...

TOINETTE: Au!

ARGAN: Was? Jetz soll ich noch net emàl d'Pläsir hànn fär dich ze verhändle?

TOINETTE: Händle so viel wie Ihr wille, mir isch's recht.

ARGAN: Ich kànn jà net, unterbrechsch mich jà gànz Zeit.

TOINETTE: Wànn Ihr d'Pläsir solle hàn fär tse händle, därf ich a heyle: jeder seyns! Au!

ARGAN: In Gottes Nàme, es isch halt nix tse mache. Mach m'r d's eweck, du freches Luder, mach m'r d's eweck. *(Argan steht uf.)* Hat mey Inlaf heyt gut gewerkt?

TOINETTE: Eyere Inlaf?

ARGAN: Ja, hàn ich Gall gemach?

TOINETTE: Dà hàn ich kenn Erwet mit, dà soll de Herr Feinnas d'Nas enin stecke, er hat jà de Profit devun.

ARGAN: Richt m'r e Schissel warmes Wasser fär de näckscht, wu ich ball nemme soll.

TOINETTE: De Herr Feinnas un de Herr Laxier amesiere sich richtich mit Eierem Kerper. Mit Eich hàn die a richtichi Millichkuh; ich dät se màl gär fràn, was f'r e Krànkheit Ihr numme hànn, dass se Eich so viel Middel ginn.

ARGAN: Halt se, du ungebildenes Weib, es isch doch allewäh net àn dir fär ze kontroliere, was d'Doktere verschreywe. Geh màl s'Angelique hole, ich hàn'm ebs se sàn.

TOINETTE: Dà kummt's vun ellän: d's isch Gedànkeiwerdrahung.

SZENE 3

ARGAN: Kumm dà her, Angelique, kummsch grad richtich, ich hàn wille mit dir redde.

ANGELIQUE: Redde, Babbe, dà bin ich.

ARGAN *laft uf's Kabinet*: Moment, mey Stecke. Ich kumm gleych.

TOINETTE *macht sich luschtich*: Schnell, schnell de Herr Feinnas macht uns springe.

SZENE 4

ANGELIQUE *gànz hämlich*: Toinettel.

TOINETTE: Was?

ANGELIQUE: Luh mich màl àn.

TOINETTE: Ei ja! Ich luh.

ANGELIQUE: Toinettel.

TOINETTE: Ei jà, was dànn »Toinettel«?

ANGELIQUE: Weisch net, vun was ich redde will?

TOINETTE: Ich denk mir's wohl, vun deym junge Freyer. Seyt sechs Daa hert m'r nix àndereres, un bisch krànk, wànn de net schtändich devun redsch.

ANGELIQUE: Ei wànn de dies weisch, fàr was sasch dànn nix devun, ich muss dich immer uf's Thema bringe.

TOINETTE: Làsch m'r jà kenn Zeit. Du bisch so begeischtert in dere Sach, dass m'r d'r schlecht zevor kumme kànn.

ANGELIQUE: Ich muss dir zuginn, dass ich net leidich wär vum ze rede. Awer sa' màl, Toinettel, bisch degeye, dass ich ne gär hàn?

TOINETTE: Dies dät ich m'r net erlawe.

ANGELIQUE: Hàn ich Unrecht, wànn ich dies zarte G'fiel genies?

TOINETTE: Dies sa' ich net.

ANGELIQUE: Wotsch, dass ich uf e so heissi Leideschaft kenn Àntwart gäb?

TOINETTE: Um Gottes Himmelswille net!

ANGELIQUE: Sa' màl, findsch net, dass es e Art Wunder isch, wie m'r uns kennegelert hàn?

TOINETTE: Ja

ANGELIQUE: Mich verteidiche ohne mich ze kenne, dies macht doch numme e gànz vornämer Herr, findsch net?

TOINETTE: Ja.

ANGELIQUE: Dass es nix kuragierteres git?

TOINETTE: Sicher.

ANGELIQUE: Un dass er's gànz galànt gemach hat?

TOINETTE: Uf jede Fall.

ANGELIQUE: Findsch net, Toinettel, dass er scheen isch?

TOINETTE: Gewiss.

ANGELIQUE: Dass seyn G'spräch, un alles was er macht, so ebs nowles àn sich hat?

TOINETTE: Uf jede Fall.

ANGELIQUE: Un dass es nix unàngenämeres git, wie stàn-dich ingsparr sin so wie ich, un dass m'r uns so uf kenni Art treffe kinne?

TOINETTE: Hasch recht.

ANGELIQUE: Awer, och e leider Toinettel, glabsch, dass er mich so gär hat, wie er's sat?

TOINETTE: Tia! Tia! Dies isch e so Sach, wu m'r als net so sicher isch.

Liewesgrimasse kinne echt scheyne, un in denne Sticke hàn ich schun grosartichi Schauspieler g'sinn.

ANGELIQUE: Jeuh! Toinettel, was sasch dà? Kinnt's mech-lich sinn, so wie er m'r dà red, dass er d'Wàrheit net sat?

TOINETTE: Uf jede Fall wersch's ball erfahre; gischt hat'r d'r g'schrib, dass er dich heyerate will, un dass er dey Babbe fràn geht, dies wär de bescht Beweis. Nà g'sisch, ob er d'Wàrheit sat oder net.

ANGELIQUE: O Toinettel, wànn der mich beliet, glab ich in meym Lebsda kem Mànn meh.

TOINETTE: Da kummt dey Vatter wider zerick.

SZENE 5

ARGAN: Also ja, mey Mädel, ich hàn e Nàricht f'r dich, wu du allewä net druf wartsch. Bisch g'fràt war f'r heierate. Was isch d's, du lachsch? Gell d's isch e nettes Ward: heierate? Es gitt nix netteres f'r d'junge Mädle. He, he, Natur, es isch halt Natur! So wie ich dà g'si, brauch ich dich net fràn, ob de heierade willsch?

ANGELIQUE: Ich muss alles mache, was Ihr sàn, Babe.

ARGAN: D's macht m'r Pläsir, dass ich e Mâdel hàn, wu so brav follicht. Die Sach isch also abgemach, ich hàn dich versproch.

ANGELIQUE: Ich muss blindlings mache, was Ihr wille.

ARGAN: Mey Frau, dey Stiefmudder, hat m'r immer geràt, ich soll dich ins Gloschter mache. Vun je her, hat'se d's im Kopp.

TOINETTE *hämlich*: Die gut Frau hat ihri Grinde.

ARGAN: Sie hat nix wille wisse vun dere Hochzeit, ich hàn awer doch gepackt, un mei Ward isch gin.

ANGELIQUE: O Babe, ich bin Eich so dankbar!

TOINETTE: Tatsächlich, dà kànn ich Eich lobe, d's isch wahrscheinlich s'gscheytschde, wu Ihr in eyerem Läwe gemach hàn!

ARGAN: Ich hàn d'Person noch net g'sinn; sie hàn m'r awer g'sat, dass ich zefriede wer, un du a.

ANGELIQUE: O ja! Sicher Babbe!

ARGAN: Wieso, hasch du ne schun g'sinn?

ANGELIQUE: Weyl Ihr jetzt zug'sat hàn, kànn ich m'r erlawe, d'Wàrheit ze sàn. Vor sechs Da hàn m'r uns zufällig getroff un uf de erschte Blick gär g'het! Weye dem hat'r Eich g'fràt.

ARGAN: D's hàn se m'r net g'sat, es macht m'r awer nix àus, un s'isch gànz gut, dass's so isch. Sie sàn es sey a grosser junger Buh, gar net iwel.

ANGELIQUE: Ja, Babe!

ARGAN: E àngenämi Person.

ANGELIQUE: Sicher.

185

ARGAN: Mit'm e nette G'sicht.

ANGELIQUE: Gànz nett.

ARGAN: Vun ere vornähme Familie.

ANGELIQUE: Gànz vornähm.

ARGAN: Ehrlich, was ehrlich heischt.

ANGELIQUE: D' ehrlischt vun de Welt!

ARGAN: Wu gut lateinisch un grieschich red.

ANGELIQUE: D's weis ich jetzt net.

ARGAN: Un wu in drei Da Dokter werd!

ANGELIQUE: Er Babe?

ARGAN: Ja, hat'r dir's net g'sat?

ANGELIQUE: Nä, wer hat's dàn Eich g'sat?

ARGAN: D' Herr Laxier.

ANGELIQUE: Kennt'ne d' Herr Laxier?

ARGAN: D's isch m'r noch e Frao! Ei jà kennt'r ne, weyl's sey Neffe isch!

ANGELIQUE: Was, de Cleante isch de Neffe vum Herr Laxier?

ARGAN: Cleante, was f'r e Cleante? Mir rede jà vun dem, wu dich heyerate will.

ANGELIQUE: Ei ja!

ARGAN: Es isch de Neffe vum Herr Laxier, es isch de Sohn vun seym Schwàr, de Dokter Dauerfurzius, un der Sohn heischt Thomas Dauerfurzius un net Cleante. Mir hàn die Hochzeyt heyt Marje abgemach, de Herr Laxier, de Herr Feinnas un ich, un marje stellt m'r sey Vatter meyne zukinftiche Dochtermànn vor. Was hasch dàn? Du bisch jao gànz verdutzt?

ANGELIQUE: Ei ich g'si, dass Ihr vun ere Person rede, un ich hàn e ànderi gemennt.

TOINETTE: Was isch d's? Isch's mechlich, dass Ihr so ebs lächerliches vor hàn? Mit dem gànze Reychdum, wu Ihr hàn, wille Ihr Eiri Dochter mit'me Dokter heyrate?

ARGAN: Was hasch dàn du dà Erwet mit, du dummes freches Ding, wu d' bisch?

TOINETTE: Gott im Himmel! Numme làngsàm. Net gleych

in d'he bruse. Kinne m'r net ruhig mitenànder rede, ohne bees ze were? Also gut, m'r bleywe gànz ruhig. Was f'r e Grund hàn Ihr dàn f'r so e Hochzeyt?

ARGAN: Mey Grund isch, dass in dem Moment, wu ich g'si, dass ich so krànk bin, ich unbedingt e Dochtermànn muss haon, wu Dokter isch, f'r geye mey Krànkheit ze kämpfe, dass ich d'Quell vun de Mittel in de Familie un d'Sprechstunde un alles bei mir im Hàus hàn.

TOINETTE: Abä ja, d's isch mer e schener Grund. Awer rede m'r emàl ehrlich: sin Ihr iwerhaupt krànk?

ARGAN: Was, du freches Ding, ob ich krànk bin? Ob ich krànk bin?

TOINETTE: Ei jà, dà sin Ihr halt krànk; dà gehn m'r uns nimme driwer ufreje. Ja, Ihr sin schwer krànk, mir isch's recht, Ihr sin noch kränker wie Ihr menne, die Sach isch jetzt ràngiert. Awer Eieri Dochter muss e Mànn heyerate f'r sie, un sie isch jà net krànk, dà brauch se a kenn Dokter.

ARGAN: Es isch f'r mich, dass ich 'm Angelique denne Dokter gi, un e gudi Dochter soll sich freie, waonn se ebes heyerat, wu de G'sundheit vun ihrem Babbe diene soll.

TOINETTE: So; soll ich Eych emàl e guter Ràt gin?

ARGAN: Un was isch d's f'r e Ràt?

TOINETTE: Net àn die Hochzeyt dà ze denke.

ARGAN: Un fawas?

TOINETTE: Weyl Eyeri Dochter se net ànnemmt.

ARGAN: Sie nemmt se net àn?

TOINETTE: Nä.

ARGAN: Mey Mädel?

TOINETTE: Eyer Mädel; es sat Eych, dass 's ken Erwet hat mit'm Herr Dauerfurzius, un kenni mit seym Sohn Thomas Dauerfurzius, un kenni mit sämtlichi Dauerfurziusse vun de gànz Welt.

ARGAN: Ich hàn awer Erwet mit, ich, un dà dezu muss noch g'sat were, dass 's e besseri Bardi isch, wie m'r mennt. D' Herr Dauerfurzius hat numme denne Sohn un de Herr Laxier, wu kenn Frau un kenn Kinder hat, git ihm sein gànzes Vermeje zu dere Hochzeyt: un de Herr Laxier isch e Mànn, wu net weyt vun acht Millione Rent zieht.

TOINETTE: Der muss ebs Leyt zum Petrus g'schickt hàn, dass er so reych war isch.

ARGAN: D's will ebs heische acht Millione Rent, ohne im Vater sey Vermeje.

TOINETTE: D's isch gut un recht; ich kumm awer immer uf's selwe zerick. Unter uns g'sat, ràt ich Eych im Angelique e àndere Mànn ze suche, sie isch net gemach f'r Madame Dauerfurzius ze sin.

ARGAN: Un ich will, dass es so bleybt.

TOINETTE: Sàn doch e so ebs net.

ARGAN: Was isch d's, ich soll e so ebs net sàn?

TOINETTE: Nä.

ARGAN: Un f'r was net?

TOINETTE: Weyl's heische dät, dass Ihr dumm babble.

ARGAN: S'soll heische, was 's will, ich saa eych awer, dass 's mache muss, was ich versproch hàn.

TOINETTE: Nä, ich bin sicher dass 's net macht.

ARGAN: Ich wer 's schun zwinge.

TOINETTE: Es macht's net, sa ich Eich doch!

ARGAN: Es macht's oder huck ich's ins Gloschter.

TOINETTE: Ihr.

ARGAN: Ich.

TOINETTE: Gut.

ARGAN: Was gut?

TOINETTE: Ihr mache 's net ins Gloschter.

ARGAN: Ich mach 's net ins Gloschter?

TOINETTE: Nä.

ARGAN: Nä?

TOINETTE: Nä.

ARGAN: Awer jetz wert's doch ball Da! Ich mach's net in e Gloschter, wànn ich will?

TOINETTE: Nä, sa' ich Eych.

ARGAN: Wer verbied mer d's?

TOINETTE: Ihr selwer.

ARGAN: Ich?

TOINETTE: Ja, denne Kurage hàn Ihr net.

ARGAN: Ich wer ne schun hàn.

TOINETTE: Ihr lache jà d'Leyt àus.

ARGAN: Ich lach net.

TOINETTE: Eieri Zärtlichkeit schwenkt Eich um.

ARGAN: Sie schwenkt mich net um.

TOINETTE: Zwei oder drei gläni Träne, zwei Ärme um de Hals, e gaonz zärtlicher »Mey gläner liewer Babile«, d's laongt f'r Eych ànzegreyfe.

ARGAN: D's macht gar nichs.

TOINETTE: Ja, ja.

ARGAN: Ich sa' dir, dass ich uf meynere Mähnung bleyb.

TOINETTE: Quatsch.

ARGAN: Kenn Quatsch.

TOINETTE: Jà, ich kenn Eych jà, Ihr sin vun Natur àus gut.

ARGAN *widich*: Ich bin net gut un ich bin bes, wànn ich will.

TOINETTE: Achtung, Ihr vergesse, dass Ihr krànk sin.

ARGAN: Ich gi' ihm s'Kommàndo d' Mànn ze nemme, wu ich sa'.

TOINETTE: Un ich verbied'm so ebs ze mache.

ARGAN: Ei, wu sin mir dànn dà? Un was f'r e freches Luder erlabt sich als Mad uf die Art mit ihrem Meischter ze redde?

TOINETTE: Wànn e Meischter net iwerle't, was er macht, isch d'Mad im Recht, wànn se ihm d'Aue ufmacht.

ARGAN *geht im Toinette nao*: A! Freches Ding, ich muss dich zàmmeschlàn!

TOINETTE *geht ab*: Es isch mey Pflicht, geye e Sach ze sin, wu Eych lächerlich macht.

ARGAN *laft um seyne Sessel herum*: Kumm, kumm, dass ich dich redde lehr.

TOINETTE: Ich muss defar sarje, dass Ihr kenn Dummheite mache.

ARGAN: Du Wutz!

TOINETTE: Nä, so e Hochzeyt nemm ich niemàls àn.

ARGAN: Galijestrick!

TOINETTE: Ich will net, dass 's Eiere Thomas Dauerfurzius heyerat.

ARGAN: Hundsknoche.

TOINETTE: Uf mich harricht's erschter wie uf Eych.

ARGAN: Angelique, willsch m'r d's freche Ding net ànhewe.

ANGELIQUE: Jeh, Babe, mache Eich net krànk.

ARGAN: Wànn d' m'rs net ànhebsch, verfluch ich dich.

TOINETTE: Un ich enterb's, wànn's uf Eych harricht.

ARGAN *werft sich uf d' Sessel*: O Jesus, O Jesus! Dà hol ich m'r d' Dod.

SZENE 6

ARGAN: A mey Frau, kumme dàher.

BELINE: Was hàn'r dànn mey armer Mànn?

ARGAN: Kumme, helfe m'r.

BELINE: Was isch dànn mey Biwele?

ARGAN: Schätzel.

BELINE: Schatzi.

ARGAN: Äwe bin ich widich gemach war.

BELINE: O jerum, mey armer Mànn, wie dànn mey Schatz?

ARGAN: Eyer Luder Antoinette isch unverschämter war wie noch nie.

BELINE: Reje Eych doch net so uf.

ARGAN: Es hat mich rassich gemach Schätzel.

BELINE: Numme ruhich mey Männele.

ARGAN: E gànzi Stund làng hat's all mey Projekte verwarf.

BELINE: Beruhiche Eych.

ARGAN: Es hat sich sogar erlabt mir ins G'sicht se sàn, dass ich net krànk bin.

BELINE: Jeh, wie frech.

ARGAN: Ihr wisse jà wie's steht mit meynere Krànkheit.

BELINE: Ja, mey Schatz, es hat unrecht.

ARGAN: Schatzi, d's deywliche Ding bringt mich ins Grab.

BELINE: Hela, hela.

ARGAN: Weye dem mach ich die viellich Gall.

BELINE: Ihr derfe nit so bes were.

ARGAN: Ich sa' Eych schun wie làng, Ihr solle's fortjage.

BELINE: Gott im Himmel, mey Biwele, es git kenn Hausdiener un kenn Mäd, wu kenn Fehler hàn. Mànichmàl isch m'r gezwung, d'schlechte Eijeschafte weyje de gute ze dulde. S'Antoinette isch g'schickt, exakt, flink un hauptsächlich trey, heyt àm Da muss m'r sich gut in acht nemme mit de Leyt, wu m'r instellt. Hela Antoinette!

TOINETTE: Madame.

BELINE: Aus wellem Grund ärjere Ihr mey Mànn?

TOINETTE *scheynheilich*: Ich Madame? D's kànn ich jetz net verstehn, mey enzigschter Gedànke isch, im Monsieur in allem ze g'falle.

ARGAN: A! Judas!

TOINETTE: Er hat g'sat, dass'r sey Dochter mit'm Sohn vum Herr Dauerfurzius verheyrate will. Ich hàn g'sat, dass ich find, dass's e guti Bardi wär, awer dass's besser wär, wànn'r se ins Gloschter mache dät.

BELINE: Dà isch doch nichs debey, un ich find, dass's recht hat.

ARGAN: O Schatz, Ihr glawes! Es isch e Satan! Dàusicht Frechheite hat's m'r àn de Kopp gewarf.

BELINE: Nà glaw ich Eych also, mey liewer. Dà erhole Eych. Antoinette, here emàl, wànn Ihr mey Mànn wieder bes mache, entlass ich Eych. So, gin m'r d' g'fiedert Màntel un d'Koppkisse, dass ich ne ràngier in seym Stuhl. Wie g'sin Ihr dànn àus? Ziehn d'Kapp gut bis iwer d'Ohre, es verkellt nix meh, wie Luft dàrich d'Ohre ze grien.

ARGAN: O Schatzi, ich bin Eych so dànkbar f'r alles, was Ihr f'r mich mache.

BELINE *ràngiert d'Koppkisse um'ne herum*: Stehn uf, dass ich ebs unter Eych ley. D's f'r de Arme ufleye, d's uf d'ànder Seyt, d's f'r de Ricke un d's f'r de Kopp schtitze.

TOINETTE *werft ihm e Koppkisse in's Gsicht*: Un d's geye

d'nasskalt Àwedluft.

ARGAN *hupst in d'He, werft s'Kisse geye s'Antoinette*: A, Luder, du willsch mich verschticke.

BELINE: Hela, hela, was isch dànn los?

ARGAN: O jeh, o jeh, ich kànn nimme.

BELINE: Warum rejen'r Eych so uf? Es hat's gut gemennt.

ARGAN: Ihr wisse gar net, Schatz, wie verdreyt der Galije-strick isch. Ich bin gànz fertig; dà muss ich meh wie dreissig Bille un zwellef Inläf hàn, f'r d's alles gut ze mache.

BELINE: Allez, beruhiche Eych e bissel.

ARGAN: Schätzel, Ihr sin mey enzigschter Troscht.

BELINE: Mey armes Biwele.

ARGAN: F'r Eych ze zeihe, wie gàr ich Eych hàn, will ich sofort mey Teschtament mache.

BELINE: A! Mey Freynd, rede net vun e so ebs, ich bitt Eych: ich kànn denne Gedànke net verdràn, un wànn ich allän schun s'Wart Teschtament her, werd's m'r Weh.

ARGAN: Ich hàn Eych g'sat, Ihr solle mit Eyerem Notär de-vun rede.

BELINE: Dà dràus wart'r, ich hàn ne mitgebrung.

ARGAN: Mache 'ne doch herinkumme, Schatzi.

BELINE: Och e leider, wànn m'r e Mànn gàr hat, kànn m'r net àn so ebs denke.

SZENE 7

ARGAN: Kumme näher Herr Gewissestark, kumme nemme Platz, wànn's be-liebt. Mey Frau hat m'r g'sat, dass'r sehr ge-wissehaft un e guter Freynd vun ihre sin. Ich hàn se beufdrat, Eich vum e Teschtament ze redde, wu ich mache will.

BELINE: Ich kànn d's net zuhere!

NOTAR *(redd wie d'Saargeminner)*: Sie hat m'r klargelegt, was Sie mache mechte f'r sie, un isch muss Sie ufmerksam mache, dass Sie läder per Teschtament Ihre Ehefrau nix ver-mache kinne.

ARGAN: Wieso d's?

NOTAR: S'Gesetz erlabt's net. Alles was Ehelitt in dem Punkt mache kinne, isch e Schenkung, awer in dem Moment derfe kenn Kinner dà sin.

ARGAN: Dies soll m'r kenn freches Gsetz sin, dass e Mànn ere Frau, wu n' so gär hat, nix vermache kànn. Dà will ich emàl zu meym Advokat gehn.

NOTAR: Zu d' Advokate soll m'r net gehn. Die leyje alles uf die Goldwo un glawe es wär e grosses Verbreche, wenn m'r s'Gesetz e bissie umgeht. Die wisse net, wie m'r s'Gewisse kànn orientiere. M'r kànn s'Gesetz immer e bissie ànnpasse un e Sach gerechtmässig mache, die net erlabt schint. M'r derf sich s'Läwe, n'est-ce pas, net unnetisch komplizere.

ARGAN: Mey Frau hat m'r schun g'sat, dass Ihr ebs los hàn, un so gewissehaft sin. Wie kànn ich also mache, wànn's beliebt, f'r ihr meyn Vermeje ze gin, ohne dass mey Kinder ebs devun hàn?

NOTAR: Wie Se mache kinne? Sie kinne im versteckte e guter Frind vun de Madam uswähle un ihm alles mechlische vermache, d's häscht, n'est-ce pas, die Helft vun de Erbschaft. Der Frind werd Ihre dànn alles zerickerstatte. Was Se noch mache kennte, isch ihre zur Läweszitt, n'est-ce pas, Bargeld in die Hand ze gin oder Wertbapiere, die uf de Inhaber lafe.

BELINE: Ums Himmels Wille, quäle Eych net mit so Sache. Wànn Eych ebs bassiert, will ich nimme uf de Welt bleywe.

ARGAN: Schätzel.

BELINE: Ja mey Freynd, wànn ich s'Unglick hàn Eich ze verliere...

ARGAN: Mey liewi Frau!

BELINE: Will ich nimme läwe.

ARGAN: Schatz!

BELINE: Ich làss mich mit Eych begrawe, f'r Eych ze beweyse, wie gär ich Eych hàn.

ARGAN: Schatzi, Ihr breche m'r s'Herz. Treschte Eych, ich bitt Eych.

NOTAR: Die Träne passe noch net grat, n'est-ce pas, sowit

sin m'r noch net.

BELINE: A Monsieur, Ihr wisse net, was d's isch e Mànn, wu m'r so gär hat.

ARGAN: S'Ensischt, wu mich ràut, wànn ich stärb, isch, dass ich kenn Kind vun Eych hàn. De Herr Laxier hat m'r doch versproch, dass ich noch ens ànnebring.

LE NOTAIRE: D's kànn noch kumme, n'est-ce pas.

ARGAN: Ich muss mey Teschtament mache, so wie de Herr Notär sat. Awer forsichtshalwer will ich Eych 20 Millione in bar gin, wu ich in de Lamperie vun meym Kämmerle hàn und zwei Wertbabeyere, wu uf de Inhaber lafe.

BELINE: Nä, un noch emàl nä, ich will nix dà devun. A, wieviel hàn Ihr hinter de Lamperie im Kämmerle?

ARGAN: Zwànzig Millione, Schätzel.

BELINE: Rede m'r net vun Geld, um's Himmels Wille! A, wie hoch sin d'Wertbabeyere?

ARGAN: Ens isch vier Millione un s'ànder isch sechs wärt.

BELINE: F'r mich git's nix wertvolleres uf de Welt wie Ihr mey Liewer.

NOTAR: Wille m'r jetz das Teschtament mache?

ARGAN: Ja, Mösieur, f'r d's sin m'r awer ruhicher in meym gläne Schreybzimmer. Schatz, wotte Ihr mich net grat fiere.

BELINE: Awer sicher, kumme, mey armes Biwele.

SZENE 8

TOINETTE: Dà sin se mit'm Notär, ich hàn ebs k'ehrt vun Teschtament. Eyeri Stiefmutter schlàft net in. Die treybt eyere Vatter geye Eyeri Interesse.

ANGELIQUE: Mit seym Geld kànn er mache, was er will, awer net mit meym Herz. Toinettel làss mich net im Stich.

TOINETTE: Im Stich làsse, Eich? Liewer sterwe. Eieri Stiefmutter verràt m'r mànichi Sache un will mich uf ihri Seyt ziehn. Awer àn mir hat se nix, ich bin noch immer f'r Eich gewenn. Ich setz alles ins Werk f'r Eich ze helfe. Awer dass Eyeri Stiefmutter un Eyere Vatter nix merke, mach ich, wie wànn ich zu ihne halte dät.

ANGELIQUE: Ich bitt dich, sa'm Cléante b'scheid iwer d'Hochzeit, wu dà abgemach war isch.

TOINETTE: Kenn Àngscht, werd gemach.

Stimm vun BELINE: Antoinette.

TOINETTE: Sie ruft mich, gut Nacht. Verlàsse Eych uf mich.

AKT II

SZENE 1

TOINETTE: Was willen'r, Mösieur?

CLEANTE: Was ich will?

TOINETTE: O je! Ihr sin's? Was e Iwerraschung! Was mache dànn Ihr dà?

CLEANTE: Mey Schicksal erfahre, mit'm liewe Angelique redde un wisse, wie's zu dere bled Hochzeit steht, wu ich gemeld griet hàn.

TOINETTE: Ja, awer mit'm Angelique kànn m'r net grad so mir nix dir nix redde; dies muss g'heim vorgehn, Ihr wisse jà, wie streng dass's g'halt werd, es derf net àus'm Hàus, derf mit nimànd redde, ihr hàn eych numme getroff, weil m'r mit ere alte Tante ins Theater gederft hàn, un so hat eyeri Sach kinne ànfànge.

CLEANTE: Weye dem kumm ich jà net als Cléante oder als sei Freyer, awer als Freynd vun seym Musiklehrer, er hat m'r erlabt ze sàn, dass er mich àn seym Platz schickt.

TOINETTE: Dà kummt seyn Vatter. Trette e bissel zerick, dass ich Eych ànmelde kànn.

SZENE 2

ARGAN: D' Herr Laxier hat g'sat, marietz soll ich in meym Zimmer spaziere gehn, zwellef màl hin un her, awer ich hàn vergess ze fràn, obs de làngeweh oder de breideweh isch.

TOINETTE: Mösieur, dà isch e...

ARGAN: Red doch hemlich, Galjestrick: du hasch m'r s'gàns

Hern erschittert, weisch dànn net, dass m'r mit de Krànke net so kreysche derf.

TOINETTE: Ich hàn Eich wille sàn, Mösieur...

ARGAN: Hemlich sa' ich d'r doch.

TOINETTE: Mösieur... *Sie beweyt numme d'Lippe.* ARGAN: Hun?

TOINETTE: Ich sa' Eych... *Sie beweyt numme d'Lippe.*

ARGAN: Was sasch?

TOINETTE *laut*: Dà isch e Mànn, wu mit Eych rede will.

ARGAN: Er soll herinkumme. *Toinette macht Cléante Zeichen, sich zu nähern.*

CLEANTE: Mösieur...

TOINETTE *spöttisch*: Nit so làut, schunsch erschittere Ihr im Mösieur sey Hern.

CLEANTE: Mösieur, es freit mich, dass Ihr uf sin un dass's besser geht.

TOINETTE, *wie wànn's bes wär*: Was isch d's? »Besser«? D's stimmt net: d' Mösieur isch immer noch schlecht.

CLEANTE: Ich hàn g'hert, es soll ihm besser gehn, un ich find, dass er gut àusgsit.

TOINETTE: Wie menne Ihr d's mit dem gute Àusg'sin? D' Mösieur gsit gànz schlecht àus. D's sin Dummkepp, wu Eych g'sat hàn, dass er besser isch. So schlecht wie werglich isch's ihm noch net gàng.

ARGAN: Sie hat recht.

TOINETTE: Er laft, schlàft, esst und drinkt wie alli Leit; awer d's ändert nix, er isch doch schwer krànk.

ARGAN: D's stimmt.

CLEANTE: Es dut m'r so leid, Mösieur. De G'sànglehrer vun Eyere Dochter schickt mich. Er muss e paar Da uf's Lànd; ich bin e guter Freynd vum, un er hat mich beufdrat, d'Stunde weyter ze gin, dass se net vergesst, was se schun kànn.

ARGAN: Gut so. Ruf s'Angelique.

TOINETTE: Ich glab, Mösieur, dass's besser wär, wànn m'r d' Herr Lehrer uf ihr Zimmer fihre dät.

ARGAN: Nä, holes her.

TOINETTE: Wànn se net allän sin, kaonn'r se net gut lehre.

ARGAN: Doch, doch.

TOINETTE: Mösieur, d's macht Eych numme schwindlich, in dem Zustànd, wu Ihr sin, rejt Eych s'Geringschte uf un erschittert Eyer Hern.

ARGAN: O jà net: ich hàn gär Musik, un s'dät m'r Pläsir mache... A! dà kummt's jao. Geh du emàl lun, ob mey Frau schun fertig àngezo' isch.

SZENE 3

ARGAN: Kumm her, mey Mädel: dey G'sànglehrer isch uf's Lànd un hat uns dene Herr gschickt f'r mit dir schaffe.

ANGELIQUE: O je!

ARGAN: Was isch dà los? Wieso die Iwerraschung?

ANGELIQUE: D's, d's...

ARGAN: Was? Macht Dir eber Àngscht?

ANGELIQUE: D's isch e komischi Sach, wu sich dà abspielt.

ARGAN: Wie d's?

ANGELIQUE: Ich hàn die Nacht gedrämt, dass ich ins greschte Unglick geràt sin. Un e Herr, genau wie der Mànn dà, isch kumm, ich hàn sei Hilf verlàngt, un er hat m'r g'holf. Un jetzt bin ich gànz zàmme g'far, wie ich dà plezlich g'sinn hàn, was ich d'gànz Nacht in de Gedànke k'het hàn.

CLEANTE: Dà isch m'r net unglicklich, wànn Ihr Da wie Nacht àn ene denke, un ich wär e so froh, wànn ich Eych im e Notfall helfe kinnt; ich gäng im Deywel var d'Schmitt...

SZENE 4

TOINETTE: Abä ja, Mösieur, jetz bin ich d'accord mit Eych, ich zih alles zerrick, was ich gischt g'sat hànn. Dà kumme Herr Dauerfurzius de Vatter, un Herr Dauerfurzius de Sohn Eych ufsuche. Dà sin Ihr awer gut gedoktermànnt! Dao kummt de scheenscht Bu vun de Welt, un d' allerwitzigscht. Er hat numme zwei Werder g'sat, die hàn mich begeischtert, un Eyeri

Dochter verliebt sich sofort.

ARGAN *zum Cleante, wu weg will gehn*: Bleywe numme dà, Mösieur. Mey Dochter geht heyerate; un jetz kummt ihr zukinfticher Mànn, wu sie noch nie g'sin hat.

CLEANTE: D's isch awer e grossi Ehr f'r mich, Mösieur, beym e so àngenähme Treffe debey ze sin.

ARGAN: Es isch de Sohn vum e berihmte Dokter, un d'Hochzeit isch in vier Da.

CLEANTE: Gut.

ARGAN: Sàn doch ihrem Musiklehrer, dass'r ufs Imms gelad isch.

CLEANTE: Ich richt's àus.

ARGAN: Ich lad Eych a in.

CLEANTE: Dà mache Ihr m'r e grossi Ehr.

TOINETTE: Achtung, mache Platz, dà sin se.

SZENE 5

ARGAN *macht d'Hànd àn sey Käppel*: De Herr Laxier hat m'r verbot, blosskoppig ze gehn. Ihr sin jà a vum Fach, Ihr wisse, was m'r dà risquiert.

MONSIEUR DIAFOIRUS *(redd wie e Saargeminer)*: Wenn mir zu de Krànke kumme, isch's nur f'r ze helfe, isch net war, un net f'r sie ze beläschtische.

ARGAN: Ich empfàng, Mösieur... *Sie redde alli mitnànd, unterbreche sich...*

MONSIEUR DIAFOIRUS: Mir kumme doher, Mösieur...

ARGAN: Mit viel Pläsir...

MONSIEUR DIAFOIRUS: Min Sohn Thomas un isch...

ARGAN: D'Ehr, wu Ihr m'r mache...

MONSIEUR DIAFOIRUS: Ihne bewiese, Mösieur...

ARGAN: Un ich wär zu ger...

MONSIEUR DIAFOIRUS: Wie begeischtert mir sin...

ARGAN: Zu Eych gàng...

MONSIEUR DIAFOIRUS: Vum Gefalle, wie Sie uns mache...

ARGAN: F'r Eych versichere...

MONSIEUR DIAFOIRUS: Uns so ze empfânge...

ARGAN: Ihr wisse awer, Mösieur...

MONSIEUR DIAFOIRUS: In die Ehr, Mösieur...

ARGAN: Wie's steht mit'm e arme Krànke...

MONSIEUR DIAFOIRUS: Mit Ihne verbunn ze sin...

ARGAN: Wu net meh mache kànn...

MONSIEUR DIAFOIRUS: Un Ihne garantiere...

ARGAN: Wie Eych dà ze sàn...

MONSIEUR DIAFOIRUS: Dass in dene Sache, die vun unserem Beruf abhänge...

ARGAN: Das er jedi Geläjeheit sucht...

MONSIEUR DIAFOIRUS: So gut, wie in jeder ànnere...

ARGAN: Eych ze versichere, Mösieur...

MONSIEUR DIAFOIRUS: Mir immer bereit sin, Mösieur...

ARGAN: Dass 'r Eich ze Verfichung steht...

MONSIEUR DIAFOIRUS: Ihne unseri Dienstbereitschaft ze bewiese. *(zu seym Sohn)* So, Thomas, trete Se vor, un begriese Se die Herrschaft.

THOMAS DIAFOIRUS *isch e Art gelerter Doddel*: Fàngt m'r gewehnlich net mit'm Vatter àn?

MONSIEUR DIAFOIRUS: Ja.

THOMAS DIAFOIRUS: Mösieur, ich kumm Eysch begriese, erkenne, liebe un hochhalte wie e zweiter Babe; awer dem zweite Vatter, erlab ich m'r ze sàn, bin ich dànkbarer wie im erschte. Vum erschte hàn ich d' Sàme; Ihr hàn mich àusgewählt. Er hat mich misse nemme; Ihr hàn mich gàr genumm. Was ich vun ihm hàn, kummt vun seym Kerper; was ich vun Eysch bekumm, kummt vun Eyerem Wille; un weil d'geischtliche Eijeschafte iwer de kerperliche stehn, bin ich Eych desto dànkbarer, un desto wertvoller schetz ich unseri zukinftich Verwàndschaft, un im Voràus biet ich Eych demitich un reschpeckvoll mey Hochachtung àn.

TOINETTE: Bravo f'r die Schule, wu m'r so g'scheyd werd!

THOMAS DIAFOIRUS: Isch's gut gewenn Babe?

MONSIEUR DIAFOIRUS: Optime.

ARGAN *zum Angelique*: Allez, willsch ball dene Herr be-
griese.

THOMAS DIAFOIRUS: Soll ich kisse?

MONSIEUR DIAFOIRUS: Selbsverständlich.

THOMAS DIAFOIRUS *zm Angélique*: Madame, mit vollem
Recht dätte Eych d' Frànzose »b e l l e -mère« nenne, weil m'r...

ARGAN: D's ich net mey Frau, dà redde Ihr mit meynere
Dochter.

THOMAS DIAFOIRUS: Ay, wu isch se dànn?

ARGAN: Sie kummt gleich.

THOMAS DIAFOIRUS: Muss ich warte, Babe, bis se dà
isch?

MONSIEUR DIAFOIRUS: Sie kinne jà immerhin schun die
Màmsell komplimentiere.

THOMAS DIAFOIRUS: Màmsell, genau wie aus d' Statut
vun Memnon e harmonischer Klàng erschallt, wànn de erschte
Sunnestrahl se streift, so fiehl ich in mir e zarter Jubel, wànn
d'Sun vun Eyere Scheenheit ufgeht. Un wie d'Naturforscher
feschstelle, dass d'Sunneblum sich immer in d'Richtung vum
Sunnestern dreyt, so dreyt sich vun jetz ab mey Herz um Eyeri
scheni Aue als ihr ensigschter Pol. (*Er verliert d' Fade, d' Vatter
muss'm helfe.*) Erlawe m'r also, Màmsel, dass ich mey Herz
uf'm Altar vun Eyere Scheenheit opfer, mey Herz, wu kenn
àndere Rum erwart, as wie f'rs Làwe Eyere treye, demitiche
Diener un Ehemànn ze bleywe.

TOINETTE *macht sich luschtich*: So isch's, wànn m'r gelehrt
hat, dà kànn m'r scheen babble.

ARGAN: Un, was sàn Ihr dà dezu?

CLEANTE: Wunderbar, wànn de Herr so gut isch als Dokter
wie als Redner, muss's jà e Blàsir sin, bey ihm Patient ze sin.

TOINETTE: Sicher. D's werd ebs grosartiches, wànn der so
gut heile kànn, wie er dà redd.

ARGAN: Allez hop, schnell mey Stuhl un e Sitzmechlichkeit
f'r alli. Sitze Eych dà her mey Màdel. Ihr g'sin Mösieur, wie
alli Eyere Herr Sohn bewundere un ich beneid Eych, dass'r

so e Bu hàn.

MONSIEUR DIAFOIRUS: Mösieur, es isch net weil isch sinne Vatter bin, isch kànn awer saan, dass isch zefridde mit'm bin, un all die ne kenne, saan, es wär e gutter Bu. Er hat noch nie viel Fantasie gehat, isch net war, un a net die Geischtes- vivacität, die m'r bi mànniche siht; das war f'r misch s'Zäche, dass er e gutes Iwerlehungsvermesche hat, un das isch jao wichtig f'r unseri d'Dokterkunscht, isch net war. Als Kind war er nie, wie m'r sa't, mutwillisch oder ufgeweckt. Er war immer lieb, gemitlisch, still un stumm, er hat sich nie mit Kinnerspiele, wie m'r so sa't, abgibb. M'r haon Mih gehat, ihm s'Lese bizebringe, mit nien Jaohr hat'r sinni Buch- stawe noch net gekennt. »Allons bon«, haon isch mir gesa't, e später Bòm trat die beschte Frichte; in de Marmor graviere, geht net so licht wie in de Sand; awer die Inschrift halt viel länger, isch net war, un der schwere Begriff, die schwerfällich Inbildungskraft sin das Zäsche vum e spätere gute Urteil. Isch hòn ihne dànn ins Kollege geschickt. Er hat Mih gehat, hat sich awer so angestrengt, das er sinne Universitätsabschluss glänzend geschafft hat. ... Àn unserer Fakultät isch er bi alle Debatte un bliebt sinne Gechner iwerhapt nix schullich. Er halt sich immer fescht àn sinnere Meinung, kànn kumme, was will... Was mir awer gànz besunnersch bi ihm gefallt, un dà debi folgt er minem Beispiel, isch dass er blindlinks àn Lehr vun de Alte us de Remerzitt glabt un sich iwerhapt net àn Neiichkeite oder Erfindunge vun heitzedas interessiert, sowie Blutzirkulation un noch ànneres so Zeich.

THOMAS DIAFOIRUS *holt e grossi Pergamentroll un git se im Angelique*: Ich hàn mey Dokterdissertation geye d'Circulatore gschreb, die wu behaupte, dass's Blut im Kerper herum cir- culiert. Waonn de Herr's erlabt, biet ich's de Maomsel àn als erstes G'chenk vun meym Geischt.

ANGELIQUE: Mösieur, d's isch f'r mich e unnediches Ding, ich hàn jà kenn Àhnung vun so Sache.

TOINETTE: Numme here mit, ich nem's f'rs Bild, ich henk's

in mey Kammer.

THOMAS DIAFOIRUS: In de nächschte Dä schneyde m'r d'Leich vun ere Frau uf, wänn de Herr's erlabt, lad ich Eich in.

TOINETTE: D's isch e àngenähmer Zeitvertreib. Dao sin mànichi, die nemme d'Liebscht mit ins Theater; awer e Kadaver verschnipple, d's isch doch viel galànter!

MONSIEUR DIAFOIRUS: Usserdem was die netische Eijeschafte f'r d' Ehestànd un d'menschlich Vortpflanzung betrefft, kànn isch Sie versichere dass er, laut de Vorschrifte vun unsere Doktere, die gewinschte Organe un e lobenswerte Vermehrungskraft hat, un s'passende Temperament fur gesunde Kinner ze zeusche.

ARGAN: Hàn'r net im Sinn, 'ne im Kenichspalascht unterzebringe, un ihm dart e Dokterplätzel verschaffe?

MONSIEUR DIAFOIRUS: Unner uns gesa't, bi denne hoche Tiere hat mir unser Handwerk noch nie so gefall un isch hàn immer gefun es wär besser f'r uns Doktere bim Volk ze bliewe. S'Volk isch net ànspruchsvoll. Sie brische bi niemànd Recheschaft ableye. Haupsach Sie behànle d'Litt in de Regel der Kunscht, kànn kumme was will. Awer was mit denne Heschere ärjerlisch isch, isch dass, wenn se krànk falle, se unbedingt wille, dass ihri Doktere se häle.

TOINETTE: D's sin m'r noch scheeni. So e Frechheit, verlànge, dass ihr Herre se heile. F'r d's kumme Ihr net zu 'ne. Ihr kumme s'Geld instecke un Mittel verschreywe; g'sund were, dies isch ihri Sach, wànn se kinne.

MONSIEUR DIAFOIRUS: Stimmt. Hauptsach isch m'r behànlt d'Patiente laut Vorschrifte.

ARGAN: Mache e màl mey Mädel ebs vorsinge vor d' G'sellschaft dà.

CLEANTE: Ich hàn numme Eyere Wunsch abgewart. *(Zu Angelique)* Ich hàn gedenkt, mir kinnte e gläner Auszuch àus ere Oper singe. Dà sinn Eyeri Notte.

ANGELIQUE: Ich?

CLEANTE: Mache Eich kenn Kummer, d's geht schun, ich

hàn a nett g'ibt, Hauptsach m'r verstehn uns.

ARGAN: Sin d'Wärter scheen?

CLEANTE: Es isch uf Frànzesch... Es hàndelt sich um e Schäfer un e Schäferin, d' Tircis un d'Philis, wu sich gär hàn. Sie hàn sich zufällig im Theater gedroff un hàn sich uf de erschte Blick verliebt. D' Bu isch sofort zum Vatter vum Mädel gàng f'r e Hochzeitsàntrach ze stelle. Wie er ins Haus kummt, heischt's dà, dass de Vatter e àndere Dochtermànn in Àussicht hat, un er kummt grad dezu, wie sey Rival vorg'stellt wert, wie er d's g'sit, kànn er sich nimme beherrsche un sa't *(er singt)*:

Belle Philis, c'est trop, c'est trop souffrir;
Rompons ce dur silence, et m'ouvrez vos pensées.
Apprenez-moi ma destinée:
Faut-il vivre? Faut-il mourir?

ANGELIQUE:

Vous me voyez, Tircis, triste et mélancolique,
Aux apprêts de l'hymen dont vous vous alarmez.
Je lève au ciel les yeux, je vous regarde, je soupire,
C'est vous en dire assez.

ARGAN: Abä, d's hàn ich jetz net gewisst, dass mey Mädel so d'Notte läse kànn, ohne ze zicke.

CLEANTE:

Hélas! belle Philis,
Se pourrait-il que l'amoureux Tircis
Eût assez de bonheur,
Pour avoir quelque place dans votre cœur?

ANGELIQUE:

Je ne m'en défends point dans cette peine extrême:
Oui, Tircis, je vous aime.

CLEANTE:

O parole pleine d'appas!
Ai-je bien entendu, hélas!
Redites-la, Philis, que je n'en doute pas.

ANGELIQUE:

Oui, Tircis, je vous aime.

CLEANTE:
De grâce, encor, Philis.
ANGELIQUE:
Je vous aime.
CLEANTE:
Recommencez cent fois, ne vous en lassez pas.
ANGELIQUE:
Je vous aime, je vous aime.
Oui, Tircis, je vous aime.
CLEANTE:
Dieux, rois, qui sous vos pieds regardez tout le monde,
Pouvez-vous comparer votre bonheur au mien?
Mais, Philis, une pensée
Vient troubler ce doux transport:
Un rival, un rival...
ANGELIQUE:
Ah! Je le hais plus que la mort;
Et sa présence, ainsi qu'à vous,
M'est un cruel supplice.
CLEANTE:
Mais un père à ses voeux vous veut assujetir.
ANGELIQUE:
Plutôt, plutôt mourir,
Que de jamais y consentir;
Plutôt, plutôt mourir, plutôt mourir.
ARGAN: Un was sa't de Vatter zu dere gànz Sach?
CLEANTE: Er sa't nix.
ARGAN: D's soll m'r kenn dummer Vatter sin, wu Dumm-
heite zuharicht, ohne ebs ze sàn.
CLEANTE: *Ah! mon amour...*
ARGAN: Nä, nä, es làngt. D's Käschperle isch e sehr schlech-
tes Beispiel. De Schäfer Tircis isch e frecher Bengel un d'
Schäferin Philis e unverschämtes Ding f'r so var ihrem Vatter
ze redde. Zeihe emàl d's Blatt. Aha, wu stehn dànn d'Wärter,
wu ihr g'sung hàn, dà g'si ich numme Notte?

CLEANTE: Wisse Ihr dànn net, Mösieur, dass's jetzt e Method gitt, f'r d'Wärter mit de Notte ze schreiwe?

ARGAN: Sàn numme. Ritsche m'r doch grad noch de Bukkel nuff, Mösieur, adie. Uf Eyeri frechi Oper hette m'r ger verzicht.

CLEANTE: Ich hàn Eich wille Spass mache.

ARGAN: Net mit Bledsinn. A! Dà kummt mey Frau.

SZENE 6

ARGAN: Schatz, dà isch de Sohn vum Herr Dauerfurzius.

THOMAS DIAFOIRUS *fàngt e Kompliment àn, bringt's awer net àns End:*

Madame, mit vollem Recht dätte Eich d' Frànzose »b e l l e - mère« nenne, weil m'r gsit uf Eyerem Gsicht...

BELINE: Mösieur, es freit mich, dass ich beizeite kumm sin un d'Ehr hàn, Eich ze treffe.

THOMAS DIAFOIRUS: Weil m'r g'sit uf Eyerem Gsicht, weil m'r g'sit uf Eyerem Gsicht... Madame, Ihr hàn mich mitte im Satz unterbroch, jetz find ich de Fade nimme.

MONSIEUR DIAFOIRUS: Thomas, losse doch das, f'r e ànners màl.

ARGAN: Ich het gewott, dass du vorher dà gewenn wärsch.

TOINETTE: Jà, jà, Madame, Ihr hàn de zweit Vatter verfehlt, d'Statut vun Memnon un d'Sunneblum.

ARGAN: So mey Mädel, reiche dem Mösieur d'Hànd un sàn 'm zu als Ehemànn.

ANGELIQUE: Babe.

ARGAN: Was »Babe«? Was soll d's?

ANGELIQUE: Ich bitt Eych, pressiere net so, gin uns e bissel Zeyt, f'r uns kenne lehre, dass unseri Zuneigung vun äm zum àndere wachse kànn.

THOMAS DIAFOIRUS: Meyni, Màmsel, isch schun genu gewachst, ich brauch nimme länger warte.

ANGELIQUE: Wànn's bey Eych so schnell geht, isch's bey mir noch làng net de Fall.

ARGAN: Jà, gut. D's macht sich schun vun ellän, wànn ihr k'heyerat sin.

ANGELIQUE: Babe, làsse m'r Zeyt, ich bitt Eych. D'Eh isch e Band, un m'r soll kenn Herz mit Gewalt binde. Wànn de Herr ehrlich isch, derf er kenn Person ànnemme, wu zu ihm gezwung werd.

THOMAS DIAFOIRUS: Nego consequentiam, un ich känn ehrlich sin un Eych doch aus de Hànd vun Eyerem Vatter abnemme.

ANGELIQUE: Gedulde Eych e bissel, wànn Ihr mich lieb hàn, Mösieur, misse Ihr alles wille, was ich will.

THOMAS DIAFOIRUS: Ja, Màmsel, awer net wànn ich uf mey Lieb verzichte muss.

ANGELIQUE: Awer de grescht Liewesbeweys isch doch, wànn m'r dere Frau, wu m'r gär hat, nàhgit.

THOMAS DIAFOIRUS: Distinguo, Màmsel: in allem, was Eyere Besitz net betrefft, concedo, was ne awer betrefft, nego.

TOINETTE: Dà kinne Ihr rede, so viel wie Ihr wille: d' Mösieur kummt frisch àus de Schule un hat immer s'letscht Ward. Fawas wehre Ihr Eych so geye die gros Ehr mit d' Fakultät vermählt ze were.

BELINE: Es hat vielleicht e àndere im Au.

ANGELIQUE: Wànn ich ener het, Madame, wärs ener, wu d'Vernunft un d'Ehrlichkeit erlawe.

ARGAN: Ja, un ich spiel de Doddel in de gànz Affär.

BELINE: Waonn ich Eych wär, Schatz, dät ich's net zwinge f'r heyerate, ich wisst, was mache.

ANGELIQUE: Ich weiss, Madame, was Ihr sàn wille, un wie gut Ihr's mit mir männe; awer es isch noch làng net sicher, dass Eyeri guti Ràtschlä ànkumme.

BELINE: Dies will heische, dass guti bravi Mädle wie du uf de Wille vum Vater blàsse. So ebs isch halt frier gut gewenn.

ANGELIQUE: D'Pflichte vum e Mädel hàn Grenze, un d'Vernunft un's G'setz gehn net so weit wie Ihr.

BELINE: Hasch numme s'Heyrate im Kopp, awer willsch e Mànn wie's dir grad basst.

ANGELIQUE: Wànn mey Babbe mir kenn Mànn will gin, wu m'r g'fallt, bitt ich ne m'r winichstens kenner ufzezwinge, wu ich net gär kànn hàn.

ARGAN: Ihr Herre, entschuldiche mich f'r d's alles dà.

ANGELIQUE: Jeder hat sei Ziel, wànn'r heyerat. Was mich ànbelàngt, will ich e Mànn, wu ich richtich ger kànn hànn, un e gànzes Läwe làng. Ich gi' zu, dass ich ziemlich vorsichtig bin in dem Moment. Es git nadierlich àanderi, wu numme heyrate, f'r d'Eldere los ze were un mache, wie un was sie wille. Nà git's noch àanderi, Madam, die mache àus de Hochzeit e reines Gschäft un heyerate numme f'rs Geld, f'r reich were, wànn ihr Mànn sterbt, un hupse ohne Schàm vun Ehemànn zu Ehemànn, f'r nà ihrem Dot kassiere. Natierlich nemme's die Persone dà net so genau un luhn net uf d'Person.

BELINE: Du predisch heyt awer ziemlich gscheyd, so wie ich dà her, ich wot ger emàl wisse, was d' dà demit mensch.

ANGELIQUE: Kànn ich noch meh sàn, wie ich dà g'sat hàn?

BELINE: Du bisch e so bled, mey Liewi, dass 's ball nimme zum aushalte isch.

ANGELIQUE: Ihr hette ger, dass ich frech dät were, awer merke's Eych, dà kinne Ihr noch làng warte.

BELINE: Dey Frechheit hat kenn Grenze.

ANGELIQUE: Nä, Madam, Ihr kinne ruhig babble.

BELINE: Un du hasch e so lächerlicher Grattel du hochg'stappeldi Rotzsnas, dass alli Leyt numme noch de Kopp schittle.

ANGELIQUE: Dies alles, Madam, nutzt gar nix, ich bleib ruhig, ob's Eich passt oder net. Un fer Eich jedi Chance ze nemme, geh ich äwe fort.

ARGAN: Hersch, es git kenn zwei Mechlichkeite: in vier Da heyeratsch entweder denne Herr dà oder e Gloschder. Mache Eich kenn Sarje, ich bring's schun in d'Rey.

BELINE: Es dut m'r leid, ich muss Eych làsse, Mey Biewel, ich hàn e wichtichi Affär ze regle in de Stadt. Ich kumm ball.

ARGAN: Gehn numme, Schatz, un vergesse de Notär net, er

soll schnell die Sach ins Rolle bringe, Ihr wisse jà was.

BELINE: Arevoir, mey liewer Freynd.

ARGAN: Arevoir, Schatzi. D's isch e Frau, die hat mich gär, es isch fascht net ze fasse.

MONSIEUR DIAFOIRUS: So, Mösieur, mir mechte uns jetzt verabschiede.

ARGAN: Sàn m'r doch noch grad, wànn's beliebt, wie's m'r geht.

MONSIEUR DIAFOIRUS *fiehlt ihm d' Puls*: Also, Thomas, nemme 'se dem Herr de ànner Arm, mir wille màl sihn, was se iwer sinne Puls ze sahn hàn. Quid dicis?

THOMAS DIAFOIRUS: Dico, dem Herr sey Puls isch e Puls vum e Mànn, wu net g'sund isch.

MONSIEUR DIAFOIRUS: Gut

THOMAS DIAFOIRUS: Er isch weichlich hart, f'r net ze sàn hart.

MONSIEUR DIAFOIRUS: Sehr gut.

THOMAS DIAFOIRUS: Zerickdrängend.

MONSIEUR DIAFOIRUS: Bene

THOMAS DIAFOIRUS:Sogar e bissel iwerspringend.

MONSIEUR DIAFOIRUS: Optime.

THOMAS DIAFOIRUS: D's isch 's Zeiche, dass d'Milz net gut schafft.

MONSIEUR DIAFOIRUS: Prima.

ARGAN: Nä, de Herr Laxier saht doch, es isch d'Lewer.

MONSIEUR DIAFOIRUS: Natierlisch, wer saht Milz, saht a Lewer. Die Organe sin nämlich so eng durch d' Pylorus un die Gallekanäl verbunn. Er hat Ihne bestimmt geràt, viel Gebràdenes ze esse.

ARGAN: Nä, numme Gekochtes.

MONSIEUR DIAFOIRUS: Natierlisch: gebràt, gekocht, d's isch jà dasselwe, isch net wàr. Er behànnelt Se sehr vorsichtich, Sie sinn in gànz gutte Hänn.

ARGAN: Wàn 's beliebt, Mösieur, wieviel Salzkerne muss m'r dànn in e Ei mache?

MONSIEUR DIAFOIRUS: Sechs, acht, zehn, immer in de grade Zahle, wie bi de Arzneie in de ungrade.
ARGAN: Arevoir, Môsieur.

SZENE 7
BELINE: Ich will Eich ebbs melde, ebb dass ich geh, mey Männel, dà missen'r ufpasse. Äwe, wie ich àm Angelique seym Zimmer vorbey sinn, isch e Mànnskerl bey ihre gewenn, wie 'r mich g'sinn hat, isch 'r ab.
ARGAN: E Mànnskerl bey meym Mädel?
BELINE: Ja. 'S kläne Luisel isch bey 'ne gewenn, d's kànn Eych Bscheid sàn.
ARGAN: Schickes sofort dàher, Schatz, sofort dàher. Dies unver-schämte Ding! Kenn Wunder, dass 's bremst mit Händ un Fiess.

SZENE 8
LOUISON: Was isch dànn, mey Papa? Mey Stiefmama hat g'sat ich soll emàl zu Eich kumme.
ARGAN: Ja, kumm dàher, dà. Drey dich herum, lu' m'r in d'Aue. Un!
LOUISON: Was, mey Papa?
ARGAN: So.
LOUISON: Was?
ARGAN: Hasch m'r nix ze sàn?
LOUISON: Wànn 'r wille, kànn ich Eych e Märche verzehle, s'Dornresel oder s'Schneewitsche.
ARGAN: Dà geht's net drum.
LOUISON: Was dànn nàt?
ARGAN: Jetzt luhn emàl denne Schlaumeyer, du weisch gànz genau, was ich menn.
LOUISON: Im beschte Wille, mey Papa.
ARGAN: A so follisch' du mir!
LOUISON: Was?
ARGAN: Ich hàn d'r net g'sat, du sollsch m'r alles sàn, was d' gsisch?

LOUISON: Ja, mey Papa.

ARGAN: Hasch's gemach?

LOUISON: Ja, mey Papa. Ich hàn Eych alles gsat, was ich gsinn hàn.

ARGAN: Un heyt hasch nix gsinn?

LOUISON: Nä, mey Papa.

ARGAN: Nä?

LOUISON: Nä, mey Papa.

ARGAN: Sicher net?

LOUISON: Sicher.

ARGAN: A so! Dà muss ich d'r emàl ebs zeie, ich. *Nemmt e Fitz in d'Hànd*

LOUISON: A! Mey Papa.

ARGAN: Aha! Du gläni Hex, du sasch m'r net, dass d' e Mànn im Zimmer vun deynere Schweschter g'sinn hasch?

LOUISON: Mey Papa!

ARGAN: So isch's, wànn m'r lieht.

LOUISON *kniet sich var d' Argan*: A, mey Papa, ich bitt Eych. Mey Schweschter hat m'r verbot, ebs ze sàn; awer ich sa' Eych jetz alles.

ARGAN: S'erscht musch d'Fitz kenne leere, weyl d' geloh' hasch, de Rescht gsin m'r später.

LOUISON: Bitte, bitte mey Papa!

ARGAN: Nix ze mache.

LOUISON: Mey armer Papa, net fitze, net fitze!

ARGAN: Du hasch se verdient.

LOUISON: Um Gottes Wille! mey Papa, kenn Fitz.

ARGAN *schnappt's*: Dà kumm her.

LOUISON: A! mey Papa, Ihr hàn mich verletzt. Warte: ich bin dot. *(Sie markiert d' Dod.)*

ARGAN: O je! Was isch d's? Luisel, Luisel. O Gott! Luisel. A, mey Mädele! Och e leider, mey armes Mädel isch dot. Was han ich dà àngstellt! A! Saufitz! De Deywel soll die Fitz hole! O mey armes Mädel, mey armes glänes Luisel.

LOUISON: Schun gut mey Papa, misse net so heyle, ich bin net gànz dot.

210

ARGAN: G'sinn ihr d's verdreyde Ding! Also gut, ich verzeyh' d'r f'r diesmàl, musch m'r awer alles scheen sàn.

LOUISON: O ja, mey Papa.

ARGAN: Pass uf, ich hàn dà e gläner Finger, der saht m'r, wànn de liehsch.

LOUISON: Awer, mey Papa, sàn net meynere Schweschter, dass ich ebs verràt hàn.

ARGAN: Nä, nä.

LOUISON: Mey Papa, wie ich im Zimmer vun meynere Schweschter gewenn sin, isch e Mànn herinkumm.

ARGAN: Ja un?

LOUISON: Ich hàn 'ne gfràt, was 'r dà macht, nà hat 'r gsat, er isch sey Gsànglehrer.

ARGAN: Aha. Dà leyt de Hass im Peffer. Un?

LOUISON: Nà isch mey Schweschter kumm.

ARGAN: Ja, un?

LOUISON: Sie hat 'm gsat: »Mache Eych enàus, enàus, ich verzweywel, o Gott, gehn enàus.«

ARGAN: Ja, un?

LOUISON: Un er, er hat net wille gehn.

ARGAN: Was hat'r'm gsat?

LOUISON: Allerhànd, was weiss ich.

ARGAN: Un was noch?

LOUISON: Dies un dsell, dass'r's gär hat, dass's scheenscht vun de Welt isch.

ARGAN: Ja un nàt?

LOUISON: Un nàt hat 'r sich var àn's gekniet.

ARGAN: Un was nàt?

LOUISON: Nàt hat'r'm d'Händ gschmutzt.

ARGAN: Un was nàt?

LOUISON: Un nàt, isch mey Stiefmutter àn d'Dier kumm, un er isch ab.

ARGAN: Isch nix ànderes gewenn?

LOUISON: Nä, mey Papa.

ARGAN: Mey gläner Finger brummelt m'r ebs dà. *(Hebt d'*

Finger àn's Ohr) Moment. He, a so, jà jà, sa' numme? Oho, mey gläner Finger sa't m'r ebs, wu d' g'sinn hasch un m'r net verràt hasch.

LOUISON: Mey Papa, Eyer gläner Finger isch e Lieher.

ARGAN: Nemm dich in acht.

LOUISON: Nä, mey Papa, misse ihm nix glawe, er lieht, ich schwer's.

ARGAN: M'r were g'sinn. Hop, verschwind, un das d' jà uf-basch: los. A, es git kenn Kinder meh. Was f'r e Gedinges, ich hàn gar kenn Zeyt meh, f'r àn mey Kràkheit ze denke. Tatsächlich, ich kànn nimme.

AKT III

SZENE 1

BERALDE: Aha, mey Bruder, was isch? Wie geht's dir dànn?

ARGAN: O je, mey Bruder, sau schlecht.

BERALDE: Wieso »sau schlecht«?

ARGAN: Ja, ich bin e so schwach, dass 's ball net ze glawe isch.

BERALDE: D's isch jetz schad.

ARGAN: Wànn ich numme d'Kraft het, f'r ze redde.

BERALDE: Ich bin kumm gewenn, mey Bruder, f'r d'r e Bardi vorschlàn f'r's Angelique.

ARGAN *steht uf voll Wut*: Mey Bruder, red m'r nimme vun dem Dickkopp. Es isch e freches ungezohenes Ding, wu ich bis in zwei Da ins Gloschter huck.

BERALDE: Awer jetz muss ich staune! Es macht m'r richtig Plaisir, dass d' wider e bissel Kraft griesch un dass d'r mey B'such gut macht.

ARGAN: Moment, mey Bruder, ich kumm gleich wider.

TOINETTE: Dà, Mösieur, Ihr vergesse jà, das Ihr ohne Stek-ke gar net gehn kinne.

ARGAN: Hasch recht.

SZENE 2

TOINETTE: Làsse s'Angelique net im Stich.

BERALDE: Ich setz alli Hewle ins Werk, es soll grien, was es will.

ANTOINETTE: Die extravagant Hochzeyt muss unbedingt verhindert were. Er isch werklich dodal maschouke. Wànn e Apodeker ihm det sàn, dass Hinkelsdreck gut isch, det 'r ne sich in d'Supp rihre làsse. F'r ne ze kuriere, mist m'r e Dokter hàn, wu 'm de Leide àm Herr Laxier kinnt mache un sey Verhalte tadle dät. So äner isch warscheinlich net ze finde. Weye dem will ich 'm äner uf mey Art spiele.

BERALDE: Wie d's?

TOINETTE: Es isch e bissel e verrickter Gedànke, wu ich dà griet haon. Es isch vielleicht luschticher wie klug. Làsse mich mache, Ihr were schun g'sinn. Mache Ihr Eyeres. Dà kummt 'r.

SZENE 3

BERALDE: Därf ich vun d'r verlànge, dass d' dich net ufrej'sch in unserem G'spräch.

ARGAN: Kenn Problem.

BERALDE: Dass d' m'r ohne Groll Àntwart gisch, wànn ich demnà ebs sa'.

ARGAN: Ja.

BERALDE: Un dass mir verninftich iwer die Sache, wu m'r ànzeschneyde hàn, ohne Leideschaft mitnànd verhàndle.

ARGAN: Um 's Himmelswille! Ja. Du solsch m'r dà net um de Schleckelhawe schleyche.

BERALDE: Wie kummt's dànn, mey Bruder, dass d' mit dem Reychdum, wu de hasch, dey entsischdi Dochter, weyl s'Luisel zehl ich net, wie kummt's, hàn ich g'sat, dass du 's ins Gloschter mache willsch?

ARGAN: Wie kummt 's dànn, mey Bruder, dass ich in meym Haus Herr un Meischder bin un mach, was ich will.

BERALDE: D's isch wohl dey Frau, wu d'r so guti Plän ins

Ohr pischpert, fer dey Dechter los ze were, un ich bin sicher, dass sie àus Nächstelieb froh wär, wànn beidi bravi Nonne wäre.

ARGAN: Hopla, dà hàn m'r 's schun. Jetzt steckt mey Frau also im Spiel: sie isch de Deywel in allem, un alli sin geye se.

BERALDE: Nä, mey Bruder; redde m'r nimme vun Ihre: sie isch e Frau mit de beschte Absichte vun de Welt f'r dey Familie, sie hat iwerhaupt kenn persenlichi Interesse, sie hat f'r dich e wunderbari Zärtlichkeit, mit deyne Dechter isch se so lieb, so gut, es isch gar net ze fasse: d's steht fescht. Mir rede nimme devun un kumme uf dey Mädel zerick. Was isch d'r dànn in de Kopp g'fahr, f'r 's Angelique mit 'm Sohn vum e Dokter ze heyerate.

ARGAN: Mir isch in de Kopp g'fahr, das ich e Doktermànn... e Dochtermànn muss hàn, so wie ich eyne brauch.

BERALDE: Dey Mädel braucht awer kenner, un 's hat eyner in Aussicht, wu besser zum basse dät.

ARGAN: Ja, awer der basst besser zu mir.

BERALDE: Ja, isch im Angelique sey Mànn f'r ihns oder f'r dich?

ARGAN: Er soll f'r ihns un f'r mich sin. Ich will d'Leyt, wu ich brauch in d' Familie hàn.

BERALDE: Un aus dem Grund, wànn's mit 'm Luisel mechlich wär, dätsch 'm e Apotheker suche.

ARGAN: F'r was net?

BERALDE: Isch's mechlich, dass d' so b'sess mit deyne Doktere un Apothekere kànnsch sin, un dass d' geye jedi wahrscheynlichkeit krànk willsch sin.

ARGAN: Wie mensch jetz d's.

BERALDE: Ich men, dass ich noch kenn g'sundere Mànn gsin hàn, wie du, meh Gsundheit wot ich m'r gar net winsche. De bescht Zeiche, dass d' gsund un stabil bisch, isch dass d' d'r mit dene gànze Mittel d'Gsundheit noch net verdarb hasch, un dass dich de Herr Feinnas mit seyne Inläf noch net zum Petrus gebumpt hat.

214

ARGAN: Weisch du eigentlich, dass d's mich noch hebt, de Herr Laxier sat ich det sterwe, wànn 'r sich numme drey Da net um mich kimmere dät.

BERALDE: Nemm dich in acht, der bekimmert sich so gut um dich, dass er dich s'Ding niwer schickt.

ARGAN: Awer ernscht geredt, mey Bruder, gell du glabsch gar net àn d'Medizin?

BERALDE: Nä, un ich gsi net, dass m'r f'r seyn Seeleheil dràn glawe misst.

ARGAN: Was, du glabsch net, was alli Leyt f'r wàhr halte, ebs wu schun seyt Jàhrhunderte in Ehre g'halt werd?

BERALDE: Vun weche f'r wàhr halte, ich find unter uns gsat, dass 's eyni vun de greschte Illusione isch, wu d'Menschheit sich mit abgit, wànn m'r 's e bissel philosophisch betracht, gsi ich nix lächerlicheres wie e Mensch, wu sich inbild er kànn en àndere heile.

ARGAN: F'r was willsch dànn net, dass e Mensch en àndere heilt?

BERALDE: Aus dem Grund, dass m'r bis jetz noch net genau wisse, wie de Mensch funktioniert, dà sin noch viel Geheimnisse, un d'Natur hat unseri Aue dermasse verschleiert, dass mir se net kinne dorichschaue.

ARGAN: So wie d' dà sasch, wisse d'Doktere also nix?

BERALDE: O doch. Die wisse viel. Viel unnedichi Sache. Scheen lateynisch rede, alli krànkheite uf griechich nenne un so Zeych, awer wàn's ans Heile geht, nà wisse se iwerhaupt gar nix.

ARGAN: Mir muss awer immerhin ànnemme, dass in denne Sticke d'Doktere meh wisse wie e ànderer.

BERALDE: Sie wisse, was ich d'r dà g'sat hàn. D's heilt awer net. Ihri gànzi Kunscht isch e gschwollener Mischmasch e läres Gepredichs, wu eych Wärter f'r Tatsache un Verspreche f'r Wirkunge serviert.

ARGAN: Ja, awer, mey Bruder, es git doch Leyt, wu grad so gscheyt sin wie du, un ich stell fescht, dass wànn se kràmk sin, alli zu d' Doktere gehn.

BERALDE: Dies isch, weyl de Mensch schwach isch un net weyl ihri Kunscht ebs daucht.

ARGAN: Awer d'Doktere misse doch àn ihri Kunscht glawe, in dem Moment, wu se se f'r sie selwer verwende.

BERALDE: Es git halt, wu selwer im Irrtum stecke, wu se devun profitiere, ànderi profitiere, ohne drin ze stecke. Eyere Herr Laxier zum Beispiel, d's isch e Dokter vun Kopp bis zu Fus, der glabt erschter àn seyni Heilkunscht as wie àn zwei un zwei sin vier. Der ment, es wär e Verbreche, wànn m'r seyn Geduns mit 'm e glàre Menschverstànd betrachte dät. Ihr derfe 's ihm net iwel ufnemme, der ment's tatsächlich gut, wànn 'r eyne zum Petrus jagt. Dies was 'r dir verschreybt, f'r dich umbringe, d's dät 'r seynere Frau, seyne Kinder un sogar sich selwer gin.

ARGAN: Jà du hasch ebs persenliches geye 'ne. Awer ernscht gered, was soll m'r dànn mache, waonn m'r krànk isch?

BERALDE: Nix, mey Bruder.

ARGAN: Nix?

BERALDE: Nix. Ruhig bleywe un d'Nadur Mache làsse. Es isch unseri Àngscht, unseri Ungedult, wu alles verderwe. D'meichste Leyt sterwe àn de Mittel un net àn ihre Krankheit.

ARGAN: M'r muss awer immerhin ànnemme, dass m'r de Natur helfe kànn mit gewissi Sache.

BERALDE: O Gott! mey Bruder, dies sin so reini Märche, wu m'r uns vorsinge; vun je her hàn sich so scheni Vorstellunge unter d'Mensche verbreit, un die glawe m'r nàt, weil m'r ger dràn glawe, weil's gut wär, wànn se wàhr wäre. Wànn e Dokter Eich predicht, er will de Natur aus de Not helfe, se entlaschde, 's schädliche abschaffe un ihre gin, was fehlt un se wider voll herstelle; wànn 'r vun Blutreinigung red, vun Gedärm- un Hirnkihlung, vun Milz abbumpe, Bruscht ràngiere, Lewer flicke, Herz stärke, Kerpertemperatur wider herstelle un erhalte, dass 'r s'Läwe làngi Jàhre verlängere kànn: nàt verzehlt 'r Eich äwe s'Märche vun de Medizin. Gehn 'r awer uf Tatsache un Erfahrung, bleybt iwerhaupt nix rescht, wie e schener Dràm, un wànn 'r wach were, ràut's Eych numme, dass Ihr dràn geglabt hàn.

ARGAN: Dies heischt d'gànz Weisheit vun de Welt steckt in deym Kopp, un willsch meh wisse, wie semtlichi berimdi Doktere vun unsere Zeyt.

BERALDE: Wànn's um Werder geht oder um Tatsache, sinn dey Doktere zwei Sarte Persone. Hersch se rede: d'Gscheydschte vun de Welt, lusch' se mache: d'Dummschte vun'e all.

ARGAN: Hoy! Du bisch e grosser Dokter, wie ich dà g'si, un ich wot, dass eyner vun denne Herre dà wär, fer dir Kontra tse gin un dich glän mache.

BERALDE: Ich, mey Bruder, ich will net als Feynd vun de Medizin uftrette, un jeder soll weye mir glawe, was 'r will, uf sey Risiko. Was ich dà sa', bleybt under uns, ich het dich numme gär e bissel ufgeklärt, un fer dich entspànne wot ich dich emàl ins Theater mitnemme, fer e Luschtspiel vum Molière ze lun.

ARGAN: Dies soll m'r kenn unverschämter Kerl sinn, dey Molière dà, mit seyne Komedie, was bild dàn der sich in f'r so vornähmi Persone wie d'Doktere auslache.

BERALDE: Er lacht d'Doktere net aus, awer s'lächerliche vun de Heilkunscht.

ARGAN: Der hat's notwendich, sich um d' Kontroll vun de Medizin ze kimmere; dies isch e frecher Dummkopp, wu d'Sprechstunde un d'Rezepte auslacht, wu g'sàmte Doktere àngreyft un so nowli Leyt uf d'Bihn stellt.

BERALDE: Was soll er dàn druff stelle, wànn er net d'Mensche in ihre verschiedene Ämter zei't? M'r g'sit a jede Da Prinze un Keniche, dies isch a grad so e netti Firma wie d'Doktere.

ARGAN: Kreyz nun di Diawel! Wànn ich Dokter wär, dem dät ich's zei'e. Wànn'r krànk wär, dät ich ne sterwe làsse ohne Hilf. Er kinnt bittle un bettle, ich gäb'm noch kenn Billele un net s'geringschte Inläfele, noch kenn Äderle dät ich'm ufschneyde un dät'm sàn: »Freck, freck! So isch's wànn m'r sich àn de Doktere vergreyft.«

BERALDE: Du solsch m'r dene net uf de Latt hàn.

ARGAN: Ja, er isch net grad schlau, un wànn d'Doktere klug sin, mache se, was ich sa'.

BERALDE: Der isch noch schlauer, wie dey Doktere, der ruft se gar net.

ARGAN: Nao isch'r halt verlor, wànn 'r kenn Mittel nemmt.

BERALDE: Er hat seyni Grinde, un er b'haupt, dass d'Mittel f'r starki gsundi Leyt sin, wu noch Kraft hàn f'r d'Mittel un d'Krànheit ze verdràn, er hat schun genu mit de Krànheit tse dun.

ARGAN: So ebs dummes! Kumm, red m'r nimme vun dem Mànn, der schla't m'r uf d'Gall un macht mich krànk.

BERALDE: Mir isch's recht mey Bruder, un f'r vun ebs ànderem tse rede, wot ich d'r sàn, dass de dey Mädel net ins Gloschter mache sollsch, weil's d'r e bissel geye de Kopp g'stost hat. F'r d'Wahl vum e Dochtermànn sotsch net stur deym Wille nàhgehn, un a e bissel luhn, was deym Mädel g'fallt, es isch f'r s'gànze Läwe.

SZENE 4

ARGAN: A! mey Bruder, wànn d's erlabsch.

BERALDE: Wieso? was willsch dànn mache?

ARGAN: D's gläne Inläfele dà nemme; s'isch gleych gemach.

BERALDE: Willsch d'Leyt auslache? Kànnsch net emàl ohne Inlaf oder ohne Arzney sin? Làss d's f'r e ànder Màl.

ARGAN: Herr Feinnas, bis heit Àwed, oder bis marje frih.

FEINNAS: Was fallt dànn Eich in, f'r geye s'Rezept fum e Dokter ze gehn un dem Herr ze verbiede sey Clystier ze nemme? Sich so ebs erlawe!

BERALDE: Gehn numme, Mösieur, m'r g'sit wohl, dass Ihr net gewehnt sin, mit Gsichter ze rede.

FEINNAS: So derf m'r net iwer d'Arzneye spotte, un mir mey Zeyt verliere mache. Ich bin dà her kumm uf Arder vum Herr Laxier un ich geh ihm sofort melde, dass ich in dem Haus mey Àmt net hàn kinne erfille. Ihr were g'sin, o weh, oh weh ...

218

ARGAN: Mey Bruder, dàrich dich gits dà e grosses Unglick.

BERALDE: E Kataschdrof, wànn m'r e Inlaf, wu de Herr Laxier verschrib hat, net genumm hat. Noch emàl, isch's mechlich, dass m'r dich net vun de Dokterkranheit kuriere kànn, willsch dich dànn dey Läwe làng under ihre Mittel begrave làsse?

ARGAN: O je, mey Bruder, du redsch wie e gsunder Mànn; wànn de awer an meym Platz wärsch, dätsch sicher àndersch rede. Es isch enfach geye d'Doktere ze prediche, wànn m'r net krank isch…

BERALDE: Was f'r e Kranheit hasch dànn?

ARGAN: Du kànnsch mich rassich mache. Ich wot, dass d' hetsch, was ich hàn, f'r luhn, ob de noch so grin wärsch. A! dà kummt de Herr Laxier.

SZENE 5

LAXIER: Da eben ist mir eine großartige Nachricht zu Ohren gekommen: man pfeifft hier auf meine Rezepte, und man hat die von mir verschriebene Arznei verweigert.

ARGAN: Herr Dokter, ich bins…

LAXIER: Welch eine Zumutung! Einen sonderbaren Aufstand eines Kranken gegen seinen Hausarzt.

TOINETTE: Dies isch schrecklich.

LAXIER: Eine Darmspülung, welche ich so gerne aus eigener Rezeptur zusammengesetzt hatte.

ARGAN: Ich bins net gewenn…

LAXIER: Nach allen Regeln der Kunst geschaffen und gemischt.

TOINETTE: Er hat Unrecht.

LAXIER: Welche in den Eingeweiden eine wunderbare wohltätige Wirkung haben sollte.

ARGAN: Mey Bruder…

LAXIER: Mit Verachtung zurückgewiesen!

ARGAN: Er isch's…

LAXIER: Eine himmelschreiende Tat.

TOINETTE: Dies stimmt.

HERR LAXIER: Einen ungeheuren Aufstand gegen die Heil-kunst.

ARGAN: Er isch Schuld...

LAXIER: Eine Fakultätsbeleidigung, die man nicht streng genug bestrafen kann.

TOINETTE: Dà hàn Ihr recht.

LAXIER: Ich breche sämtlichen Umgang mit Ihnen ab.

ARGAN: Es isch mey Bruder...

LAXIER: Ich kündige Ihnen die Verwandschaft.

TOINETTE: So isch richtich.

LAXIER: Und als endgültiger Schlusspunkt, hier ist die Schenkung zu Gunsten meines Neffen für die geplante Hochzeit.

ARGAN: Mey Bruder hat alles gemach.

LAXIER: Meinen Einlauf verachten!

ARGAN: Làsse ne kumme, ich nemm ne sofort.

LAXIER: Ich hätte Sie in kurzer Zeit retten können.

TOINETTE: Er verdient's net.

LAXIER: Ich hätte ihren Körper endgültig gereinigt.

ARGAN: O je mey Bruder!

LAXIER: Ein Dutzend Arzneien, und der Beutel wäre leer gewesen.

TOINETTE: Der isch Eieri Mih net wert.

LAXIER: Weil Sie aber nicht in meinen Händen haben heilen wollen...

ARGAN: Es isch net mey Schuld.

LAXIER: Weil Sie sich dem Gehorsam, den man seinem Arzt schuldet, entzogen haben...

TOINETTE: D's hert schwer g'stràft.

LAXIER: Weil Sie gegen die verschriebenen Heilmittel re-bellieren...

ARGAN: Ei o ja nicht.

LAXIER: Verlasse ich Sie, Sie und Ihre schlechte Gesundheit, Ihre überhitzten Eingeweide, Ihr vergiftetes Blut, Ihre saure

Galle, Ihre mehligen Körpersäfte.

TOINETTE: D's g'schied ihm recht.

ARGAN: O Gott!

LAXIER: Ich verkünde, es vergehen noch keine vier Tage und Sie werden unheilbar.

ARGAN: Erbarme Eich!

LAXIER: Zuerst Gelbsucht.

ARGAN: Herr Laxier!

LAXIER: Nach der Gelbsucht, Schwindsucht.

ARGAN: Herr Laxier!

LAXIER: Nach der Schwindsucht, Wassersucht.

ARGAN: Herr Laxier!

LAXIER: Nach der Wassersucht, Schwarzsucht.

ARGAN: Herr Laxier!

LAXIER: Und nach der Schwarzsucht der Tod, soweit hat Sie Ihr Wahnsinn geführt.

SZENE 6

ARGAN: O Jesses, ich bin dot! Mey Bruder du bisch mey Undergàng.

BERALDE: Was? Was isch dànn?

ARGAN: Ich kànn nimme. Ich spir schun, dass d'Medicine mich stràft.

BERALDE: Awer jetz làngt's mey Bruder, du spinnsch, ich wot net, dass eyner Mensch dich g'sin het, wie d' dich dà uffirsch. Schittel dich e bissel, kumm zu d'r un làss dich net so fun deynere Inbildung iwermànne.

ARGAN: Hasch die unhemliche Krankheite g'hert, wu er mir demit gedroht hat?

BERALDE: Du sollsch mir net ànfàltig sin!

ARGAN: Er sat bis in vier Da bin ich unheilbar.

BERALDE: Dà kummt 's sicher druf àn, was der sat! M'r dàt grat menne, de Herr Laxier hat deyn Làwe in de Hànd und kànn 's verlàngere oder abkerze, so wie er grat will. Iwerleyder 's doch! Dem sey Wut macht dich so winich sterwe, wie sey

Mittel dich läwe mache. D's isch jetzt e Geleyeheit fär dich. d' Doktere los ze were, oder wànn d' halt nit ohne kànnsch sin, hol d'r e àndere, wu winischtes net so g'fàhrlich isch wie d' Laxier.

ARGAN: O mey Bruder, der kennt mich gànz genau un weis, wie ich soll b'hàndelt were.

BERALDE: Mensch bisch du e Hoseschisser, du sollsch mir kenn komischi Uffassunge hàn.

SZENE 7

TOINETTE: Mösieur, dà isch e Dokter, wu zu Eych will.

ARGAN: Was f'r e Dokter?

TOINETTE: E Dokter, wu Dokter isch.

ARGAN: Ich frà dich, wer 's isch?

TOINETTE: Ich kenn ne net; er gleycht mir wie zwei Droppe Wasser, un wànn ich net sicher wär, dass mey Màmme e bravi Frau gewenn isch, dät ich sàn, es isch e Briderle, wu ich noch nà 'm Dot vun meyn Babbe grit hàn.

ARGAN: Er soll herin kumme.

BERALDE: Du bisch richtig verwehnt. E Dokter isch noch net ze guts dràus, un schun steht e àndere dà.

ARGAN: Ich hàn numme Àngscht, dass de dà Schuld àm e grosse Unglick wersch.

BERALDE: Geht's schun wider los, du reytsch ebs dà druf herum.

ARGAN: Verstesch, ich hàn die gànze Krànkheite, wu ich net kenn uf'm Mage hucke, die...

SZENE 8

TOINETTE *im Dokterkleid*: Herr, du bitte erlauben, ich komme zu dir und geben alle Arznei, un dich laxieren, so viel du musst haben.

ARGAN: Herr Dokter, ich bin Eych sehr dankbar. Tatsächlich, m'r dät grad menne s'Antoinette.

TOINETTE: Herr, du mich entschuldigen, ich vergessen

meinem Knecht Kommission zu geben, ich kommen sofort.

ARGAN: He, dätsch net a ball menne, 's isch s'Antoinette?

BERALDE: Es isch wàr, sie gleyche sich ziemlich; ich hàn awer schun efters so Sache g'sinn, m'r lest jede Da devun.

ARGAN: Awer ich net. Ich staun Backstän, un...

SZENE 9

TOINETTE *hat sich gànz schnell umgezo'*: Was willen'r Mösieur?

ARGAN: Wie?

TOINETTE: Hàn Ihr mich net geruf?

ARGAN: Ich? Nä.

TOINETTE: Dà hàn mir allewä d'Ohre geklingelt.

ARGAN: Bleyb emàl dà, f'r lun, wie der Dokter dir gleycht.

TOINETTE: Schunsch nix! Ich hàn àndri Ärwet in de Kich, ich hàn denne genu g'sinn.

ARGAN: Wànn ich se net alli zwei g'sät, dät ich menne, es isch numme äner.

BERALDE: Ja, m'r hat schun so Fäll keht, dà hàn sich alli dràn gedrumbiert.

ARGAN: Àn dem Fall dà het ich mich bstimmt gedrumbiert, ich het g'schwor, dass 's d'selb Person isch.

SZENE 10

TOINETTE *wider im Dokterkleid*: Herr, ich dich bitten um Verzeihung mit ganz Herz.

ARGAN: D's isch grosartig!

TOINETTE: Du bitte nicht böse sein, wenn ich Neugierde gehabt, so berühmte Krankheit wie du zu sehen. Du überall bekannt, und ich habe genommen Freiheit, zu dir zu kommen.

ARGAN: Ich bin Eych sehr dànkbar.

TOINETTE: Ich sehe Herr du mich anglotzen, wie alt du glauben ich bin?

ARGAN: Ich schetz Eych uf hegschtes sechsezwanzig oder siewenezwanzig Jàhr.

TOINETTE: Ha,ha,ha,ha,ha,ha! Ich habe neunzig.

ARGAN: Neynzig?

TOINETTE: Ja, hier du sehen Geheimnis von meine Doktorkunst, dass ich so frisch und stark.

ARGAN: Mey sechs, dies isch m'r e schener junger Alter f'r neynzig Jàhr.

TOINETTE: Ich bin Wanderdoktor. Ich gehen von Stadt zu Stadt, von Provinz zu Provinz, von Land zu Land, um können anwenden meine Fähigkeiten und Kranken finden, die sind würdig von meine Kunst. Ich mich nicht abgeben mit gewöhnliche Krankheit wie Reuma und Schnupfen, klein Fieber und Migräne. Ich muss haben schwere Krankheiten, hoch Fieber mit Delirium, gute Pesten und Cholera, gute Wassersucht und Lungenentzündung: hier ich mich gefallen, hier ich siegen. Ich möchte, du haben alle Krankheiten, ich eben gesagt, du von alle Doktor verlassen, verzweifelt am sterben für dich zeigen, wie gut meine Mittel und die Lust ich habe, dich zu helfen.

ARGAN: Ich bin Eych dankbar, dass Ihr's so gut mit mir menne.

TOINETTE: Du mir geben Puls. Allez, du schlagen, wie schlagen soll. Dieser Puls frecher Kerl, er mich noch nicht kennen. Wer ist dein Doktor?

ARGAN: De Herr Laxier.

TOINETTE: Dieser Mann nicht in mein Buch aufgeschrieben bei großen Doktor. Was er sagen, du krank?

ARGAN: Er sagen... er sat, es isch d'Lewer. Ànderi behaupte, es sey d'Milz.

TOINETTE: Alle Dumkopf. Du krank an die Lunge.

ARGAN: D' Lunge?

TOINETTE: Ja, was du spüren?

ARGAN: Ich hàn als emàl s'Koppweh.

TOINETTE: Genau, die Lunge.

ARGAN: Ich hàn als wie e Schleier var de Aue.

TOINETTE: Die Lunge.

ARGAN: Ich hàn als weh àm Herz.

TOINETTE: Die Lunge.

ARGAN: Ich bin als mied in de Glieder.

TOINETTE: Die Lunge.

ARGAN: Ich gri' als Leybweh, so richtig schneyde, wie wànns Winde wäre.

TOINETTE: Die Lunge. Du essen mit Appetit?

ARGAN: Ja, Herr Dokter.

TOINETTE: Die Lunge. Du gern trinken ein wenig Wein?

ARGAN: Ja, Herr Dokter.

TOINETTE: Die Lunge. Du ein wenig schlafen nach Essen, und du gern schlafen?

ARGAN: Ja, Herr Dokter.

TOINETTE: Die Lunge, die Lunge ich dir sagen. Was dein Doktor dir verschreiben für essen?

ARGAN: Er verschreybt m'r Supp.

TOINETTE: Dumkopf.

ARGAN: G'fliegels.

TOINETTE: Dumkopf.

ARGAN: Kalbfleisch.

TOINETTE: Dumkopf.

ARGAN: Fleischbrieh.

TOINETTE: Dumkopf.

ARGAN: Frischi Eier.

TOINETTE: Dumkopf.

ARGAN: Un àweds gedordi Quetsche f'r Abfihre.

TOINETTE: Dumkopf.

ARGAN: Un hauptsächlich soll ich viel Wasser in meine Weyn mache.

TOINETTE: Dumkopf, gross Dumkopf, ganz gross Dumkopf. Du müssen trinken dein Wein pur, und für dein Blut machen steifer, das ist zu dünn, du müssen essen gut fett Rindfleisch, gut fett Schwein, gut Holländerkäse, Graupen und Reis, Kastanien und Waffeln für kleben und stärken.

Dein Doktor, blödes Tier, ich dir einen schicken von mir aus, und ich von Zeit zu Zeit kommen, dich besuchen, solang ich hier in dieser Stadt.

ARGAN: Ich bin Eych so dànkbar.

TOINETTE: Ums Himmelswillen, was du machen mit dieser Arm?

ARGAN: Wie?

TOINETTE: Wenn ich wär dich, ich lassen abschneiden diesen Arm sofort.

ARGAN: Fawas dies?

TOINETTE: Du nicht sehen, er ziehen alle Nahrung an sich, und der andere absterben?

ARGAN: Ja, ich muss awer meyne Arme hàn.

TOINETTE: Du hier haben auch ein Auge. Ich würde lassen ausstechen.

ARGAN: E Au heràussteche?

TOINETTE: Du nicht sehen, er nehmen alle Kraft und Nahrung? Du mir glauben, lass ausstechen ganz schnell, du dann besser sehen mit ander Auge.

ARGAN: S'werd nit so pressiere...

TOINETTE: Wiedersehen. Ich böse, ich muss fort so schnell. Ich muss gehen an gross Doktorkonferenz für ein Mann, der gestern gestorben.

ARGAN: E Mànn, wu gischt g'starb isch?

TOINETTE: Ja, um sehen, was man sollen machen hätte, für heilen ihn. Wiedersehen.

ARGAN: Ihr wisse, dass d'Krànke net àn d'Dier begleide.

BERALDE: Dies isch e Dokter, der hat ebs los!

ARGAN: Ja, der schneyd awer schnell!

BERALDE: So sinn se alli, die grosse Doktere.

ARGAN: Mir e Arme abschneyde un mir e Au heraussteche, dass'm àndere besser geht. Mir isch's liewer, es geht 'm net so gut. Dies wär m'r e Operation, g'sisch mich einarmich un änauich?

SZENE 11

TOINETTE *in d' Kulisse*: Allez, allez, seye verständich, es isch m'r net um's Lache.

ARGAN: Was isch dànn los?

TOINETTE: Eyere Dokter, der hat m'r wille de Puls fiele.

ARGAN: Iwerlehn eich emàl so ebbes, noch mit neynzich Jàhr!

BERALDE: Also ja, mey Bruder, weyl de jetzt doch mit deym Herr Laxier unens bisch, derf ich dir vun de Bardi rede, wu deyn Mädel mache kinnt?

ARGAN: Nä, mey Bruder: ich will 's in e Gloschter mache, weyls geye mey Wille gàng isch. Ich weis wohl, dass ebs laft, so hämlichi Freyereye, wu m'r net weiss, dass ich se entdeckt hàn.

BERALDE: Ja un, mey Bruder, was isch dà debey, wànn 's e bissel verliebt isch, isch dies e Verbreche, un kànn dich ebbs bes mache, wànn's um harmlosi Sache geht, wie heyerate?

ARGAN: Es kànn sin, wie 's will, 's werd Schweschter, d's isch e abgemachti Sach.

BERALDE: Dà willsch ebber e G'falle mache.

ARGAN: Ich g'si dich kumme: dà kummsch immer druf zer-rick, mey Frau, die macht d'r ze schaffe.

BERALDE: Abä ja, mey Bruder, wànn ich eràus muss mit de Spràch, ich hänn's vun deynere Frau; un so winnich, wie ich verdrà', dass d' so Dokter verrickt bisch, so winnich verdrà' ich, dass d' so vernarrt in se bisch, un dass d' blindlinks in alli Falle dabsch, wu se dir stellt.

TOINETTE: A Mösieur, rede net vun de Madame, iwer die Frau isch nix se sàn, sie hat kenn falschi Àder, un de Mösieur hat se gär, gär... d's ssat sich gar net.

ARGAN: Fràs emàl, wie se mich als dätschelt.

TOINETTE: D's stimmt.

ARGAN: D' Kummer, wu se sich macht weye meynere Krànkheit.

TOINETTE: Gànz sicher. Soll ich Eych emàl zeihe, wie d'Madame d' Mösieur gär hat? Mösieur erlawe m'r ihm ze zeihe, dass er Unrecht hat.

ARGAN: Wie?

TOINETTE: D'Madame kummt indem zerick, leye Eich dà ànne, un mache, wie wànn Ihr dot wäre. Luhn emàl, wie die verzweywelt, wànn ich ihre d'Nàricht sa'.

ARGAN: Mir isch's recht.

TOINETTE: Ja, awer làsse se net se làng in de Verzweywlung, die kinnt dràn sterwe.

ARGAN: Làss mich numme mache.

TOINETTE *zum Béralde*: Un Ihr verstecke Eych dà in denne Eck.

ARGAN: Kànn nix bassiere, wànn m'r de Dode markiert?

TOINETTE: Nä, nä, was soll dànn dà f'r e G'fàr sin? Leye Eych numme ànne. *(hämlich)* Denke emàl, wie der staune geht. Dà isch d'Madame. Bugiere net.

SZENE 12

TOINETTE: O Gott im Himmel! Was e Unglick! O jerum!

BELINE: Was isch dànn Antoinette?

TOINETTE: O je Madame!

BELINE: Was isch dànn los?

TOINETTE: Eyere Mànn isch... dot.

BELINE: Mey Mànn isch dot?

TOINETTE: Och e leider, ja, de arm Dode isch g'starb.

BELINE: Sicher?

TOINETTE: Sicher. Es weis 's noch niemànd, ich bin gànz allän dà gewenn. Grad àwe isch er m'r in de Ärme zàmmege-broch. Luhn, dà leyt 'r so làng, wie er isch.

BELINE: Gott sey Dank! Jetzt bin ich erlest. Wie kànnsch du numme so dumm sin un traurich sin, wànn so ener sterbt.

ANTOINETTE: Ich hàn gemennt, Madame, dass m'r heyle sott.

BELINE: Kumm, kumm, es isch net de Wert. Was isch dànn mit ihm verlor gàng? Un was hat 'r dànn genutzt uf de Welt? E so unfreyndlicher Mànn, so dreckich, so unappetitlich, stän-dich e Inlaf oder e Arzney im Leyb herum bruttle, e ewichi

Schnitzerey, Huschterey un Sputzerey, ohne Witz, làngweylig, schlecht gelàunt, ständich hat er 's Personal beleschtich und Da wie Nacht mit Mäd un Knechte gekrisch.

TOINETTE: D's isch jetz e scheni Trauerred.

BELINE: Antoinette, musch m'r helfe, fer mache, was ich vor hàn, werschs net beràue, wànn d' mit mir schaffsch, dies garàndir ich dir. Also nà weisse 's noch niemànd. Brima. Kumm, mir dràn'ne in sei Zimmer un peiffe nix devun. Soll niemànd wisse, dass er dot isch, solàng wie ich net alles ràngiert hàn. Dà isch noch Geld, un dà sin noch Wertbabeyere, wu ich noch nemme will, es isch doch net richtich, dass ich mey schenschti Jàhre bey dem verbrung hàn f'r nix. Kumm Antoinette, m'r misse ihm s'erscht sey Schlissle nemme.

ARGAN: Numme làngsàm.

BELINE: AAAA!

ARGAN: A so Madam mey Frau, so ger hàn Ihr mich also?

TOINETTE: A! A! De Dot lebt.

ARGAN: Ich bin froh, dass ich Eyeri Freyndschafft g'sinn hàn, un dass ich k'hert hàn, wie Ihr mir s'Lob ausgesproch hàn. D's isch f'r mich e gudi Lehr, un ich wer wohl mànichi Sache nimme mache.

BERALDE: Aha, hasch jetz g'sinn.

TOINETTE: Ehrlich g'sat, d's het ich jetz net geglabt. Awer ich heer Eyer Mädel: leye Eych wider, wie vorher, nà g'sin m'r, wie 's Eyere Dot ufnemmt. Dies kànn interessant sin, un weyl Ihr jetz doch grad àm sterwe sin, geht's in äm, nà g'sin Ihr wie Eyeri Familie zu Eych steht.

SZENE 13

TOINETTE: O Gott im Himmel! Was e Unglick! O trauricher Da!

ANGELIQUE: Was hasch dànn, Toinettel, fawas heylsch dànn?

TOINETTE: Och e leider! Ich hàn e tràurichi Nàricht f'r dich.

ANGELIQUE: Jeh, was dànn?

TOINETTE: Dey Babbe isch dot...

ANGELIQUE: O Gott! Was e Schlach! Wie hart bin ich getroff! Och e leider! muss ich jetz noch mey Babbe verliere, s'ensischt, wu ich noch keht hàn? Un noch grad dezu in dem Moment, wu 'r bes mit m'r gewenn isch? Was gits mumme mit mir? Was kànn mich jetz noch treschde?

SZENE 14

CLEANTE: Was hasch dànn, mey scheenes Angelique? Un was f'r e Unglick isch Schuld àn denne Träne?

ANGELIQUE: Ich hàn d's, wu ich in meym Läwe s'wertvollste gewenn isch, verlor. Mey Babbe isch dot.

CLEANTE: O Gott! Was e unverhoffter Schlach! Och e leider! Äwe hàn ich wille zum kumme, nà dem dass dey Unkel e Wart f'r mich ingeled hat, f'r ne noch emàl ganz hefflich um dey Hànd bitte.

ANGELIQUE: O Cléante, rede m'r nimme fun dere Hochzeyt. Ich geh d'Welt verlàsse, f'r immer. Ja, Babbe, ich hàn mich geye Eych gewehrt un dà demit sicher àn de G'Sundheit g'schad. Weye dem will ich Eyere letschde Wunsch erfille, marie geh ich ins ewich Gloschter, Ehrewart, Babbe, ich hàn Eych so gär.

ARGAN: A, mey Mädel!

ANGELIQUE: Ahhh!

ARGAN: Kum. Kenn Àngscht hàn, ich bin net dot. Nà allez. Du bisch mey richtiches Blut, mey echtes Màdel, un ich bin froh, dass ich dey gudi Natur g'sin hàn.

ANGELIQUE: O Babbe! Was e scheni Iwerraschung! Weyl Ihr jetz wider dà sin, làsse mich e Bitt àn Eych stelle: wànn Ihr mit meym Herz net d'accord sin, wànn Ihr mir de Cleante net wille gin, bitt ich Eych, zwinge mich net f'r e àndere ze heyerate. Meh verlàng ich net.

CLEANTE: O Mösieur, sàn ja, ich bitt Eych. Seye net geye unseri Lieb.

BERALDE: Mey Bruder, kànnsch dà degeye sin?

TOINETTE: D's kànn Eych doch net kalt làsse.

ARGAN: Er soll Dokter were, ich bin mit de Hochzeyt zefriede. Ja, were Dokter, nà grin Ihr mey Dochter.

CLEANTE: Wànn's dà dràn fehlt, wer ich Dokter, sogar Apotheker, wànn Ihr dràn halte. Ich dät alles mache f'rs Angelique ze grin.

BERALDE: Mey Bruder, mir fallt dà grat ebs in: Wer doch selwer Dokter, dies isch noch viel praktischer, wànns d'r net gut isch, rufsch dich.

ARGAN: Gell du lachsch mich aus, kànn ich in meym Alter noch studiere?

BERALDE: Studiere? Du bisch doch g'scheyt genu, un bey de Doktere sin, wu net meh wisse wie du.

ARGAN: M'r muss awer doch lateynisch rede, d'Krànkheite und d'Mittel kenne.

BERALDE: Wànn du de Dokterrock un de Dokterhut àn hasch, kànnsch d's alles. Du wersch noch gscheyter, wie de willsch.

ARGAN: Was? Wànn m'r so àngezoh isch, kànn m'r iwer d'Krànkheite redde?

BERALDE: Ja, bràuchsch numme redde; mit'm Gewànd un de Kapp werd jed G'schwadels g'scheyt, un jedi Dummheit e Weissheit. Solle m'r die Sach gleych rangiere?

ARGAN: Wieso gleych?

BERALDE: Ja, un sogar in deym Haus.

ARGAN: In meym Haus?

BERALDE: Ich hàns gut stehn bey ere Universität, die kummt sofort un macht die Zeremonie. Es koscht dich nix.

ARGAN: Ja, un ich, was muss ich dànn dà sàn? Was f'r Àntwarte muss ich dànn gin?

BERALDE: Griesch schun B'scheid g'sat, brausch eigentlich numme abläse. Zieh dich màl ehrlich àn, ich geh se hole.

ARGAN: Abä ja, màl lun, was d's git. *(ab)*

CLEANTE: Was isch d's mit dere Universität?

TOINETTE: Was hàn Ihr dànn im Sinn?

BERALDE: Uns e bissel luschtig mache heyt Àwed. Dà sin Schauspieler, die spiele e Zeremonie, wu eyner Dokter wert. Mey Bruder kinnt dà d'Hauptroll iwernemme.

ANGELIQUE: Unkel, mache Ihr de Babbe net ze viel lächerlich?

BERALDE: Lächerlich mache? Er will's jà so hàn. Es bleybt under uns, mir spiele a mit. Hop, m'r misse alles richte.

CLEANTE: Geht's e so?

ANGELIQUE: Ei jà, hop! Wànn de Unkel de Ànstifter isch.

ENDZEREMONIE

PRESIDENT:	O hoch g'scheydi Doctores
	Medicinae Professores
	Chirurgiani et Apothicari
	Un tota la Compani
	Bonum appetitum
	Salus, Honor un Argentum!
CHOR:	Un ipso in Sacku tuo!
PRESIDENT:	Fragabo futuro Doctore
	In Maladia Hydropisia
	Was du machere?
ARGAN:	Clysterium gebere
	Blut seignare
	Un multo laxiere
CHOR:	Bene, bene, bene respondit!
PRESIDENT:	In Maladia Pulmonica
	Et Asmaticia
	Was du machere?
ARGAN:	Clysterium gebere
	Blut seignare
	Un multo laxiere
CHOR:	Bene, bene, bene respondit!

PRESIDENT: In Maladia Herzbobelia
Was du machere?
ARGAN: Clysterium gebere
Blut seignare
Un multo laxiere
CHOR: Bene, bene, bene respondit!
PRESIDENT: Juras bleibere semper altmosisch Doctor
Medicus?
ARGAN: Juro!
PRESIDENT *(Setzt ihm d' Dokterhut uf d' Kopp)*:
Ego mit isto Chapo
Dono tibi et concedo
Capacitam:
Medicandi
Purgandi
Seignandi
Bohrandi
Schneidandi
Et schlachtandi
Per tota la Terra
CHOR: Vivat, vivat, vivat, novus Medicaus
Vivat, vivat, vivat!

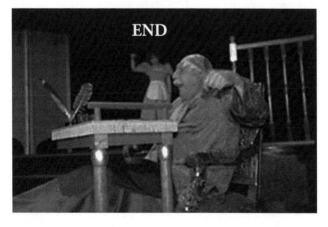

D'AUTOBAHN (2012)

E Gemänekomedi in 10 Bihnebilder, e Zwischespiel un e Apotheos.

Frei àngepasst vum e deitsche Luschtspiel
Die Lokalbahn vun Ludwig Thoma.

PERSONE

Gaston SCHWARZWALD: Maire vun Zornstatt, e Stadt in Lothringe

Albertine SCHWARZWALD: Frau vum Gaston

Odile SCHWARZWALD: Schweschter vum Gaston

Suzanne SCHWARZWALD: Dochter vum Gaston un vum Albertine

Richard STEIF: junger Beamter àn de Sous-Prefekdur

FRIEDA: Rätschbäsel, weytleifichi Kusine vum Gaston

SCHLEIERMEYER: de elscht vum Gemänerat

De **ADJOINT** un e paar **GEMÄNERATSMITGLIEDER** (Männer un Fraue)

E BARRICKES

234

Bihnebild 1

E Park in de Stadt, Raseallee, Bank, Kiosk. S'Haus vun de Familie Schwarzwald hat Sicht uf denne Park. De Richard geht dorich de Park, e dunkler Anzuch, e Ledermapp, e bissel steif. Er huckt sich uf e Bank, gsit e Grimmel Stab uf seym Schu, er nemmt sey weysses Nasduch un butzt ab.

RICHARD: O der Stab, àn de Gemän hàn se iwer dreyssich Gärtner, un net fähich fer d'Päd e bissel nass mache im Summer... *Macht sey Mapp uf, holt Bletter un läst.*

SUZANNE *kummt vum Brot hole, gsit de Richard vun weidem, schleicht vun hinde àn d'Bànk un hebt'm d'Aue zu:* Coucou, wer isch's?

RICHARD *lässt d'Bletter falle:* Awer Suzanne, doch net dà... Jetzt luh màl dà! D'Red vun de Madame la Sous-préfète...

SUZANNE *hupst'm freindlich àn de Hals:* Schatz, mey Richard, mey liewes Häsel!

RICHARD: Mey Bletter, jetz luh màl dà... un dà mei Ànzuch gànz voll Mehl...

SUZANNE *macht, wie wànn's ne abbutze det, awer es profitiert fer ne knutsche, hätschle, verschmutze:* Mmm, Schatz...

RICHARD *stuppt's ziemlich brutal zerick:* Ay es kànn uns jà er jeder g'sin dà im Park, ich bitt dich, doch net dà...

SUZANNE *lacht laut:* De Richard Steif isch mey Liebschter, ich bin wàhnsinnich verliebt in de Generalsekretär...

RICHARD: Adjoint!

SUZANNE: ... von de Sous-Préfecture vun Zornstatt!

RICHARD: Halt, d'gànz Stadt kànn dich here...

SUZANNE: Un nàt? Was isch nàt? Ball grin m'r unseri Wohnung, nà weis e jeder, dass im Herr Maire sey Mädel mit'm Generalsekretär...

RICHARD: Adjoint!

SUZANNE: ...Poussiert!

RICHARD: Hasch mich net rot gemach mit deym Lippestift?

SUZANNE: Verschmiert bis hinter d'Ohre. *Red wie d'Sous-*

préfète »Voyons, Richard que vous arrive-t-il? Vous êtes encore passé par le parc ce matin, vous avez été assailli par une bacchante?«

RICHARD *macht sei Kleider in Ardnung*: So, ich muss.

SUZANNE *streicht'm s'Geyedeil iwer d'Hàrr*: Du bisch awer gànz struppich.

RICHARD: Ich bin ze spàt... Ich bitt dich, làss mich schaffe gehn. *Geht weck.*

SUZANNE: Mach dich net ze mied, mey Schätzel, weyl heyt Àwed, du weisch jà... *De Richard kummt zerick, zeit mit'm Daume geye hinte, s'Suzanne macht, wie wànn'r zerrick käm weye dem, wu's g'sat hat...* Nä Schatz... Heyt Owed...doch net dà...E jeder kànn uns jà g'sinn...

RICHARD: Ruhig, dey Babbe isch äwe àus eyerem Hàus heraus kumm mit'ere Valise.

SUZANNE *fasst ne wieder àn*: E Valise, dies isch awer verdächtich, e Valise...

RICHARD *macht sich frei*: Er kummt dà, sah ich dir doch!

MAIRE: Ja un, unser Liewespärel? Bonjour Richard, bonjour Suzi.

RICHARD: Bonjour Monsieur le Maire!

SUZANNE: Bonjour Babbe!

MAIRE *geht weyder*: Ich hau ab, mey Zuch...

RICHARD: Dey Babbe nemmt de Zuch, fascht net ze glawe...

SUZANNE: Un noch mit'ere Valise...

RICHARD: Wu geht er dànn ànne e so? Un noch ohne Krawatt?

SUZANNE: Mir hat'r nix g'sat... Her emàl, ich heisch net »Spitzel« un wie de immer sasch: »S'Privatläwe soll mer net mit'm Öffentliche mische!« Wànn de Sekretär Général...

RICHARD: Adjoint!

SUZANNE: ... vun de Sous-préfecture vun Zornstatt wisse will, wu de Herr Maire ànne geht mit'm Zuch un mit'ere Valise, nà muss'r sich àn d'Renseignements Généraux wende!

RICHARD: O jao! Ich hàn numme so gemennt… Ich bin ze spàt!

SUZANNE: Schnell, schnell, d'Madame Sous-préfète wart. *Sie schickt'm Schmitzle mit alle zwei Händ.* Kummsch Kaffee trinke?

MAIRE *kummt schnell zerick*: Suzi, spring schnell zu de Màmme, sie soll dir e Krawatt ginn…

SUZANNE: Welli? *De Adjoint un e Paar Gemäneratsmit-glieder kumme, gin'm Maire d'Hànd.*

MAIRE: Egal… S' schwarze Schlippsel…

SUZANNE: Gesch uf e Bal?

MAIRE: Ja… O joa… Ei d'rot, bring m'r nàt d'rot!

ADJOINT: Rot, sah numme…

MAIRE:…Nä, net d'rot, liewer d'blao, awer dummel dich, mey Zuch fahrt…

GEMÄNERATSMITGLIED 1: Gaston, mir sinn d'r sàhn kummt, dass m'r hundert Prozent hinter dir stehn, mir un d'gànz Stadt.

DER VUN DE OPPOSITION: Monsieur le Maire, mir sinn net immer d'accord, awer weye dere flagrant Provocation vun de Regierung, unterstitze mir voll un gànz, was ihr dà undernemme.

ADJOINT: Der Brief vum Minischter, wu saht, »So wert's gemach oder gar nix«, isch äwe net ànnemmbar.

GEMÄNERATSMITGLIED 2: Gut gered, Monsieur l'Adjoint. *zum Maire* Mir zehle uf dich, dass de'ne in Baris drei Wärter sasch, nemmt kenn Brett fars s'Màul, de Mi-nischder muss wisse, dass mir so e Ultimatum net ànnemme, zeviel isch zeviel!

GEMÄNERATSMITGLIED 3: Wànn m'r iwerleyt, dass m'r 60 prozentich f'r de Président gewählt hàn.

DER VUN DE OPPOSITION: Sàn mer màl 57 Prozent, es isch awer de Beweis, dass m'r net immer alles ànnemme soll, wie mànichi vun uns dà, wu immer fer d'Ruh prediche, immer numme Ruh. Wànn m'r vun farne herin uf de Disch gekloppt hette…

MAIRE, *Suzanne kummt zerick*: Mey Herre un Dame, ich geh nit uf Baris, fer im Minischter Visipatente un Gratzfiesle mache; die Dezission nemm ich net àn, und dà demit bassda. Ihr kinne mir ruhich glawe, die dà owe leere uns noch kenne, wànn's muss sinn, knall ich'm mey Demission uf de Disch!

ALLI: Bravo, Bravo!

ADJOINT: Dies isch e Mànn!

SUZANNE: Dà, Babbe, dey Kravatt... Kummsch marje zerrick?

MAIRE: Wànn se mich net insperre! Ja, marje, mit'm 17h15, merci Suzi. Mey Dame, mey Herre! *Ab*

SCHLEIERMEYER: Mir stehn hinter d'r! *Alli ab.* Fuchzich Jahr làng brav gewählt, e ehrlicher Birjer un Steierzahler, immer f'r d'Ardnung un Sauwerkeit, un jetz gehn die un wille iwer mey Stick mit ihre Autobahn Zufahrt, *er schnellert mit de Fingere,* mey Terrain daucht noch net emàl meh dat, noch net emàl meh dat...

Bihnebild 2

De àndere Daa im Salon vun Schwarzwalds, es isch halwer sechs uf de Wàndauer, de Kaffee isch serviert.

MME SCHWARZWALD: Halwer sechs. Es wär mir wohler, wànn'r schun dehemm wär. Odile, die Sach g'fallt mir gar net.

ODILE: O mey G'schwey! Mir dät grad menne, du kennsch deyne Mànn net, wànn'r de Indruck hat, das er im Recht isch, geht'r bis àns End. Es isch kenner, wu d'Hose herunter macht, sogar net beym e Minischter.

MME SCHWARZWALD: Grad Äwe, àwe, wey ich'ne kenn, dey Bruder isch jà so hitzich, f'r gar nix brust'r in d'Hee, ich hàn Angscht, er geht zeweit.

ODILE: Du redsch dà vum Gaston, wie vum e Làusbu, wu sich net benemme kànn, du musch'm vertràue.

MME SCHWARZWALD: Wànn du d'gànz Nacht kenn Aue zu gemach hettsch, weil'r riwer un e niwer herumgepoldert isch... Dà g'sit m'r, dass d' noch nie e Mànn in deym

Bett kehtt hasch, schunsch wischt, was dies isch mit'm e Nervepäkel under de selb Deck stecke. Ich bin d'accord, Dummheite macht'r kenni, awer Dummheite sàn, dies bringt'r fertich. Ich hàn g'hert wie'r im Bad far'm Spiegel laut gered hat: »Môssieur le ministre, sachez que nous autres lorrains de Zornstatt n'avons guère l'habitude de nous plier aux oukases! Nos parents ont su résister au Gauleiter, nous résisterons à l'arbitraire d'une république jacobine qui fait fi de nos droits!« M'r hett grad gemennt, er trainiert. Mensch wànn'r dies in Baris sàn dät! Im Zarn isch'er's fähich… Odile, ich hàn Angscht!

ODILE: Hat'r dies tatsächlich g'sat? »Qui fait fi de nos droits«? Dies isch doch Klasse, nä? Albertine, du weisch, dass'r ger e bissel theatralich uftrett. Ich bin sicher, dass'r de Minischter iwerzeicht hat, un dass d'Autobahnzufahrt versetzt werd. De klàr Menscheverstànd un d'Vernunft sinn uf unsere Seit.

MME SCHWARZWALD: Menscheverstànd, Vernunft, dies sin e so Schulmeischter Schprink. Du weisch so gut wie ich, dass m'r d'Millione vun de Firma »Grünferber« geye uns hàn, die, wu di gläne Auto baue…

ODILE: Ja, die wille vun Ihre Fawrick direkt uf d'Autobahn. Wersch m'r doch net wille glawe mache, dass ihre Betrieb Bànkrott gäng, wànn se zwei Kilometer fahre misste, wànn d'Uffahrt wie sich hert, e bissel näher àn unsere Stadt isch!

MME SCHWARZWALD: Schun gut un recht, dies kànn m'r awer herumdräje, fer uns Zornstätter isch's selwe, mir sterwe a nit, wànn m'r bei de Greenferber uf d'Autobahn kumme…

ODILE: Du ergisch dich, ohne ze kämpfe! Un s'Princip, was machsch mit'm Princip, was unseri Gewäldi – wu's Volk demokratisch gewählt hat – beschloss hàn, muss reschpektiert were. S'Allgemeine Wohl geht vor, net s'Privatinteresse vun mànichi.

MME SCHWARZWALD: Ja s'Princip, s'Princip. All sin se hinter'm her: »Geh, sah'ne d'Mänung, mir stehn hinter dir, geh uf Baris!« Un kenn äner isch fähich, f'r mit'm ze gehn, kenn Zeit, jeder hat ebs ànderes ze dun. Sogar de Apotheker Schleiermeyer, der wu macht wie e Mànn im Kalkowe, weyl se ihm e Deil vun seym Schtick wille nemme, dà debey hat er dreysich Jàhr làng nix demit gemach, es isch dodal verwachst, abbä er kànn nit mit, er hat e Rendez-vous beym Coiffeur fer seyne Hund! Awer meyner huppst drufflos: »En avant, uf Baris!«

SUZANNE *kummt herin*: Isch'r noch net dà?

MME SCHWARZWALD: Nä, de Zuch hat sicher Verspädung, der kummt ball.

SUZANNE: De Zuch?

TANTE ODILE: S'Jung hat's vun seym Richard.

MME SCHWARZWALD: Es isch jà wàr, ich hàn's gànz vergess, du hasch'ne f'r de Kaffee ingelad… S'kummt eber, *geht àn d'Dir*, bisch du's Schatz? O pardon, Monsieur le Secrétaire Général, Ihr sin erwart.

SUZANNE, *huppst'm àn de Hals*: Häsele! *Er isch e bissel cheniert, macht sich frei.*

ODILE: Awer Suzi, loss doch de Herr Steif herinkumme, g'sisch dànn net, dass de'ne ànbediersch…

SUZANNE: A so, isch dies wàr? Ich ànbedier de Herr Secrétaire Général, dene Indruck hàn ich awer net k'het gischt Àwed uf'm Cana…

MME SCHWARZWALD: Awer Suzanne, brems dich…

RICHARD: Ich bin ze spàt, e wichdicher Ànruf. De Herr Maire isch noch net zerick?

MME SCHWARZWALD: Er muss in dem ànkumme, hoffentlich mit'ere gute Nàricht, gell Richard…

RICHARD: Hem, hem, leider… In dem Fall isch nix ze mache, er kànn unmechlich ebs erreiche. Wànn ebs decidiert isch, isch's decidiert. D' Préfet hat e avis favorable gin, de Minischder hat denne avis bstädicht, de Brief isch klipp un klàr, dràn herum rittle, kànn numme d'Leyd unruhich mache. Meynere Patronne basst dies gar net…

ODILE: E Bledsinn, wu de Minischder bstädicht, bleybt e Bled-

sinn. Lun emàl dà Monsieur le Secrétaire Général... *Sie steht uf.*
RICHARD: Adjoint, Madame...
ODILE: Mache Eich kenn Kummer, mit'ere so Fähichkeit f'r alles, was vun owe herunter kummt, ze schlucke, un wànn's dodal verrickt isch, were Ihr bstimmt Préfet!
RICHARD: Madame, es dut mir leid, awer in meynere Stellung kànn ich m'r gewissi Sache net ànhere...
ODILE: Ei, nà mache àwe d'Aue uf, wànns noch mechlich isch. *Sie stellt verschiedeni Sache uf de Deppich.* Dà geht d'Autobahn dorich, net wàr? *De Richard muckst sich net.* Dà isch unseri Stadt... un dies isch d'Fawrick, gell... Ei lun doch ums Himmels Wille!... Un dà wille se d'Uffahrt ànne mache, finde Ihr dies normal?
RICHARD: Ich erlab mir net, àn ere Entscheidung ze rittle, wu vun de hechste Instànze getroff war sin.
ODILE: Amen!
RICHARD: Ich hàn e dringendi Ärwed ze erlediche, erlawe m'r, dass ich mich zerickzieh...
MME SCHWARZWALD: Ihr hàn awer eyere The gar net gedrunk, noch net emàl meine Eppelkuche versucht.
RICHARD: Merci Madame, e ànder màl Madame... Suzanne... *schnell ab.*
Suzanne *hinter ihm her.* Häsel!
ODILE: Ich frà mich, was'm àn dem Vogelscheich so g'fallt, m'r det grad menne, er hat seyne Barable g'schluckt...
SUZANNE *isch zerick kumm*: So jetz hàn ich's, hasch mir ne beleidicht. Ich hàn d'Nas voll vun eyere Autobahn, eyere Uffahrt un eyeri Principe!
ODILE: Kinnsch winichdes de Kàmpf vun deym Vatter reschpekdiere. Wànn ebs ungerecht isch, soll m'r net nàhgin.
SUZANNE: Net nàhginn, un àm End als aldi ledichi Schachtel lànde!
ODILE: O! *Ab.*
MME SCHWARZWALD: Awer Suzanne... *Suzanne in d'ànder Richdung ab.*

Bihnebild 3

Wieder im Park

MAIRE: Dies isch richtig nett vun eich, dass Ihr mich àm Bahnhof ab'kohlt hàn, es macht m'r richtich Pläsir.

SCHLEIERMEYER *draht de Kuffer*: Dies isch gànz normal, dies sin mir Eich schuldich nà dem, wu Ihr gemach hàn f'r unseri Stadt.

ADJOINT: Un, was hats gin, hàn se nàhgin?

MAIRE: E heisser Da, ja mey Herre, ihr kinne mir glawe, e sehr heisser Da. *Làsst sich uf e Bànk falle.* Isch dies ebs Feynes, wànn mir wieder dehemm in d' Heimat isch, nà dem Stress in de Grossstadt, mir lebt uf...

CONSEILLER: Bei uns in Zornstatt hàn mir e gemitlichi Umwelt un im selwe alli Bequemlichkeite vun ere Stadt...

ADJOINT: Es fehlt uns grad noch e ehrlicher Zugang uf d'Autobahn. Ich glab, denne hat unsere Gaston jetz erobert, hàn ich recht?

MAIRE *schittelt »nä«*: Ich muss eich leider enttäusche, sie hàn nix wille wisse, ich kumm mit leeri Händ...

SCHLEIERMEYER: Wieso leeri Händ, hàn Ihr net mit'm Minischter gered?

MAIRE: Doch nadierlich, wie ich ànne kumm sin, hat mich e Huissier sofort ins Bureau vum Minischder g'fihrt.

CONSEILLER: Un er hat Eich schlecht empfàng, der hat schun Wind griet keht vun unserem Protescht.

CONSEILLER: Jetzt isch der Herr beleidicht, un mir hàn awer de Schade. Wart numme, denne wille mir's zeije. Wànn sin dànn nächschte Wahle?

MAIRE: Moment, er hat mich net schlecht empfang, im Geyjedeil, awer er isch uf seynere Mänung geblib, wie ich herin sin...

SCHLEIERMEYER: Ei dies isch noch schlimmer. Ich hoff, dass Ihr direkt wieder s'Ding nàus sin!

CONSEILLER: Hàn Ihr d'Dier zug'schla?

MAIRE *schittelt »nä«*: Wie ich herin sin, isch'r ufg'stàn un

isch um de Schreybdisch kumm un hat m'r freyndlich alli
zwei Händ gereicht: »Ah, Cher Ami, c'est notre cher Maire
de Zornstatt qui vient nous saluer, soyez le bienvenu, je vous
attendais, comment ça va là-bas dans notre chère Lorraine,
les mirabelles sont bonnes cette année?«
CONSEILLER *spottelt*: Mirabelle im April!
ADJOINT: Der hat allewä geläuschtert, wie d' ne ufs Thema
zerickgebrung hasch, hasch nit gsat: »Je ne viens pas vous
parler mirabelles, je vous parle bretelle!«
SCHLEIERMEYER *begeischtert*: Awer jetzt »bravo« Mon-
sieur le Maire, die isch jetzt gut!
MAIRE: Moment, er hat mey Àntwart net abgewart un hat
sich entschuldicht...
CONSEILLER: Entschuldicht f'rs Ultimatum, wu er uns
g'stellt hat?
MAIRE: Ja un nä. Moment, er hat m'r g'sat, dass' ihm leid
dut, dass er d'Lach hat misse debloquiere, indem dass er uns
var e Wahl hat misse stelle, awer dass'r kenn Sekund dràn
gezweywelt hat, dass mir uns net f'r e extremi Lesung ent-
scheide un iwerhaupt kenn Zuffahrt uf d'Autobàhn wille:
»Vous voyez la belle ville de Zornstatt, son commerce et son
industrie coupée de cette artère vitale?« Ich hàn nadierlich
g'sat: »Non, Monsieur le Ministre« Er hat sofort weyder gered:
»A la bonheur, je suis heureux que cette affaire qui n'a privé
Zornstatt que trop longtemps de son désenclavement trouve
enfin une solution raisonnable.«
ADJOINT: Wànn ich jetz richdich verstan hàn, werd Zuf-
fahrt gemach in de Zone Industrielle, dà wu m'r se net gewillt
hàn... ja, nà hàn se jà net nàhgin!
MAIRE: Dies sa' ich jà, mey Reis hat nix genutzt, rein gar nix...
CONSEILLER: Äner ellän glaubt's net: Gesch extra uf Baris,
uf eijeni Koschde, schnufsch die stinkich Lucht vum Me-
tro in, hasch e dossier wie Beton, wu sämtlichi Gewähldi un
d'gànz Bevelkerung unterstizt, un, un... Sie gin d'r nix? *Sie
redde all undernànder un underbreche sich.*

CONSEILLER: Wisse ihr was? Gutheit isch de Ànfàng vun de Liederlichkeit, mir sin ze gut, bravi Birjer, un sie lache uns àus!

CONSEILLER: Die dappe uns uf de Fiess herum, iwerhaupt kenn Reschpekt!

CONSEILLER: Wart numme àn de nächschde Wahle, ich weiss, was ich in de Kaschde werf, wànn's druf ànkummt, sogar rot!

CONSEILLER: So e Arrogànz!

CONSEILLER: Grad gut f'r d'Steyere bezahle, uf de centime un sofort, mir kinn'es a mache wie Zitroneschittler im Süde.

CONSEILLER: Mir hàn nadierlich kenn Konto in de Schweyz.

CONSEILLER: Un net winich bezahle m'r, net winich!

SCHLEIERMEYER: Un mey Stick, in zwei verriss, noch net me' dat wert, noch net me' dat! *E bissel Ruh.*

ADJOINT: Ja un nàt?

MAIRE, *àm Ànfàng net so sicher:* S'Blut isch m'r in de Kopp g'stàu, es hat in mir gekocht. Ich hàn gedenkt, jetz geht'r zeweyt!

ADJOINT: Ja un?

MAIRE: Ich hàn e Schritt zerick gemach, un nàt isch's losgàng, awer ànständich.

ADJOINT: Was hasch dànn g'sat?

MAIRE: Ei dass'es e Unverschämtheit isch, so e Druck uf uns ze mache. Dass m'r uns net mache làsse! Mey Werter hàn mey Wut g'schiert. Ich weiss niemme jed Ward, awer, glawe m'r, mey Herre un Dame, es isch hard gewenn.

SCHLEIERMEYER: Hàn Ihr Eich uf d'Hinterfiess g'stellt?

MAIRE: Was hat misse g'sat sinn, isch g'sat war.

SCHLEIERMEYER: Der muss gelu't hàn!

MAIRE: Er isch ziemlich erschittert gewenn, so ebs hat er sich net erwart… Er hat mich allewä uf de Latt.

SCHLEIERMEYER: Mache Eich nix dràus, mir Birjer vun Zornstatt mir sin immer noch dà. Mir sin Eich ewich dànkbar, dass Ihr so energisch gewenn sin! Dà isch mey Hànd, Monsieur le Maire! *Sie kumme alli uf'ne zu.*

MAIRE: Merci, merci, mey Herre un Dàme, mey Pflicht, numme mey Pflicht hàn ich gemach...

ADJOINT: Un dey Demission? Hasch'm g'sat, das d' demissionirsch, wie d' g'sat hasch im Fortgehn...

MAIRE: Unseri Demission... Ich glab net, dass ich in de Hitz vum G'spräch devun gered hàn, awer es isch änfach, mir schicke e Fax.

CONSEILLER: E Fax?

MAIRE: F'r unseri Demission melde...

CONSEILLER: Unseri... m'r solle alli demissionire, ich hàn gemennt... Was git's nàt?

MAIRE: Nà git's frischi Gemäneràtswahle.

CONSEILLER: Un e Wahlkampagne? Kinnt dà net d'Opposition devun profitiere?

CONSEILLER VUN DE OPPOSITION: Was dànn net noch!

MAIRE: Bleywe mir änich im Kampf, mir kinne uns di Sach noch iwerleyje.

CONSEILLER: Genau, so ebs muss gut iwerlet were.

CONSEILLER: Es isch gut, dass Ihr d' Demission vergess hàn, m'r muss immer e paar Granade in de Hand palde. *Alli gin ihm noch emàl d'Hand: »Brima, bravo, gut gemach, gut so...«*

Bihnebild 4

Im Salon vun Schwarzwalds

SUZANNE *geht hin un her mit'm Handy àm Ohr, iwerrascht:* »Salope«, he Männel numme làngsam!...Was versteh ich net?... Ich versteh tatsächlich net, awer ich hàn genau g'hert »Salope«... Was net mit änem »P«? Mit änem oder zwei!... Net »salopp« rede mit zwei »P«, was isch dies?... A d'Deytsche sàn e so...A ja, f'r sàn »vulgär«... hàn ich ebs Vulgäres g'sat?... Därf ich net sàn, dass ich dich gär hàn, Häsel?... A so, net

vum Schwänzel rede… He m'r dät grad menne, du schafsch
im Elysée, in de Sous-préfecture vun Zornstatt bisch net
»sur écoute«… Ja, Häsel, ich hàn dich lieb, so lieb, bis heit
Owed… Was schun wieder?… Àn dere Red schaffsch jetz
schun zwei Wuche, dies git deyeri Minute, zum Glick bisch
net zeviel bezahlt… d'Wàrheit derf m'r doch allewà sàn…
Uf was wartsch dàn nàt, f'r unseri Wohnung miete… A du
wartsch uf e Promotion… unser Privatläwe hängt also vum
Inneministerium ab… Nä Häsel, rej dich net uf, ich versteh,
dey hocher Dienscht geht vor, ich opfer mey Liewesowed
de Republik… Also net heyt Owed, awer sicher bis marje
Häsel…
Was f'r e Affär?… Mey Tànte?… Wersch doch net uf die alt
Schrappnell wille gehn… Mey Babbe, der isch doch net geyje
Regierung…Als Schwänzler isch'r bstimmt so stark wie du…
Was glabsch dànn du, der hat sich schun »garde à vous« g'stellt
wie de… wie sa't m'r zu denne mit de dick Kett um Hals…
A ja, merci… wie der d' Huissier gsinn hat, isch'm schun
d'Rebellion vergàng… Un wie'r de Minischder gsin hat, o jeh,
glab m'r's numme. Hettsch ne misste gsin s'letscht Jàhr, wie
de Préfet uns d'Dritt Blum gebrung hat, schlimmer wie wànn
de Papscht mit de Kenichin vun England kumm wär… *Mme
Schwarzwald kummt herin, geht àns Fenschder.*
MME SCHWARZWALD: A dà sin se im Park, wie luhn se
dànn?
SUZANNE: … Ja, ja, schaff brav mey Häsel… bis marje…
MME SCHWARZWALD: Lu màl, sie scheyne all froh ze
sinn, sie mache nix wie'ne felicitiere, m'r dät ball menne, sie
wille ne verschmutze… Gott sei Dànk, ich läb uf, es isch
allewà gut geloff… Lu' màl, wie die lache.
SUZANNE *in d' Gedànke*: Hoffentlich kummt'r wieder.
Wànn'r net kummt, geh ich ne hole!
MME SCHWARZWALD: Mensch tatsächlich, dass'r im
Stadtpark will schlàfe, d'Nächt sin noch frisch in dere Jàhres-
zeyt.

SUZANNE: O Màmme, hasch du e Leidung! Ich red dir vum Richard!

MME SCHWARZWALD: Dey liewer Richard, nadierlich. Du bisch gànz verrickt mit dem, dies gsit m'r. Er hat dich a ger, er zei't's net so wie du… Dies hängt àn seym Beruch, es isch e ànständicher Bursch, er will noch weiter kumme, un er bringt's a fertich.

SUZANNE *unruhich*: Wànn'r zwische mir un seynere Karrier misst choisiere…

MME SCHWARZWALD: Papperlapapp, die Frà' stellt sich doch net, wieso choisiere? Du bisch d'Dochter vum Herr Maire, dies basst doch brima. Dey Babbe soll ne e bissel àusfràn…

SUZANNE: Um's Himmels Wille, mische eich net dà nin, dies isch mey Sach! Die scheiss Politik macht m'r Àngscht. De Babbe, wu geye d'Regierung mekkert, un de Richard, wu nit geringscht Kritik àm Stat verdraht. Hasch jà gsinn mit de Tante Odile, er nemmt alles f'r sich.

MME SCHWARZWALD: Dà muss'r sich noch dràn gewehne, dies g'hert zu seym Àmt. Wànn mir d'Lehrer e bissel kennt, isch m'r net sofort beleidicht. Die sinn gewehnt, dass sie immer recht hàn, un alles muss laffe wie sie's im Kopp hàn, sie hàn's nadierlich numme mit Kinder ze dun, àm End vum Lied hàn sie immer sletscht Wart.

SUZANNE: Uf jede Fall zwische meym Richard un eiere Autobahn isch mey… *D'Maire kummt herin mit d'Valise.* Babbe! *Sie git ihm e Schmutz.*

MME SCHWARZWALD: Dà bisch endlich, un wie isch's gàng, dey Leyt scheyne gànz begeischtert.

MAIRE *huckt sich uf's Kànabed*: Isch dies ebs feines, wànn m'r zu sich hemm kànn kumme, sei Heysel, d'Familie, es git nix Besseres.

MME SCHWARZWALD: Kànnsch m'r doch sàn, was'es gin hat, hasch die Sach geregelt?

MAIRE: Ich hàn mey Pflicht gemach f'r unseri Stadt. Moment… *geht ab.*

MME SCHWARZWALD: Mit dem Mànn isch's immer selwe, dràus, waonn Publikum dà isch, isch's e richdichi Babbelmaschin, un dehemm musch'm jed Wart heràus bettle.

SUZANNE: Ich glab kàum, dass'r ebs erreicht hat, er hett's gsat. Es isch wie d' Richard gsat hat, was'r dà unternumm hat, isch dodal unedich, dies hat m'r jà gewisst.

MME SCHWARZWALD: Hettsch se numme gsin vorher, dà im Park, froh un luschdich sin se gewenn, er selwer hat gelächelt... Ich versteh iwerhaupt nix meh!

SUZANNE: Un **er** saht nix, die Sach isch klàr wie Worschtsupp! *Mir hert s'Wasser im Kabinet.* Er soll sich numme net inbilde, dass ich de Schade devun hàn... *zum Gaston, wu zerick kummt:* Babbe, isch wàr, was d' Richard saht, hasch iwerhaupt kenn Chance keht, ebs ze erreiche, die Reis uf Baris isch ebs gànz Unediches gewenn?

MAIRE: Wànn m'r sich f'r d'Allgemeinheit insezt, wànn m'r s'Allgemeinewohl in Àussicht hat, macht m'r, was m'r kànn, wànn ich wieder sot gehn, gäng ich sofort wieder. Awer jetz mache m'r uns e scheener Familieowed. Isch de Richard noch net dàà?

SUZANNE: D'Dànte Odile hat ne beleidicht, un wer hat de Käs...er saht, er hat kenn Zeit, f'r zu mir ze kumme heyt Owed... Er muss e Redd vorbereite f'r sei Patronne, Madame la Sous-préfète, f'r de nächste Mond! D' Lokal vun d' Schnappsbrenner vun Blittersheim soll ingeweyt were...E Àusred un schunsch nix! *spottelt* »Weisch, es isch complexe, musch d'Realitäte un Mentalitäte vun de Geyjet in Betracht nemme...un im selwe d' Regierungspolitik in de Alkolismus-Bekämpfung in Betracht ziehn, nà isch noch s'Lokalgsetz etc...«

ODILE *stramm herin:* Aha, bisch dàà? Un? Hasch'ne kinne beweyse, dass se e grower Fehler mache?

MAIRE: Nä, es isch nix ze mache gewenn.

ODILE: Mach kenn Sache, noch net emàl e bissel näcker àn d'Stadt, sàn m'r màl halbwegs?

MAIRE: Nix, hàn ich doch gsat, gar nix. *Mme Schwarzwald fàngt àn ze heyle.*
MAIRE: Ay Mamme, was isch dànn?
MME SCHWARZWALD: Wànn d' nix erreicht hasch, fawas nàt dis Gejubels un dis Blesir im Park vorher? *schluckst erbärmlich* Du willsch m'r ebs versteckle!
MAIRE: Gejubels, ich hàn kenn gejubels gsin, sie hàn mir ihri Sympathie àusgedrickt un schunsch nix...
MME SCHWARZWALD: Der vun de Opposition a? Der hat sich d'Fauscht voll gelacht, so hàn ich denne noch net gsin grinse. Gaston! Ich bitt dich, sa m'r d'Wàrheit! Wie isch's gewenn beym Minischter?
MAIRE: Brima, alles isch wunderbar abgeloff...
ODILE: Brima? Wunderbar? Un hasch nix erreicht? Hoffentlich hasch d'Hose net erunder gemach?
MAIRE: Was dànn noch, ich hàn mey Standpunkt gsat, *lut sey Frau àn,* awer gànz hefflich...
ODILE: So wie ich dà gsi, hàn ihr eich Gratzfiesle gemach... un bisch wieder ab, un all sin se zefriede.
MAIRE: Wànn ich doch sa »nä«? Ich hàn d'Stadt energisch verteidicht un... *Vun weydem hert m'r d'Kappel...* Was isch dànn los, es isch d'Musik... m'r dät menne, sie kumme dà her...
SUZANNE: Was isch dies f'r ebbs?

Zwischeschpiel
D'Musik bleybt im Park vor'm Fenschder vun Schwarzwalds stehn, m'r gsit Fackle un Laderne... d'Leyd juble, »f'r unsere Maire, hip hip hip hurrah«, m'r hert d'Adjoint, wu sich d'Stimm klàr macht...
ADJOINT *red in e Micro, mir gsit ne net:* Unser Liewer Herr Maire, Liewer Gaston Schwarzwald! Im Nàme vun d' gsàmte Inwohner vun Zornstatt, wu sich dà versàmmelt hàn, nemm ich s'Wart f'r Eich, d'Dànkbarkeit vum Gemänerat un de gànz Bevelkerung vun unsere gläne Heimat àuszedricke. Es sei

m'r dà erlabt, d'Stàndhaftichkeit un d'Seelekraft vun unserem Borjemeischter ze erwähne. Geye Burokratie un Regierung, fescht àn ihr Irrtum geklàmmert, hat'r standg'halt. Er isch unseri Stimm gewenn geye Missachtung un Gewalt, f'r Un-ànnemmbares ze verurteile. Alli Ehr f'r seyne Kurage! Alli Ehr f'r d' Verteidicher vun unsere Stadt! *Es wird geklatscht,* »*Hurrah*«, »*Bravo*«... Bis ins vergoldete Schreybzimmer vum Minischder, *es wird gepiff un hu geruft,* hàn ihr unseri gerechdi Empörung bekanntgemach. Zornstatt bleyt eich ewich dànk-bar! Heyt àn dem feyerliche Daa, sa' ich frei eràus, dass so e Held e hohi Lafbàhn als Belohnung verdient, un die Lafbahn soll ne gradaus in d'Kàmmer fiere. »*Hurrah*«, »*Bravo*«.

MAIRE *gerihrt*: Mey Liewi Mitberjer, Liewi Inwohner vun Zornstatt... Merci...Merci... *D'Musik schpielt e zackicher Marsch... d' Maire winkt un lächelt. D'Musik zieht fort.*

MME SCHWARZWALD *fangt wieder àn, bitter ze heyle*: Ich han's gewisst, ich hàn's gewisst, dies isch schrecklich...

MAIRE: Awer Màmme... was isch dànn dà schrecklich?

MME SCHWARZWALD: Du bisch barsch gewenn... hasch Kontra gin... Hasch vum Gauleiter geredt? Wersch doch net vum Gauleiter geredt hàn?

MAIRE: Vum Gauleiter, ich glab, es geht los...

ODILE: S'Albertine hat dich g'hert, wie d' trainiert hasch im Badzimmer, dies mit de Jakobinerrepublik...

MAIRE: Wu denksch dànn ànne, ich schwer dir, dass iwerhaupt nix e so gfall isch in Baris, du kennsch mich doch?

MME SCHWARZWALD: Ich weiss, dass d' normalerweys hefflich bisch, du kannsch awer a schrecklich hoch bruse. Denk àn denne Balaver im Record wie s'Kassemädel dich g'schikt hat, d'Biere wiehn gehn, sie hat iwerhaupt nix devar gekinnt: »Was isch dànn dies f'r e Ardnung, hoffentlich gits ball automatischi Kasse, nà brauch ich eyere barsche Ton nim-me ànhere!« Sie hat's gànz gemitlich gsat g'het...

MAIRE: Ja, awer ze làut, ich bin m'r vorkumm wie äner wu Biere will schmuggle...

250

ODILE: Kumme m'r màl wieder zum Thema, wànn ich richtich verstàn hàn, hasch im Minischter doch kontra gin?

MAIRE: Ich hàn mey Pflicht gemach, ich hàn mey Pflicht gemach... *Suzanne stàmmpt mit'm Fuhs, geht pletzlich ab, die àndere sin iwerrascht.*

Bihnebild 5

In Schwarzwalds Salon, de Barickes hat im Maire d'Hààr g'schnitt, d'Madam schtrickt.

BARICKES *zieht s'Rasiermesser ab, f'r d'Kotelette un d'Halsgrub sàuver mache:* Scheen Wetter heit.

MAIRE: Ja, scheen Wetter, hoffentlich kinne m'r's e paar Daa palde.

BARICKES: Sie wille noch gut. Mir hàn de scheene Wind.

MAIRE: Ja, de Barometer isch noch hoch.

BARICKES, *schafft weiter:* Hàn ihr gut g'schlàft die Nacht, Monsieur le Maire?

MAIRE: G'schlàft, brima, brima, ja, fawas?

BARICKES, *halt mit rasiere, lächelt:* Wànn m'r innerlich àngegriff isch, kummt m'r als net grad in de Schlàf.

MAIRE: Àngegriff, wieso?

BARICKES: Eier Ehreständel mit de Musik gischt Owed. Ich weiss net, ob ich e Au zugebrung het, Zornstatt hat wieder gezeit, was es kànn...

MAIRE: Ja, dies kànn m'r schun sàn...

BARICKES: D'Musik, d'Fackle, d'Red...

MAIRE: Ja, es isch a netti Ufmachung gewenn, weil m'r jetz grad devun rede, was hert m'r dànn so in de Stadt?

BARICKES: Im grosse Gànze, kànn m'r sàn Begeischterung...

MAIRE: Numme im grosse Gànze?

BARICKES: Ihr wisse jà, es sin immer paar Meckerer dà...

MAIRE: Hàn ihr ebs g'hert?

BARICKES: Nä, net direkt, ihr wisse, wànn m'r e G'schäft hat wie ich...

MAIRE: Es geht net weider wie dies Zimmer, ich kànn's eich verspreche.

BARICKES: Ich hàn eich nix g'sat... De Becker Wilberger...

MAIRE: A so...

BARICKES: Er hat so ze sàn sabotiert...

MAIRE: Jà?

BARICKES: In de Musik spielt'r Trompet, sie sàn er hat numme d'Backe dick gemach... S'gànz Comité hat'ne ball àngebet, er hat nix wille wisse, weil ihr kenn Brot beym hole...

MME SCHWARZWALD: Ay, er isch jà àm gànz àndere End vun de Stadt!

BARICKES: Ich sa eich numme was ich g'hert hàn. Er soll g'sat hàn: »Wànn de Maire mey Brot net brauch, brauch er a de Ton vun meym Inschtrument a net.«

MAIRE: Weye mir brauch'r sich net zwinge... Ich hàn a ge-denkt es sin viel winicher falschi gewenn...

MME SCHWARZWALD: Gaston...

BARICKES: Ihr wisse jà wie d'Leyt sin... warsscheynlich hat'r sich im Parhàus e rot Reckel wille verdiene...

MME SCHWARZWALD: Wie dies im Parhàus?

MAIRE: Was hat dànn de »Vadikàn« dà Erwet mit?

MME SCHWARZWALD: Gaston...

BARICKES: So wie's scheynt, hat die Ehrung vun gischt Owed net alle Blesir gemach... Awer dà will ich mich als Gschäftsmàn net eninmische...

MAIRE: De Paschdor isch beleidicht, weil kenn Mensch me in seynere Mess isch?

MME SCHWARZWALD: Gaston, dà sletscht isch d'Kerich voll gewenn...

MAIRE: Ja, weil's e Begräbnis gewenn isch. Was de Herr **Arsch**iprêtre denkt, isch mir Worscht egal!

MME SCHWARZWALD: Awer Gaston!

BARICKES: Sie sàn, er hat gsat, s'wär wie e Art Revolution. M'r kànn net im e jede g'falle un recht mache. Hasch die wu devar, un a die wu degeye sin. Un nàt hasch noch missverginschdichi…Arwar, Mme, arwar Monsieur le Maire… *ab.*

MME SCHWARZWALD: Red doch net so, wànn der dà isch!

MAIRE: Nä?

MME SCHWARZWALD: Der geht schnurschtracks zum Baschdor un bringt'm alles briwarm.

MAIRE: Ja un nàt?

MME SCHWARZWALD: M'r dät menne du weisch net, wie d'Leit sin, dies kànn dir meh Schade mache wie d' mensch.

MAIRE: Nà dere Apotheose vun gischt owed?

MME SCHWARZWALD *jàmmert:*

MAIRE *singt heymlich de Marsch vun gischt im Takt:*

MME SCHWARZWALD: Sa' màl Gaston…

MAIRE: Ja, was Maman?

MME SCHWARZWALD: Isch wàr, dass de dich als Deputé willsch stelle?

MAIRE: S'erschde màl, dass ich e so ebs her, wer will dies wisse?

MME SCHWARZWALD: S'Frieda isch heit marje frih dà gewenn.

MAIRE, *ironisch:* Ja s'Frieda musse's bstimmt wisse… Un was hat's gewillt in aller Frih?

MME SCHWARZWALD: Uns graduliere f'r gischt owed…

MAIRE: Un dich hinde herum beychde… *Er summt wieder de Marsch.*

MME SCHWARZWALD: Es wâr mir liewer dies Ständel het's iwerhaupt net gin…

MAIRE: Ay jà dànn, verderb m'r s'Plesir! *Kurzi Paus.*

MME SCHWARZWALD: Bis jetzt hasch dich net in d'Politik eningemischt. Fang net àn in deyne alde Dää.

MAIRE: Papperlapapp! Mit kemm gedànke! *Suzanne kummt vum Park herin.*

MME SCHWARZWALD: A dà bisch Suzanne, wie geht's im Richard?

SUZANNE: Weiss net, isch m'r Worscht!

MAIRE: Hasch ne net getroff?

SUZANNE: Wànn der sich inbild, ich laf'm nà, nà kànn'r noch làng basse. Es isch nimme wie frihr. Entweder mich oder d'Marianne!

MME SCHWARZWALD: Marianne?

MAIRE: Hat'r e ànderi? Dies het ich jetzt net geglabt vum e so seriöse Bu'.

SUZANNE: Scheynbar doch, ich hàn de Indruck, sei Karrier mit seynere Marianne, seynere Republique, isch'm wichticher wie mey Person... Sey Àmt wu er so tichich un fleyssich àusibt f'r e Hungerslohn.

MME SCHWARZWALD: Gott sey dànk, ich hàn schun gemennt...

MAIRE: Ich denk doch a...

SUZANNE: Misse eich kenn grossi Illusione mache. Mit dem, was gischt owed dà geloff isch un de Artikel, wu àwe im SARREHEBDO heràuskumm isch, gsin m'r ne soball net im Hauptquartier vun de Rebellion geyje d'Owerichkeit! Im Comité Central vum PRZ...

MAIRE: PRZ?

SUZANNE: »Parti Révolutionnaire Zornsteinien«. Wie g'sin ihr dies, e Beàmter vun de République, wu mit de Dochter vum Che Guevara vun de Gemänerebellion lebt? *Pletzlich ab.*

MME SCHWARZWALD *heylt*: Ich hàn's gewisst, ich hàn's gewisst...

MAIRE: Nix hasch gewisst, gar nix hasch gewisst. S'Suzanne isch ufgerejt un iwertreybt.

MME SCHWARZWALD: Un de Jubel im Park gischt Owed, isch dies nix gewenn...

MAIRE: Un rebelote, dà hàn m'r's wieder, d'alt Leier. Isch dies jetzt tatsächlich e Drama, wànn e Stadt seyne Borjemeischder ehrt?

MME SCHWARZWALD: Nä, awer de Grund kummt's àn.

MAIRE: D' Grund, du un dey Grund! Hasch àn lätzes Wart g'hert gischt?

MME SCHWARZWALD: Dies will ich net grad sàn, awer...

MAIRE: Ja, mey Drottel vun Adjoint het kinne e bissel vorsichticher sin, du kennsch ne jà...

MME SCHWARZWALD: Gaston, sie hàn deyni Brutalität g'feyert, d'Brutalität vun deym Ufftritt in Paris!

MAIRE: Brutalität, wer red dànn vun Brutalität, bisch du debey gewenn beym Minischter? Un nàt, wer geht sich dànn dà dràn achte, wer kimmert sich drum, was de Zornsteiner Musikverein macht?

MME SCHWARZWALD: Es isch schun in d' Zeydung...

MAIRE: Im Zornhebdo, wer läst dànn dies Käsblatt? Marje hersch nix me' devun.

MME SCHWARZWALD: Du weisch gànz genau, dass es net so isch. Ich bin sicher de Minischder weiss'es jetz schun.

MAIRE: Vun wemm dànn soll'r dies wisse, sa' màl, vun wemm dànn? De Minischder hat àndri Sarje wie dies, glab mir's.

MME SCHWARZWALD: Dà isch me' wie äner, wu sich e Bläsir dràus macht, f'r dich inbrenne. Uf dey Légion d'Honneur brauchsch allewä...

MAIRE: Was mey Légion d'Honneur? Sie solle se grad palde ihri Légion d'Honneur...

MME SCHWARZWALD: Un hasch mit Händ un Fiess defar gekämpft, hauptsächlich wie de Maire vun Zinzelbrunne se grit hat, e Maire vum e gànz gläne Derfel...

MAIRE: O jeh, wànn ich e so ebs her, so ebs Ängschtliches! Tatsächlich, wànn's e so isch, het ich liewer uf mey Ehreständel verzicht!

MME SCHWARZWALD: Un ich erescht!

MAIRE: Ebs steht fescht: d'Blaisir hasch m'r jetz schun radikal verdarb!

MME SCHWARZWALD: Ich will dich net ärjere Gaston, awer dies mit de Politik dà, dies sotsch falle làsse. *Zum Gaston, wu ab geht* Wu gesch ànne?

MAIRE: D'Zeidung kafe!

Bühnebild 6

Im Park. Richard sitzt auf der Bank, mustert zwanghaft seine
Uhr, als der Maire mit großen Schritten ankommt...

RICHARD *erhebt sich*: Bonjour Monsieur le Maire!

MAIRE: A Richard, dà bisch, gehsch net zum Suzanne?

RICHARD: Abä...hum...Es isch net kumm heyt marje, ich
hàn uf's geward, hoffentlich...

MAIRE: Es isch awer heyt marje schun dràus gewenn, ich
hàn verstàn keht, du bisch's wu...

RICHARD: Nä, nä, ich hàn noch bis spàt g'schafft gischt
owed, awer...

MAIRE: Weisch, d'Fraue die menne, d'gànz Welt dreyt f'r sie,
un dà dezu noch gànz vun e allän, es kummt ne net in, dass'es
dà Leyd muss gin, wu ànpacke, wu sich d'Hànd dreckich
mache, dass e Sach làft. S'Suzanne will e Freier, wu Da wie
Nacht f'r ihn's bereit isch, d'Aussewelt isch f'r s'Suzanne kenn
Thema. Dies gewehnt sich schun dràn. Mach dir nix dràus,
kumm e Kaffe drinke, nà kànnsch die Sach kläre.

RICHARD: Ja sicher, awer ich het gär mit Eich persehnlich
gered, ich hàn g'hert...

MAIRE: Was hasch g'hert, hàn se ebs g'sat uf de Sous-Pré-
fecture?

RICHARD: Nä, nä, es isch eigentlich komisch,
s'Minischderium hat iwerhaupt kenn Àndeydung gemach,
ich selwer versteh nit, ich will sàn d'Musik gischt Àwed...

MAIRE: Wie, d'Musik?

RICHARD: Ihr wisse's so gut wie ich, d'gànz Stadt weisse's,
s'Schtändel...

MAIRE: Ja s'Schtändel, un nàt...

RICHARD: De Jubel, d'Red...

MAIRE: Die Affär vun de Autobahnzufahrt isch arich wich-
tich f'r unseri Leyd, sie finde gànz enfach, dass ich ihri Inter-
resse gut verteidicht hàn.

RICHARD: Gànz enfach, ja, dies isch jà dies Komische...

MAIRE: Ich sah dir's frei heràus, ich bin selwer iwerrascht gewenn.

RICHARD: Gell, es isch doch komisch, wànn m'r gratuliert griet f'r ebs, wu dodal fehl gàng isch. Ich frä' mich ehrlich, was e so e Jubel motiviert hat…

MAIRE: A die Beàmde! Awer her emàl, m'r dät grad menne, du machsch e Enquête!

RICHARD: Lache nit… Ihr verstehn jà, unseri Beziehunge… Ich wot s'Private net mit'm Effentliche mische, awer…

MAIRE: Mach d'r kenn Koppweh, dies macht sich wieder.

RICHARD: Was macht sich wieder?

MAIRE: Wart zwei drei Daa, un alles kummt wieder in d'Rey, làss d'Hormone mache…

RICHARD: D'Hormone, ich versteh net…

MAIRE: Wànn de màl so alt bisch wie ich, un verzig Jàhr mit numme Fraue um dich herum gelebt hasch, nà verstesch schun… Geh net geye d'Natur.

RICHARD: So hàn ich's net gemennt, mey Beziehunge mit Eyere Dochter… sie hàn wohl nix mit dem se dun, was in de letschde Dàä geloff isch… sin trotzdem getroff…

MAIRE: Fàng jetz net àn wie mey Frau, wu in d'Hose macht weye e bissel Musik un e paar Fackle.

RICHARD: Kinnte Ihr mir genau sàn, wie eieri Audienz beym Minischder abgeloff isch?

MAIRE: Dies isch ken Geheimnis, sie isch brima abgeloff, was soll ich noch meh sàn?

RICHARD: Därf m'r wisse, was genau g'sat war isch?

MAIRE: Oh je, dies weiss ich selwer nimme, ich bin gànz heflich geblib, hundertprozentich heflich…

RICHARD: Wu kumme nàt die Sätz her, wu m'r dà un dà hert: »Je ne viens pas vous parler de mirabelles, mais de bretelle!«

MAIRE: Ich hàn nix e so g'sat, sie hàn mich letz verstàn!

RICHARD: Sin Ihr bereit, f'r effentlich bekànnt mache, dass nix e so g'sat war isch…

MAIRE: Un mich als Rettich dà ànne stelle?

RICHARD: Eiere Bericht iwer eyere Parisser B'such hat zum e Missverständnis g'firt, wu d'Leyt ufwigelt.

MAIRE: Her emàl, ich schenk dir e gànz glàre Weyn in, es isch d'Sturheit vun de Verwaldung, wu Schuld àn allem isch.

RICHARD: Technichi Tatsache sin unumgehbar.

MAIRE: Unumgehbar sin Entscheidunge vun bornierdi Burokrate, wu sich àn ihri glàni Macht klàmmere.

RICHARD: Awer Monsieur le Maire!

MAIRE: Sàn doch Eiere Patronne sie soll…

RICHARD: *Geht pletzlich ab*

MAIRE *will ne ànhewe*: Richard, o Scheisse…

Bihnebild 7

Im Salon vun Schwarzwalds e Halbschtund später. Mme Schwarzwald un Tante Odile. D' Maire kummt, er schnappt, weyl'r e gànzer Stoss Zeidunge drat, im Stawer losst er se falle, macht àni uf.

MAIRE *lest*: O du Arsch… Verfluchter Dintekotzer… Dass m'r so bled kànn sin… Ich hàn'm doch gsat keht, er soll e Brems dràn mache… Ich bin verratzt! *Er schrumbelt d'Zeidung un werft se in e Eck, er geht hin un her un murmelt »Arschloch«.*

MME SCHWARZWALD *heylt*: Ich hàns gewisst!

MAIRE: Halt se!

ODILE: Hasch d'gànze Zeidunge vun de Stadt zàmmekaft? A dà isch's. *Sie lest, àn gewissi Stelle hert m'r d'Mme laut heyle, un er sat jedesmàl »Halt se!«* » Gaston Schwarzwald engage le bras de fer avec le gouvernement *bouh, bouh.* Le Maire de Zornstatt s'est rendu hier dans la capitale pour plaider la cause de sa ville au sujet de l'accès à la future autoroute. Devant l'intransigeance du ministre, il a eu une attitude très ferme *bouh bouh* qui s'est traduite par un vif échange verbal durant lequel des mots très durs auraient été prononcés *bouh bouh.* Le premier magistrat peut compter sur un large soutien de la population qui lui a rendu un vibrant hommage hier soir sous ses fenêtres lors d'une aubade aux flambeaux qui a réuni plusieurs centaines de citadins. Par la voix d'Albert Zweistein, premier Adjoint, il a été fait l'éloge du courage de l'élu qui a répondu en quelques mots simples pour exprimer son émotion et sa détermination afin de mettre fin à un arbitraire bureaucratique insupportable *bouh, bouh.* La Sous-préfecture interrogée par nos soins refuse tout commentaire. On ignore à cette heure comment le conflit actuel pourrait se résoudre tellement les positions semblent diverger. Dans les milieux bien informés circulent les hypothèses les plus hardis. Si la démission en bloc du conseil municipal *bouh, bouh* semble écartée pour le moment, des rumeurs insistantes font état d'une possible candidature de Monsieur le Maire Schwarzwald aux prochaines élections législatives *bouh, bouh, bouh.* Il pourrait solliciter l'investiture d'un parti d'opposition rompant avec plus d'un siècle de fidélité de notre ville au pouvoir conservateur« *bouh bouh* Ich versteh dich net, ich find dies net so schlecht, dies drat dir doch Wasser uf d'Mihl, nä? Luh dich màl àn, du bisch gànz grien?

MAIRE: Mey Mihl, Mey Mihl, kaputt macht'r m'r se mey Mihl! Verstesch, ich bin e enfacher Mensch, ich will kenn Scheynwerfer wie e Zirkusphenomen…

ODILE: Dies hàn ich gischt owed net gemerkt, du bisch regelrecht ufg'schwoll unter'm Applaus, hàn ich recht? Er hat doch s'Ehreständel net kinne ignoriere, dey Journaliste…

MAIRE: Es isch net »mey« Journaliste, es isch e verdàmmter Hetzer!

ODILE: … un alles was'r schreibt, isch net bled. Sogar dey Kandidatur als député, soweyt hàn ich gar net gedenkt, isch dies e Drama? Ich sa' dir schun wie làng, dass d'Stadt nix se hole hat mit dere Regierung… un Zornstatt hat seit'm letsch-de Krieg kenn Député me keht.

MAIRE: Awer doch net alles àn d'Gross Glock henke, d'Politik braucht Schätte, es muss heymlich vor gàng sin, gànz heymlich.

ODILE: Fawas immer die Stillmesse, dies Hinterdiergemogels?

MAIRE: M'r zei't sey Karte net var'm Spiel, un ich bin noch immer unpolitisch gewenn, ich will kenn Etikett…

Odile: F'r weyt un breit ramassiere…

MME SCHWARZWALD *heylt*: Hasch m'r verschproch keht, hasch mich belo'…

MAIRE: Wu her dànn, Màmme, glab m'r, allé!

Herin Frieda Pilgermayer, lautkreyschendi Rätschbäsel…

FRIEDA: Dà kumm ich grad richdich f'r graduliere!

Mme Schwarzwald dreyt sich herum un lescht ihri Träne

MAIRE *neydich*: B'jour!

FRIEDA: Ich bin schun heyt marje in aller Frih dà gewenn.

MAIRE: Un um was geht's?

FRIEDA: Ay, gratuliere! F'r s'Fescht gischt. Grossartich, grossartich ich's gewenn!

MAIRE: Mm…

FRIEDA: Fer dies net, es isch normal, dass d'Familie sich dà bedeilicht. So wie ich dà gsi isch bei eich d'grescht Bläsir.

MAIRE: Ja, m'r kànn's sàn.

FRIEDA: Ich wills doch menne, wànn m'r zu Läbszeyt e Fackelzuch griet, normaler Weys muss m'r sterve devor!

MAIRE: Bisch du debey gewenn?

FRIEDA: Sicher, mit meym Alde, gànz weyt hinde im Park.

MME SCHWARZWALD: Ihr hàn solle herin kumme…

FRIEDA: Mey Mànn hat gemennt… d'bessere Leyd sin liewer f'r sich…

MAIRE: Besseri Leyd, was dànn net noch.

FRIEDA: M'r wot net stere. Wissen'ihr's schun, vum Becker Wilberger?

MAIRE: Ja, dà hasch jetz e bissel Verschpädung.

FRIEDA: Un vum archiprêter?

MAIRE: Wisse mir a, kenn Chance heyt Kusin.

FRIEDA: Awer der muss gemach hàn, de archiprêter, Jesses Maria un Josef!

MME SCHWARZWALD: Jetz iwertreybsch awer e bissel...

FRIEDA: Wànn du's besser weisch wie ich!

MME SCHWARZWALD: Mir hàn halt net d'selwe Beziehunge, verstesch.

FRIEDA: Ich kànn eich a numme sàn, was ich vum Baschdor seynere Keche erfar hàn, un dies weis d'gànz Stadt.

MME SCHWARZWALD: Ay nà sa's àwe...

MAIRE: Hasch vor dey G'schicht Episode weis ze liwere, dass de làng dràn hasch?

FRIEDA: Ich will eich numme schone. Awer wànn ihr dràn halte. Also hat d'Keche g'sat, dass se de Abbé noch nie in so' me Zustànd g'sin hat – un sie isch schun Jàhre làng beym –, er hat gekrisch, dass die Ehrung – dey Ständel gisch àwed – f'r ewich e Schànd f'r unseri Stadt isch, hat'r g'sat.

MAIRE: Wànn numme er kenn Schànd isch f'r se...

MME SCHWARZWALD: Gaston!

FRIEDA: Dass'es et Rebellion geyje d'Owrichkeit isch, e Art Revolution...

MAIRE: Was?

FRIEDA: Un jetz under de Fihrung vun ihrem liewe Maire, gehn d'Zornstatter allmälich zum Bolchevismus iwer! Hat'er g'sat.

MAIRE: Musch druf kumme!

FRIEDA: Dass'r d'nächst Predicht iwer de Materialismus macht, wu d'Leyd vun d' Religion abbringt, vun de Wellech im Schàfskleid verkleid. Er will sei Pfarrkinder ufkläre, hat'r g'sat, aus de Dunkelheit reysse, un de Herr Maire a!

MAIRE: Dem gi' ich Materialismus un klär ne uf, wànn ich'm in de Arsch dapp, dass'r Sterne gsit!

MME SCHWARZWALD: Gaston, beruhich dich, mach's net noch schlimmer.

MAIRE: Nä un noch emàl nä, dies erlab ich'm net, nein isch nein!

FRIEDA: Äwe, er hat noch ebs Komisches g'sat, ebs vum Goethe, ich weiss nieme so genau. Es hat ebs se dun mit'm Deywel… Ah ja, es isch so: der Geist, der stets verneint, e beser Geischt, wu immer nä sat! Un d'Affär mit'm Màler Gruber, kenne ihr die a?

MAIRE: Was isch dàn mit'm Gruber?

FRIEDA: Er hat a net mitgemach gischt Àwed, er hat e devis gemacht f'r d'Façade vun de Sous-Préfecdur, er sat, er muss sich halde mit de Regierung.

MAIRE: Lächerlich!

FRIEDA: Lächerlich, Mensch? De Hausmeischder vum Colléch ich entlass war, weyl'r mitg'spielt hat, er spielt clarinette.

MAIRE: Wer bringt numme denne Unsinn uf?

MME SCHWARZWALD: Wànn mer sat, d'eie Familie verbreit so Rätschereye!

FRIEDA: Misse mich net so bes ànlun, ich sa' numme, was ich g'hert hàn…

MAIRE: Ja, schaff noch e bissel drunter!

MME SCHWARZWALD: Es isch schun schlimm genung, wànn d'fremde Leyd aus ere Muck e Elephant mache.

FRIEDA: E Muck? Weisch Albertine, so ebs Glänes isch dies net, wànn de Minischder ebs àn sich griet un vun de Rejierung muss ausscheide.

MAIRE: Wer isch krànk war?

FRIEDA: D' Minischder. *D' Maire lacht e bissel gezwung.* Ja, lach numme, ich garàndier dir dass'es stimmt, sie hàn…

MAIRE: Herrgott noch emàl, sin ihr dànn all verrickt war!

FRIEDA *beleidicht*: He, pardon, numme làngsàm… *S'Telefon schellt.*

MAIRE: Allo, ja ich bins…bonchour…Wie?… A d' Monsieur Meyeralt…

MME SCHWARZWALD *unruhich*: Es isch d' Inschpekter vun de Renseignements généraux…

MAIRE: Gut un selbscht... nä, Monsieur Meyeralt ihr deràngiere...A ja, es isch jà wàr... nä, Gilbert, derangiersch mich gar net... *winkt de Fraue, sie solle weg...reagiere awer net...* Ja, sicher... E bissel frisch trotzdem...Hauptsach es räjt net... tatsächlich, m'r hàn als schun noch Schnee keht... Mennen'ihr, euh, mensch... mir hoffe s'bescht ... d' Klima Wechsel? Sin...bisch sicher... Nä dà ändere mir nix dràn... *hebt s'Telefon zu* Kinne ihr net e Moment in d'Kich gehn ànstatt dà rumstehn?

ODILE: Ich glab, d' Herr Maire hat e G'spräch »Secret Défense«...

MME SCHARZWALD: Jesses, ich hàn gàns vergess, mey Fleisch iwerzemache...

FRIEDA: Abä, wànn m'r nix derfe here...

MAIRE: Ja, allo, Monsieur Meyer... Gilbert... Ja, ich her dich...Nä, es isch nix, ich hàn numme e paar Ohre misse verschwinde mache... Ja, Fraueohre, wu sich gànz schnell in Zunge verwàndle... Bessi? Dies hasch du g'sat... *lacht dumm. Suzanne kummt, d' Gaston gsit's net...* Ja, merci, ...d' Reis ich brima verloff... uf jedefall praktisch... nä... In Baris nemm ich nie e Taxi... Ja, es stresst mich, wànn ich numme denne Zehler gsi... Ja un nàt Feux Rouches un Stockunge... M'r dät grat menne, sie maches express... Nä, ich hàn awer e Plan keht... Ja, rue de Varenne...Nä, rue de Bellechasse isch s'Minisderium vun de Anciens Combattants... Mir kinne trotzdem schun e Zeytlàng lese uf'm Lànd... *lacht dumm...* O jà, stersch mich kenn happe... Nadierlich hàn ich de Minischder getroff... Wie?... Ja freyndlich wie immer... Ob was?... Ah, obs e gut Mirabelle Jàhr git? ... *macht e Gsicht wie »Was isch dies f'r ebs?«* Schwer ze sàn im April... Schwer ze sàn im Voràus... Wie? ... Ah, wie f'r d'Wahle *lacht dumm...* Députéwahle, die sin jà erescht in zwei Jàhr... Ah in de Zeytung? Die misse jà immer Sensatione melde... *brummelt* Arschloch, Dintekotzer... Nä, du doch net, nä ich hàn's mit de Katz »Lumpevieh!«... Wie es isch immer ebs wàhres debey? ...

Ja, awer in dem Fall isch's ebs gànz Winziches… Wànn ich
mich rasier marjets? … Sicher net, weisch, es wird viel ge-
babbelt… E politischi Umwälzung? … Mensch tatsächlich…
Wieso s'Ehreständel?… Wuher dànn, ich hàn iwerhaupt nix
gewisst… D' Owerichkeit wundert sich… Sicher, s'G'spsräch
isch wunderbar verloff… Hart? Noch net emàl, freyndlich
un hefflich… Ich hàn nix verlàngt… D' Minischder hat jà
B'scheid gewisst, was hàn ich dànn dà noch gros wille sàn …
Dies kummt wieder ins Rolle, in e paar Daa red kenn Mensch
meh devun… Ich kenn mey Leyd… E bissel Fiewer vertreybt
d'Krànkheit… F'r dies net Gilbert… Service Gilbert… kànnsch
uf mich zehle Gilbert… merci… gleychfalls Gilbert… Hat
mich g'freit bis s'nächste Màl… Arwoir Gilbert…
SUZANNE: Awer sicher Gilbert… Ich mach schun d'Hose
herunter Gilbert…
MAIRE: Suzanne!?
SUZANNE: Findsch net, dass du dem Spitzel viel dàher
machsch?
MAIRE: Mensch… Weisch mit dene isch's e so: »Gisch m'r
dies, nà griesch dies«.
SUZANNE: Ah ja, un was hasch du àwe griet?
MAIRE: Hum…Euh…
SUZANNE: Dreymàl nix, er geht um de Brey herum, werft
sei Àngel, un allegebot schlat'r àn.
MAIRE: Mit dene musch vorsichtich sin, wànn d'Geyepartey
stark isch, derfsch net direkt àngreyfe…
SUZANNE: Awer de Leyd macht m'r glawe, das m'r uf's
Gànze geht…
MAIRE: Du weisch, d'Leyd verstehn net alles, d'Sache sin
komplexe heyt ze Daas…
SUZANNE: Ja, Wasser uf zwei Schuldere dràn isch arich
komplex… Wie d' ànder, wu e red soll ufsetze f'r de Schnaps-
brenner flettiere un im selwe f'r d'Gsundheit sarje will…
MAIRE: *Macht e Geste, wie wànn'r wot Àntwart gin, sat awer
nix…*

SUZANNE: Bappe, ich hàn d'Nas voll vun eyere G'schichde!

MAIRE: Mädele, im Läwe macht m'r nit immer, wie m'r will, es git Fäll, wu m'r net drumherum kummt, nà nemmt m'r's wie's kummt, m'r nemmt s'net so gute, f'r s'gànz schlechde ze vermeide...

SUZANNE: M'r bind sich Bäre uf, beliet sich un d'àndere, isch mit allem zefriede, wird alt un hat net gelebt, nä, merci, nix f'r mich!

MAIRE: Wart noch e paar Jààhr, nà rede m'r noch emàl...

SUZANNE: Bappe, ich geh fort.

MAIRE: Fort? Un d' Richard?

SUZANNE: Un d'Richard! *lacht bitter* Du dràusch so ebs fràn? Wie wànn d' nix wischt...

MAIRE: Er sat, er hat gewart im Park...

SUZANNE: Ich vielleicht net?

MAIRE: Dies klärt sich schun, e Missverständnis...

SUZANNE: Missverständnis? *geht àns Fenschder* Ich menn erschder, er hat zu gut verstàn, was d' ihm gsat hasch vorher, wie'r fascht fortg'sprung isch, net wàr?

D'Fraue kumme vun de Kich zerick ohne Odile.

FRIEDA: O du mey armes klänes Mädele, es isch allewä net enfach f'r dey Freyer, d' Secretaire Cheneral...

SUZANNE: Erschdens isch's kenn »Freyer«, zweitens bin ich nieme glän, un zum gute Glick net eyer. Bekimmere eych um eyere Käs...

MME SCHWARZWALD: Awer Suzanne... was isch mit'm Richard?

SUZANNE: Was isch? E's isch e Hoseschisser, un de Babbe hat'm noch kräftich Àngscht gemach... *sie zei't ihr Handy* Seit gischt kenn eyner Ànruf! *werf d' Apparat uf's Kanapé un geht pletzlich ab.*

FRIEDA: O dies arme Wermel, so scheni Bardie... e Staatsbàmter...

MME SCHWARZWALD: Gaston?

MAIRE: ...

MME SCHWARZWALD *gànz gemitlich*: Gell ihr hàn g'händelt?

FRIEDA: Mey Mànn hat gleych g'sat, dass dies Maleschde git mit'm Herr Secretaire Cheneral, e hocher Staatsbàmter…

MAIRE: Sa' deym Mànn er soll var seynere Dier fàje!

FRIEDA: Dies isch jetz d' Dànk f'r unser Mitleid?

MAIRE: Ich blàs d'r uf eyer Mitleid!

MME SCHWARZWALD *schubt d'Frieda in d'Kich*: Kumm, Frieda, kumm…

FRIEDA: So geht's de arme Leyd bey de Bessere.

D' Maire làsst sich ufs Kanapé falle.

Bihnebild 8

Im Salon vun Schwarzwalds, e bissel später àm Nàmida. D' Handy, wu uf'm Kanapé leye geblib isch, fàngt àn ze schelle… Dànde Odile zickt e Moment un hebt ab.

ODILE: Ja, Màmsell Schwarzwald…Nä, im Suzanne sei Dànde… Net schlimm Monsieur Steif… Nä im Moment weiss ich net, wu's isch… bees? … Wissen'r, dà bin ich net so uf'm laufende, ich hàn awer de Indruck …es mennt, ihr sin's, wu… es hat gered vun fortgehn vum Elderehàus… Ay, weye dene gànze G'schichte dà, ihr kenne dies besser wie ich…ja… dass ihr Àngscht hàn f'r eyeri Karrier… Es isch net wàr… ihr hàn iwerhaupt ken Àngscht meh… Ah bon, ich hàn gement… sa' numme, net mechlich…Hàn ich richdich g'hert? … Unglaublich! …Jetz bin ich iwerrascht, tatsächlich… Ay jà sa' ich's'm! Ihr kinne uf mich zehle… Au revoir Richard. *leyt s'Telephon ànne* So e Schachzug, so ebs Raffiniertes! Pervers, richtich pervers! Gaston, wu bisch dànn, Gaston!

MAIRE *vun weitem*: Ich kumm. *kummt herin* Was isch dànn schun wider?

ODILE *leyt d' Handy näwe s'normale Telephon*: Sa' m'r, ob ich net dräm… Grosartich, ich glabs net!

MAIRE: Was dànn?

ODILE: Huck dich, wersch gsin, du glabsch m'r's net!

MAIRE: Tatsächlich, wànn d' m'r nix sasch...

ODILE: Ich hàn unsere Richard keht...

MAIRE: Du, du hasch? ...

ODILE: Àm Handy...

MAIRE: Du hasch jetz e Handy?

ODILE: S' Suzanne hat seyner wie immer herumfahre gelàsst, er hat geklingelt, ich hàn Àntwart gin... Un nàt, ich sa' dir!

MAIRE: Du sasch m'r gar nix...

ODILE: M'r kànn sich gar net denke, wie subtil dass se hàndle...

MAIRE: Was hat'r dànn gemach de Richard?

ODILE: O nä, net de Richard, so e Schlach kànn numme vun gànz hoch owe kumme... Gsisch wu's nàusgeht?

MAIRE: Ehrlich g'sat, ich gsi net viel...

ODILE: D' Machiavel wie's im Buch steht. Stell dir vor sie hàn ebs g'fund, f'r uns kontra gin!

MAIRE: Wer? Was?

ODILE: Kànnsch d'r doch allewä denke, dass dies, wu sich dà abg'spielt hat in de letschde Dää, ihne zeschaffe macht, dey energischer Ufftritt beym Minischder, d' Widerstànd vun de gànze Stadt, e Wahlkreis, wu zu d'Opposition umschwenkt... Sie hàn misse gross uftrumpe... un f'r e Meischderzug isch's e echder Meischderzug!

MAIRE: A so...

ODILE: Dies isch alles, was d' ze sàn hasch, »A so«, wart numme, dass ich dich ufklär...

MAIRE: Schun wieder!

ODILE: Bisch eigentlich selwer Schuld, du hasch ne e wunderbari Geleyeheit gin, f'r dich glän ze mache. Awer ich geh die Sach uf mey Art dialektisch umwerfe, es git e Triumph!

MAIRE: E Triumph?

ODILE: Uf dies sin se net g'fasst, glab m'r, dies kummt in

d'Annale!

MAIRE: Ay um's Himmelswille…

ODILE: Sie wille uns e Fall stelle, anstatt dich ze stràffe, wie m'r sich denke kànn, wersch belohnt!

MAIRE: Ich wer belohnt…

ODILE: Sie gin d'r ebs, wu d' schun làng devun drämsch, un wu nieme erreichbar g'scheynt hat…

Maire: Odile, wär's mechlich, mit dem Rätselràte ufhere…

ODILE: Gsisch tatsächlich net?

MAIRE: Kenn Spur…

ODILE: S'Minischderium hat e Fax àn d'Sous-Préfecture g'schickt, bisch uf de Lischt vum 14 Juillet f'r, f'r…

MAIRE: F'r d'Légion d'Honneur?

ODILE: Jawohl, s'rote Bändele…

MAIRE *zwische Bläsir un Iwerraschung*: Ich wer Chevalier de la Légion d'Honneur!

ODILE: Un kànnsch d'r jetz schun de Skàndal denke: »Er behaupt beym Minischder uf de Disch gekloppt ze hàn, un jetz kriet'r e Médaille, der hat uns im Stich gelàss, hat uns belo', hat uns àusgelacht!« Kànnsch dey Wahl als Député vergesse, un d'Mairie kànnsch a ufgin.

MAIRE *schichtere*: Ich wer awer Chevalier de la Légion…

ODILE: Vun de Schànd, ja. Sie menne, dass m'r druf hupse wie e Frosch uf e rotes Läppel. Awer mir gehn reagiere…

MAIRE: Was kànn m'r dànn geye e Medaille mache…

ODILE: Se refusiere!

MAIRE *schwitzt*: D'Légion d'Honneur refusiere?

ODILE: Sowieso! *Nemmt s'Telephon, de Maire gesticuliert, f'r bremse* Oui… La Sous-Préfecture… Oui, je voudrais parler à Mme Gornmal, oui, Madame la Sous-préfète… Oui de la part de Mademoiselle Schwarzwald, Odile Schwarzwald… Je ne quitte pas… Bonjour Madame, mes hommages Madame… C'est au sujet de la Légion d'Honneur… Veuillez transmettre ceci au ministère: N o u s r e f u s o n s ! *D'Maire fallt um.* Au revoir Madame. *Odile hängt in.*

Bihnebild 9

Im Park. In de Kulisse hert m'r schun e heftichi Diskussion.

GEMÄNERÀTSMITGLIED: Es isch doch allewä net unseri Schuld, wànn'r d'Klapp e bissel ze viel ufgeriss hat...

GEMÄNERÀTSMITGLIED: Er het sich misse b'hersche, so red m'r net mit'm e Minischder.

GEMÄNERÀTSMITGLIED: M'r muss àns Wohl vun de Stadt denke, mir kinne uns d'Rejierung net uf de Hals lade.

GEMÄNERÀTSMITGLIED: Mir sin doch kenn Revolutionäre un kenn Roti!

GEMÄNERÀTSMITGLIED: Zornstatt isch noch immer mit d' Mehrheit gewenn, d'Leyd verstehn nix me.

GEMÄNERÀTSMITGLIED: Was hàn mir Erwed mit dem Ballawer? Mir brauche Ruh, Ruh un noch emàl Ruh.

GEMÄNERÀTSMITGLIED: Wànn d'Leyd ufririch were, dies bringt nix Gutes.

GEMÄNERÀTSMITGLIED: Zu scharf schneid net, zu spitz stecht net, wànn m'r so weyder mache, grien m'r iwerhaupt kenn Audobahn.

GEMÄNERÀTSMITGLIED: Wànn m'r ebs erreiche will, muss mer kinne luck gin.

GEMÄNERÀTSMITGLIED: Es isch jà scheen, de Held ze spiele, awer wer hat not d'Konsequenze.

GEMÄNERÀTSMITGLIED: *Zum Adjoint* Du hasch ze gehen, du bisch Adjoint...

ADJOINT: Ich kànn net àndersch, es isch m'r wohl peynlich... Ihr kenne'ne jà...

GEMÄNERÀTSMITGLIED: Mir vertrete s'Interesse vun de Stadt, mir hàn nix ze verrichte...

ADJOINT: Verrichte, verrichte, nadierlich net, awer es isch net grat scheen, äne Daa so, un de àndere Daa so...

GEMÄNERÀTSMITGLIED: M'r hàn net alli Elemente in de Hànd keht, f'r sey Verhalte in Baris ze jugiere...

ADJOINT: Mir kinne awer net sàn, dass's uns kenn Bläsir gemach hat, m'r hàn'm alli gratuliert...

GEMÄNERÀTSMITGLIED: F'r seyne Kurasch, ja, awer net f'r d'Konsequenze.

GEMÄNERÀTSMITGLIED: Mir wille in Ruh läwe, in Ruh…

GEMÄNERÀTSMITGLIED: Mir verlànge jetz schun zeh Jàhr e nàui Chàndarmerie, mir kinne se vergesse, glawe m'r's ruhich, alles f'r d'Katz.

GEMÄNERÀTSMITGLIED: D'G'schäftsleyd zehle uf d'Kommànde vun de Verwaldunge, wànn m'r d'Staatskommànde verliere…

ADJOINT: Isch dies e so wichtich?

GEMÄNERÀTSMITGLIED: In de heydiche Zeide kummt's uf jeder Euro àn.

GEMÄNERÀTSMITGLIED: Was mich betrefft, ich bin kenn Rejierungsfeyind.

GEMÄNERÀTSMITGLIED: Ja, un nàt?

GEMÄNERÀTSMITGLIED: M'r hat de G'schäftsverluscht, un dehemm griesch e Fratz gezo'.

GEMÄNERÀTSMITGLIED: S'Gericht kaft s'Babeyer bey mir, un jetz kumm ich als Revolutionär, die gehn zum e àndere.

GEMÄNERÀTSMITGLIED: Mir brauche Friede, mir brauche Ruh, Gemitlichkeit.

ADJOINT: Dies isch gut un recht, awer was soll de Maire jetz mache?

GEMÄNERÀTSMITGLIED: Uf eyni Art, muss'es e Lesung gin!

ADJOINT: Un wie dies?

GEMÄNERÀTSMITGLIED: Ja isch er d' Maire oder net, f'r dies hàn mir ne jà gewählt…

GEMÄNERÀTSMITGLIED: Un er isch bezahlt defar, nä?

GEMÄNERÀTSMITGLIED: Ich dät sogar sàn, gut bezahlt mit unsere Steyere.

GEMÄNERÀTSMITGLIED: Er hat uns in d'Scheisse g'huck, er soll luhn, wie'r heràuskummt.

ADJOINT: Ihr verlànge ihm àwe, dass er sich blàmiert.

GEMÄNERÀTSMITGLIED: Er hat solle iwerlehn: vorher! Fawas de Gaul los làsse in Baris. E Minischder, dies isch a e Mensch...

GEMÄNERÀTSMITGLIED: Mir muss e Sach mache mit Màs un Ziel. Wànn m'r d'Interesse von de Stadt vertrett, geht m'r diplomatisch vor, m'r beherrscht sich...

GEMÄNERÀTSMITGLIED: Der gànz Käs hàn m'r weye dir un dey Bràch näwe d'Autobàhn, e gànzi Stadt undersewerscht weye e paar Därner un Dischle!

SCHLEIERMEYER: Därner un Dischle! Dies isch e Erbstick vun d'Dànde vun meyner Frau, es isch e Privatgrundstick, un Eiedum isch Eiedum, dà derf m'r net dràn rittle, ihr Kummunischde! Ihr hàn alli g'sat, dass zwei Kilometer ze weyt vun de Stadt isch...

GEMÄNERÀTSMITGLIED: Gsat, mir hàn's g'sat keht. M'r muss kinne evoluiere, die zwei Kilometer misse mit'm Globalinteresse vun unsere Stadt Zornstatt vermesst were.

ALLI: Brima, gut geredt!

GEMÄNERÀTSMITGLIED: Kenn Krach, kenn Huddel, numme Ruh, viel Ruh!

Bihnebild 10

In Schwarzwalds Salon.

ODILE: Wie geht's'm dànn?

MME SCHWARZWALD: E bissel besser. D'Dokter hat'm ebs gin, f'r beruhiche. Er hat g'sat, es isch allewä e starker Stress gewenn... Er hat e Moment làng letz geredt, ich hàn net alles verstàn, e paarmàl »Es bringt mich um, es bringt mich um...«. Un noch ebs vum e Frosch, wu uf e rotes Bändel hupst, un was weis ich noch, ah, dass d'Mirabelle so gut sin dies Jàhr... Stellsch dir vor?

FRIEDA *stermt herin*: Je was e Unglick! Isch'r dot? Hat'r e Schlack griet? Gell er kàn nieme rede? Isch'r gelähmt? D'Baschdor hat's g'sat keht, mir soll sich net àn d'Owerichkeit vergreife. Awer dies hat'r jetz doch net verdient keht... Ihr

271

hette kinnte d'Familie preveniere, ich hàn's in de Beckerey misse here... àm e scheene Daa heischts noch mir sin unens... Derf m'r zum?

ODILE: Àm beschte làsst m'r ne in Ruh.

MME SCHWARZWALD: D' Dokter hat g'sat, er soll kenn B'such grien...

FRIEDA: Ah es isch ànsteckend? Ich muss gehen. *Geht àn d'Dier, kummt zerick*: M'r misst vielleicht àn d'letscht Elung denke, m'r kànn nie wisse. *Geht àn d'Dier, kummt zerick*: Wànn ebs dät bassiere, ich will de Deywel net àn d'Wànd màle, gäbs e Ims oder numme Kaffee un Kuche?

ODILE: D' Gaston muss sich numme e bissel àusruhn nàh de letschde Ereignisse.

FRIEDA: Letschde Ereignisse, gell ihr verhämliche m'r schun wider ebs?

MME SCHWARZWALD: Wuher dànn, du weisch jà alles besser wie mir...

FRIEDA: Arwar... *Geht àn d'Dier, kummt zerick*: Wisse ihr, was verzehlt wird: D' Gaston het d'Légion d'Honneur griet, wànn'r d' Minischder net beleidicht het, er isch schun uf d' Lischt gewenn... *Geht àn d'Dier, kummt zerick*: Misse im Gaston nix sàn, awer de Gemäneràt hat e G'heimsitzung keht beym Apotheker. D'bessere Berjer sin unruhich weye'm Konflickt mit de Rejierung, scheynbar sin d'CRS vun Metz schun unterwegs.

MME SCHWARZWALD: O Gott, dies isch doch net mechlich!

FRIEDA: Ich hàn's eich g'sat, so wie m'r in de Waldruft, so schallt's wider heràus. Arwar. *Ab*

MME SCHWARZWALD: Wànn d' Gaston dies hert, nà trefft'ne de Schlack, wu holt's numme dies alles her...

ODILE: Dies mit d'Légion d'Honneur isch net gànz letz...

MME SCHWARZWALD: A so?

ODILE: Dies hat'm eigentlich de Chock gemacht. D' Richard hat àngeruft, heb dich gut, er hat m'r g'sat, dass de Gaston uf de Lischt vum 14 juillet isch...

MME SCHWARZWALD: F'r d'Légion d'Honneur! A so, jetz versteh ich, es isch'm schlecht war àus Bläsir.

ODILE: Nä es isch, weyl m'r se refusiert hàn.

MME SCHWARZWALD: Refusiert, was hàn'r refusiert?

ODILE: Ay d'Légion d'Honneur!

MME SCHWARZWALD: Dies glab ich net, 25 Jàhr schafft'r schun dràn, drämt'r devun, Frau un Kind het'r verkaft f'r die grien. Un er hat refusiert?

ODILE: G'sisch dànn net, dass'es e Fall isch, ihne belohne nà seym kuraschirte Ufftritt in Baris, dies stellt sey gànzi Aktion in Frà'. M'r hat net kinne ànnemme.

MME SCHWARZWALD: Ich versteh. Abä, es wundert mich, dass'r noch lebt!

Herin Adjoint, Schleiermacher un e Gemäneràtsmitglied.

ADJOINT: Bonjour Mesdames, isch d' Gaston dà?

MME SCHWARZWALD: Ich geh lun, er hat sich e bissel umgelet... *D' Maire kummt.*

MAIRE: Bonjour Messieurs. Ich will mich noch emàl herzlich bedànke f'r gischt. *Sie sin scheniert.*

SCHLEIERMEYER: Ja...

GEMÄNERÀTSMITGLIED: Ja, ja...

ADJOINT: F'r dies net, Gaston, f'r dies net.

MAIRE: Der Àwed bleybt f'r mich unvergesslich!

GEMÄNERÀTSMITGLIED: F'r uns a... Ay red doch!

ADJOINT: Ay ja, Gaston, bisch uf Baris un mir hàn dir wille zeihe, wie zefriede mir gewenn sin in dere Hinsicht.

MAIRE: Uf e gànz grosartichi Art, muss ich sàn.

ADJOINT: Ja, sicher. *Still.* In gewissi Kreise vun de gut Gsellschaft macht sich e gewissi Unruh spierbar, d'Geschäftswelt isch unruhich...

GEMÄNERÀTSMITGLIED: Es geht um's hehere Interesse vun Zornstatt...

SCHLEIERMEYER: Um's allgemeine Wohl. Mir ferichte, dass's iwerhaupt kenn Autobahn git...

GEMÄNERÀTSMITGLIED: Un ken Chandarmerie.

MAIRE: Wieso, mey Herre?

GEMÄNERÀTSMITGLIED: Dies fràn ihr? Dà brauch mir doch ken Brill!

ADJOINT: Ruhich! Entschuldich Gaston, awer es macht sich e Mänung breit, dass dey Action e bissel se weyt gàng isch…

MAIRE: Ich hàn numme d'Mänung vun alle vertràtt!

SCHLEIERMEYER: Ja, awer d'Wahl vun de Wärter.

GEMÄNERÀTSMITGLIED: Ihr hàn se net so gros solle ufreyse!

MAIRE: Ihr sin im Irrdum! Dies isch alles weye dem dawe Zeytungsartikel!

GEMÄNERÀTSMITGLIED: Nix kummt vun nix, ihr sin e bissel àus'm Ràhme g'fall, wànn ich derf so sàn.

MAIRE: Messieurs! Ich hàn m'r die Sach iwerlet. Ich hàn schun Màniches g'hert keht, ich hàn sofort mey Entscheidung getroff. Marje fri' fahr ich uf Baris, un excusier mich beym Minischter!

Schleiermeyer: Sicher?

Gemäneràtsmitglied: Unser liewer Herr Maire!

ADJOINT: Gaston erlab m'r… *dricktm làng d'Hànd* So e nowles Verhalte! F'r unseri Stadt…

D'ÀNDERE: Bravo… *D' Handy schellt.*

MME SCHWARZWALD: Suzanne, Telephone!

S'Suzanne kummt, macht e Britsch, nemmt d' Handy, d'Gewälde gehn leise ab.

SUZANNE: Allo! *lächelt* Nä ich bin net mey Tante… Ja… Ja… *Geht ab mit'm Handy.*

ODILE: Willsch tatsächlich uf Baris gehen, un d'Hose herunter mache?

MME SCHWARZWALD: Odile, provozier'ne net, du weisch wie'r dey Mänung reschpektiert, un weyl'r jetz f'r emàl guter Wille zeit, un alles kint sich arràngiere…

ODILE: Nà geh halt uf Baris, un schmutz'ne d'Fiess…

MAIRE: Un ich geh mich net excusiere uf Baris!

MADAME SCHWARZWALD *zu Odile*: Hasch jetz g'sin?

Awer Gaston, du hasch's äwe de Gemäneràtsherre versproch…

MAIRE: Ich geh net, weyl's unnedich isch.

MME SCHWARZWALD: Isch's e so schlimm gewenn, dass… O Gott!

MAIRE: Es isch unnedich, weyl's net notwendich isch, gànz enfach, es isch iwerhaupt nix bassiert.

ODILE: Nix?

MAIRE: Nix, sa' ich d'r doch. Wànn ich àngegriff wer, kànn ich reagire, wànn eyner hefflich isch un freyndlich, kànn ich äwe net negativ sin…

ODILE: Un d' Minischder isch gànz lieb gewenn…

MAIRE: Genau, herzlich, sympatisch. Ich hàn g'sat »Bonjour« un »merci« un »oui«, wie'r mich g'fràt hat, obs viel Mirabelle git dies Jàhr… Un mir sin noch im April… *D'Tànte geht verzweywelt ab un kreyzt Suzanne wu herin kummt.*

SUZANNE: Babbe, mey liewer Babbe… D' Richard hat àngeruft vun d' Sous-préfecrure. Sie verstehn net, fawas du dey Medaille refusiersch, dà dies Ding mit'm rote Bändele. Sie hàn noch nix im Minischderium gemeld, sie warte uf e B'städichung vun dir. Sie wisse a, dass d' unmechlich hefflich gewenn bisch beym Minischder, sie sin sogar bereit gewenn, d'Autobàhn Uffahrt ze verleye, weyl mit'm Stick vum Apotheker isch ebs net klàr beym Notär, weyl d' awer nix verlàngt hasch, hat d' Minischder gement, du willsch beym alde Projekt bleywe, sollsch im Richard Àntwart gin…

MAIRE: Ich, ich binbin mit allem d'accord!

SUZANNE: Schatzi, hasch de Babbe g'hert? *Git'm d'Handy.* Dà hasch d' Richard, un kànsch'm gratuliere, er kummt als Secrétaire Général uf d'Sous-Préfecture vun St Raphaël àn de Côte d'Azur, un ich geh mit…

MAIRE: Gradulier Richard… Ja merci gleychfalls, kumm doch dorich… Champàngner, awer sicher… O ja, ja… *M'r hert wider d'Musik im Park var'm Fenschder.*

ADJOINT: D' grescht Siech isch der, wu m'r geye sich selwer gewinnt. Mir wille unserem grosse Maire s'Lob àusspreche, d' Gaston Schwarzwald hat seyne berechtichte Stolz g'opfert f'r's Wohl vun unserer Stadt. Mir winsche ihm noch e làngi Àmtszeit àn de Schpitz vun unsere Gemän. *Musik, »Bravo«… D' Herr un d'Madam winke àm Fenschder, d' Richard kummt mit'm e Magnum, s'Suzanne fast'ne àn d' Hànd un nemmt ne mit…ins Zimmer.*

END

Mundart und Musik

Die folgende interdisziplinäre Stippvisite gilt einer besonders attraktiven Form, wie Dialektdichtung auch heute noch popularisiert werden kann: nämlich durch das Zusammenspiel mit Musik bzw. Gesang. Wenigstens skizzenhaft sei daher auf vier Gruppen einer durchaus erwähnenswerten lothringischen Musikszene verwiesen. Zwar lassen sich Liedtexte angemessen erst in der Verbindung mit ihrer Vertonung beurteilen, doch seien immerhin einige von ihnen hier exemplarisch vorgestellt, um die thematische und stimmungsmäßige Palette zu kennzeichnen.

Beginnen wir mit der Folk-Gruppe **Schaukelperd**. Näheres erfahren wir bei www.languesdefranceenchansons.com/site.php Rubrik: *Francique de Moselle*. Vgl. auch die Internetseite der Mediathek Saargemünd unter *Plattform*.

Die Band hat sich auf neu vertonte traditionelle Lieder aus dem Dialekt sprechenden Lothringen, dem Saarland, der Pfalz und aus Luxemburg spezialisiert, teilweise aus dem Repertoire des Abbé Pinck.

v.l.:
Roland Helm,
Didier u. Hervé
Atamaniuk,
Michael Geib
Foto:
Denis Hilt

Der nachfolgend abgedruckte Text, ein Ohrwurm, stammt vom heutigen Kulturamtsleiter von Sarreguemines, Hervé Atamaniuk (geboren 1961 in Saint-Avold). Er hat dabei ein altes Wanderburschenlied revitalisiert und auf den Strukturwandel Lothringens als ehemaliger Montanregion bezogen:

Unsa Handwerk (1985)

Unsa Handwerk, das ist verdorben
Die besten Kumplen sind gestorben
Die wo bleiben sind du und ich (*Refrain, zwei Mal*)

Unsri Welt hat sich geändert
Sagen die wo nie kä Heimat
In ihren Herzen verborgen hielten (*zwei Mal*)

Zugemacht haben sie die Gruben
Rausgeschmeist die besten Kumplen
Jetzt ist Zeit der Erneuerung (*zwei Mal*)

Seh sie jetzt die Herren und Grafen
Sie hielten uns für ihre Sklawen
Lebten ja auch in einem Schloss (*zwei Mal*)

Leben heute nicht mehr hier
Die wo bleiben sind nur mir
Lieber Freund, das siehst du nicht (*zwei Mal*)

Lustig, lustig ihr lieben Brüder
Jetzt ist Zeit, legt euch nicht nieder
Jetzt ist Zeit, wir kämpfen weiter (*zwei Mal*)

Ich kenn e Land wo man die Kohlen
Rausgeschwitzt hat aus dem Boden
Dieses Land ist auch noch dein (*zwei Mal*).

(Aus: CD-LC06205: *Schaukelperd/Unser Beschde... Lieder und Tänze aus Lothringen- L'essentiel de nos chants et danses de Lorraine*, 2002)

Der Großregion und ihren Mundarten (neben weiteren Spra-
chen wie Deutsch, Italienisch, Okzitanisch, Bretonisch oder Ka-
talanisch) verpflichtet ist auch die Musikgruppe **MANNIJO**.
Homepages: mannijo.eklablog.com/
bosenergruppe.saar.de/include_mitglieder/nousse-jo.pdf
Ihr Sänger **Jo Nousse,** der die folgenden Texte geschrie-
ben hat, wurde 1958 in Thionville geboren und lebt heute in
Sierck-les-Bains (im Lothringischen Dreiländereck). Zuvor
arbeitete er als »professeur des écoles en langues régionales«
und war erster hauptamtlicher Beauftragter der Education
Nationale für Luxemburgisch. Seine Lieder zeigen eine ent-
sprechende Dialektfärbung in sprachlicher Nähe zum Lu-
xemburgischen.

Foto: Christine Frantz

Dräilännergeck (2006)

Gewëss ass hei de Wanter streng
an d'Aarmut mécht sou vill Leit kleng
'T ginn nach méi Kette wéi rosen Hënn
Och hei huet d' Räichheet duebel Kënn

Trotzdem muench Nuecht
da brennt mäin Häerz
ënner dem Mound
do danzt eng Käerz
Ech päife Lidder
géint de Wand
an hopse fräi
wéi ee kleng Kand

Dräilännereck
Dräilännergeck
Ici je ne veux qu'être fou de toi
Et jamais bouffon d'aucun roi

Huet mäi Gesang wirklech nach Zweck?
Iwwer dem Kulang leeft den Dreck
Hu meng Gefill mech schu verlooss?
Leiden zevill: schlechte Prognos

Trotzdem muench Deeg sinn ech sou frou
Dat ech kinnt sprange wéi eng Flou
ech spille mat der Bullibatsch
a brëlleren haard am Café-Klatsch

Dräilännereck
Dräilännergeck
Ici je ne veux qu'être fou de toi
Et jamais bouffon d'aucun roi

Ech jäizen (2009)

Ech jäizen vum Buedem aus
Meng Schtrass ass e Vulkan-Lach a meng Wierder gälléche
Lawa
Ech katzen eng onheemlech Hëtzt
Mäi ganze Läif bleest ruppech Dreem mat walléch Hoer op
d'Fäier
Mäin haard Lidd fänkt alles un
Meng Stëmm steecht e Brand un
Doran brennen ech mech mat, ouni Kräiz, ouni Ketten,
mat Otem a gléideche Platt

Ech roufen eng awenneg Häerd
fir meng Sprooch ze schläifen
d'Mémé, de Pépé, de Laumes an de Schamp
di mir d'Ax an d'Fauscht
fir an d'Blödsinn ze haen
an d'Blannheet opzereissen
Firwat wëllt lei kee verstoen
datt meng Sprooch keng Grenze brauch
datt si am grousse Battaklang vun der Welt
am urale Reebou och gehéiert,
dat et keng Iwwer- a keng Ënnersprooch gëtt
an de Schatz vum Mond an de Wierder vun alle Kulture stee-
cht

Richtung Zoukunft mat Dir (2006)

E réise Pullover mat puer dausend Faarwen
wou jiddereem passt deen de Reebou versteet.
Awänneg Sonn a gutt Straale no baussen.

Richtung Zoukunft mat Dir.

Een Hexekreess mat ural an nei Lidder.
Ech spuede kräfteg am Schatz vu mäim Mond
fonkelnei Wierder fir Fräiheet a Fridden.

Richtung Zoukunft mat Dir.

Ni do stoen, nimools réckelen
viru goen, wäider trëppelen,
gutt oppassen: et gi Faalen.
Schwätze, sangen,
laache, schreiwen
a gär hunn.

Als eenzege Meeschter regéiert Profitt.
Jidd Kapitän gëtt ëmmer méi blann.
D'Loft ass sou sténkéch, kee weess méi wouhin.

Richtung Zoukunft mat Dir.

Komm, gëff mer d'Hand a mir dinn eis op Wee
a schaarfe Wand kënnt eis sou béiss entgéint.
Mir sinn am kämpfen fir eng aner Welt.

Richtung Zoukunft mat Dir.

Ni do stoen, nimools réckelen
viru goen, wäider trëppelen,
gutt oppassen: et gi Faalen.
Schwätze, sangen,
laache, schreiwen
a gär hunn.

Marcel Adam, der 1951 in Sarralbe geborene Chansonnier, Liedermacher, Autor, Kabarettist (als »De Schompierre«) und Komponist, hat schon früh den Sprung jenseits der Landesgrenzen geschafft.

Homepage: www.marcel-adam.de/ Sein Repertoire ist dabei durch wechselseitige Verwendung von französischen, deutschen und lothringischen Mundart-Texten gekennzeichnet, auch durch eine Bandbreite, die von ernsten Stücken bis zu komisch-verspielten

Foto: Jean M. Laffitau

Beiträgen reicht. Einer verschmitzten Liebeserklärung an ein Saargemünder Stammcafé folgt hier (als Ausschnitt von Anfang und Schluss) ein regional unspezifisches karnevaleskes Beispiel:

Bim Degott Jean-Paul (Saargeminer Bumpier) (1997)

Bim Degott Jean-Paul im Café
Serviert es Nicole Panachée
Die Bure kumme von witt her
Fir e Schnaps unn e Amer Bière
Unn weil fir vingt Centimes Trinkgeld
Derf mon's petze ohne daß 's schelt
Es war noch nie pompisch, 's Nicole
Im Café vom Degott Jean-Paul

Unn bim Russgehn singt jeder, der noch singe konn
On de Hombacher Mädel derf känner von de Stadt dron
Weil die Saargeminner Bumpier spritze mit de Kafféekonn

Jo bim Jean-Paul in de Wirtschaft
Wird no de Schicht widderschd geschafft
Weil de Grub unn de Iseboon
Die halle de Zitt niemols on
Die Polidik wird nei erfunn
Donn geh' mo hämm, die Alt waat schunn
E Klaps uff em Po vom Nicole
Allez unn à demain, Jean-Paul

Bim Degott Jean-Paul no de Mess
Wird meischd gudd getrunk, kumm was gess
E Meteor à la va-vite
E Ricard fir de Abbedit
Fir de Klän e Erdbeersirop
Dehämm brutschelt die Rindfläschsupp
Allez trieb's nit so wild, Nicole
Adié bis om Sunndaa, Jean-Paul

Bim Degott Jean-Paul im Café
Steht de Patron selbschd om Biffet
Immer freindlich unn comme il faut
Hat er elähn das Kommando
E Gros-rouge fir unser Curé
E Kir fir Monsieur l'député
Trinksch de a änner mit, Nicole
C'est pas de refus, schrieb's uff, Jean-Paul

Bim Jean-Paul Café d' l'Amitié
Gibt's niemols Ärjer, nun di Die
Wenn ännem s'Cordon bleu nit schmeckt
Wird doch de Teller lärgeleckt
Mon gett zum Verregge nix soon
Känn Grinse, känn Reklamation
Hat's do geschmeckt, sehr gutt, Nicole
Noch besser wie dehämm, Jean-Paul

Im Degott Jean-Paul sin Aldi
Im lila Schirtz unn Bigoudi
Rappt in de Kisch de Selleri
Om Transistor singt de Freddi
Heit Owed isch Johresparti
Vom Pensionärsverein jo di
Pinnische donn 's arme Nicole
Hauptsach die Kass klingelt, Jean-Paul

Jo die Rohre von de Saargeminner Bumpier sinn nit sehr long
Also spritze die arme Buwe mit winzisch klään Kaffeekonn
Saargeminner Bumpier, Gilet on kenn Knepp dron
Saargeminner Bumpier, lösche mit de Petrolkonn

De Oschderhas (2011)

Oh de arme
Oschderhas, de Oschderhas
Der hoppelt frehlich rum im Gras
Unn leijt in jedi Blumevas
E viereckisches Ei
Eijaijai, nun di Dié, das dud weh
He André vite
Hol mo de Salatehl fier de Scharniere
Fier de Cabinédier endlich se schmeere
Schluss:
Mon muss sich bi dir schrecklich geniere
Mon traut sich nit, 's WC zu occupiere
Mon muss mit sinnem Blasedruck jongliere
Mon spiert de Druck bis witt iwwer de Niere [...]

v. l.: Denis Risse, Alain Kermann, Charly Damm, François Nadler.
Foto: Jean-Claude Durmeyer

Als jüngste hier präsentierte Band haben sich 2013 die **Zottel Kéniche** gegründet. Sie bekennen sich besonders zum Bitcherland und ihre musikalische Vorliebe gilt dem »power folk«. Homepage: http://zottlkeniche.jimdo.com/
Auch sie singen wie Marcel Adam dreisprachig, doch dominiert eindeutig das Platt. Der folgende von Alain Kermann vertonte, offenbar als Lothringer Variante umlaufende Text von Charly Damm lädt zum Vergleich mit seiner hochdeutschen Vorlage ein, die zum traditionellen Volksgut berufsspezifischer Spottlieder gehört:

S' arme Darfschulmeisterlein
Im e kleene Darf im Bitcherland,
E Darf, vun alle guut bekannt,
Do wohnt im e Heiselein,
S'arme Darfschulmeisterlein.

Am Sundaa isch 'r Organischt,
Am Mèndaa fihrt'r seine Mischt,
Am Dinschdaa hietet er seij Schwein,
S'arme Darfschulmeisterlein.

Am Mittwuch fahrt'r loos in d'Stadt,
Weil er dart, inzekaafe hatt.
E halwer Haaring kaaft er ein,
S'arme Darfschulmeisterlein.

Un werd im Darf e Sauj gemetzt,
Do solle ihr g'sinn, wie er hetzt.
De grééschde Wurscht isch ihm ze klein,
Dem arme Darfschulmeisterlein.

Un wann im Darf e Hochzeit isch,
Do solle n'r g'sinn, wie er frisst.
Was er nit schluckt, dis packt er ein,
S'arme Darfschulmeisterlein.

Un werd im Darf e Kind getauft,
Musch du g'sinn, wie er sauft.
E ganzes Fass packt er allein,
S'arme Darfschulmeisterlein.

Un wann er dann g'schdarb isch,
Isch's ganze Darf, so trauerich.
Alli Leit hann de Sack voll Pain,
Fer's arme Darfschulmeisterlein

Un wann 'r in de Himmel kummt,
Hatt sich im Lèèwe numme g'schunt.
Do singe alli Engelein
S' Lied vum Dorfschulmeisterlein.

Nachwort und Dank

Am Anfang des Projekts stand schlicht Begeisterung und Freude an literarischen Werken, die ich in und aus Lothringen erleben durfte. Persönliche Begegnungen mit Poeten sowie einer Dichterin kamen hinzu. Fast allen Verfassern bin ich privat respektive freundschaftlich verbunden. In einem Fall (*D'Autobahn*) durfte ich die Entstehung eines Werks sogar anregen. Ausschlaggebend für mein zustimmendes Urteil war häufig schon die Erstbegegnung mit Texten, die meist vom Verfasser selbst vermittelt worden waren.

Schmitthäuslers sympathische Dialektübertragung *Die Geiss vom Mossiö Seguin* z.B. wurde mir durch eine Lesung in unserem Kolloquium eindrucksvoll nahegebracht. Von Alphonse Walter genoss ich im Rahmen des Saargemünder Festivals du Platt die brillante wie erheiternde Theateraufführung *D'Inbildungskranke*. Schon früher waren mir Jean-Louis Kieffers (lyrische und epische) Beschwörungen seiner lothringischen Heimat ihrer eindringlichen Melancholie wegen aufgefallen; auch hatte ich den Autor selbst bei einem Mundart-Symposion kennengelernt. Hervé Atamaniuks Musikgruppe *Schaukelperd* bereitete mir mit Neuinterpretationen von Volksliedern in Francique großes Vergnügen. Und bei Marianne Haas-Heckels wunderbarer Nachdichtung von Saint-Exupérys *Der kleine Prinz* verblassten schlagartig Bedenken, dieser subtile Text, der mir 1962 von meinen Gasteltern in Lyon zum Abschied eines Schüleraustauschs geschenkt worden und stets besonders lieb gewesen war, könne durch eine Dialektübertragung vergröbert werden.

Marcel Adam oder Jo Nousse kannte ich von Konzerten bzw. Videos und fand diese Art künstlerischer Bluttransfusion für die von sprachlicher Uniformierung bedrohten Mundarten äußerst gelungen. Einzig bei der erst jüngst auf den Plan getretenen Folk-Gruppe *Zottel Kéniche* bedurfte es der

Anregung durch meinen Mitherausgeber Hervé Atamaniuk. Doch man macht ja auch Bücher, um dazuzulernen.

Aus all dem erwuchs schon früh die Überzeugung, man möge derartigen poetischen Leistungen exemplarisch eine weitere editorische Bühne eröffnen und zugleich eine Literaturlandschaft bei uns wieder ins Bewusstsein heben, die bislang ein wenig stiefmütterlich behandelt worden war. Denn von deutscher Seite aus hielt man literarhistorisch ein wenig zu respektvoll Abstand, und von Frankreich aus brauchte es aus bekannten historischen Gründen lange, bevor man diesen Teil seiner nationalen Kultur offiziellerseits unvoreingenommen und sogar fördernd akzeptierte.

Hinzu kommt ein nach wie vor wirksamer zentralistischer Impuls, der auch die Literaturbetrachtung grundiert und sich dem Regionalismus eher zögerlich aufschloss. (Ein gewisser Durchbruch gelang allerdings neuerdings etwa mit dem spektakulären Publikumserfolg eines Films wie Dany Boons *Bien venue chez les Ch'tis*.) Kurz: Die mit diesem Band vorliegende Anthologie war überfällig, und die stellvertretend für andere hier versammelten Autoren (weibliche Form inbegriffen) haben sich ihre erneute Präsentation durch anspruchsvolle belletristische Beispiele redlich verdient.

Zur Auswahl

Jede Auswahl setzt sich der Kritik aus in Bezug auf nicht berücksichtigte Autoren und Texte. Aber wo man mit einer solchen Werkschau neues Interesse wecken will, ist manchmal weniger mehr, insofern man eine intensivere Qualitätsauslese betreiben kann. Auch werden mit der Dialektszene noch nicht so Vertraute, aber potentiell Aufgeschlossene in der Regel eher durch literarische Appetithappen als durch umfangreiche Menus gewonnen. Von den berücksichtigten Autoren wiederum darf gesagt werden: Alle haben sich in den vergangenen Jahrzehnten in ihrer Region fraglos ein Renommee erschrieben und dürfen als wortmächtige wie engagierte Repräsentanten Lothringens und seiner Mundart(en) gelten. Auch grenzüberschreitend haben sie sich einen Namen gemacht, sind etwa im Saarland oder Luxemburg aufgetreten und haben dort Preise empfangen. Sie gelten als beste Vertreter ihrer Heimat, für die sie auch überregional werben.

In dieser Leistungsschau sind alle literarischen Grundgattungen berücksichtigt: Lyrik, Epik und Dramatik. Darüber hinaus zeigen sich Lothringens Autoren durch dichterische Übersetzungen als Vermittler zwischen Sprachen und Kulturen. Marianne Haas-Heckel etwa demonstriert stilsicher, welche länderübergreifenden Qualitäten ein Klassiker wie *Der kleine Prinz* besitzt. Da Dialekt im Gefühlsbereich manche reizvolle Vokabel beisteuert, will es mir scheinen, dass das Anheimelnd-Märchenhaft-Magische des Texts durch Umbettung in den heimischen Dialekt zuweilen sogar noch gewinnt. Ähnliches gilt exemplarisch für Schmitthäuslers Übertragung von Daudets provençalischem Gleichnis eines erlebnisgierigen wie tapferen Zickleins, dessen Handlungsmotto in besonderem Maße die Sympathie des Interpreten besitzt.

Für Belletristik-Freunde in Frankreich bietet der Band einen zusätzlichen Anlass zur Beschäftigung mit ihm. Denn ein wesentlicher Teil der enthaltenen Texte orientiert sich an französischen Klassikern und schlägt damit eine Brücke zur dortigen (schulischen) Rezeption. Exemplarisch seien Dialektübertragungen genannt von Molières *Le malade imaginaire*, Saint-Exupérys *Le petit prince* oder François Villons *Ballade des pendus*. Indem sie an Bekanntes anknüpfen, erleichtern sie die Beschäftigung mit einer Sprache, die für einen Großteil zunächst eine neue Leseerfahrung sein dürfte. Zugleich belegen diese (revitalisierenden) Talentproben durch die Vergleichsmöglichkeit mit dem Original eindrucksvoll die Eignung von Francique als Literatursprache.

Warum Mundart?

Die Frage, warum diese Anthologie sich ausschließlich der Mundartdichtung widmet, mündet in Überlegungen zur

Dialektliteratur generell und ihrer spezifischen Funktion in unserer Großregion. Wer ausschließlich zentralistisch-technokratisch denkt oder empfindet, dürfte Mundart für entbehrlich halten als unnützen, gegebenenfalls Kommunikation erschwerenden oder verteuernden Überfluss. Ihm geht es um nationale oder globale Kompatibilität, die nicht durch Sondersprachen erschwert werden möge.

Aus regionaler Perspektive verhält es sich jedoch anders. Jetzt erscheinen sprachliche Besonderheiten als liebenswerte emotionale Befindlichkeiten, die eine Stadt oder Landschaft als einzigartig, vertraut und unverwechselbar erscheinen lassen, ganz im Gegensatz zu einer auf dem Reißbrett entwickelten kulturellen Designer-Topografie. Der größere sprachliche Aufwand mag sich in vorschneller ökonomischer Bilanz nicht rechnen. Doch die identifikationsstiftende Bewahrung einer Tradition als zusätzliche soziale Verwurzelung lohnt sich auf andere Weise.

Literaturinteressierte wiederum reizt an einer regionalen Zusatzsprache die Erweiterung von Ausdrucksmöglichkeiten. Gleichwohl gewähre man ihr keinen grundsätzlichen Bonus oder Vorauskredit! Das unbedarfte, schenkelklopfende dialektale Heimatlob, die lokalpatriotische Dauerfeier, dass nur hier die Berge und Täler so grün, die Würste so schmackhaft oder die Mädels so schön seien, bedarf keiner Förderung. Als Literatursprache verdient sie m.E. nur dort besondere Wertschätzung, wo sie zusätzliche Nuancen beisteuert, Authentisches glaubhaft zur Anschauung bringt und damit niveauvolle Literatur ermöglicht. Dass die hier gedruckten Texte solchen Erwartungen genügen, davon waren wir als Herausgeber überzeugt.

Hinzu kommt ein weiterer Vorzug: Zwar haben Dialekte ihr Exklusives und verstellen Ortsfremden zuweilen die Verständigung. In unserem deutsch-französisch-luxemburgischen Dreiländereck ist jedoch das Gegenteil der Fall. Mundart verbindet hier, weil sie sich nicht an politische Grenzziehungen hält. Und deutschen Lesern, die sich etwa an ein französisch geschriebenes Drama nicht so leicht trauen, kommt die gemeinsame Sprachbasis entgegen. Franzosen wiederum werden durch Alphonse Walters Neuinterpretation mit der Grundthematik von Ludwig Thomas' *Die Lokalbahn* vertraut oder vielleicht neugierig gemacht, sich mit Goethes *Erlkönig* zu beschäftigen, der in Schmitthäuslers Adaption eine originelle Umdeutung vom Schauerlichen ins Komische erfahren hat. Wir dürfen also diesen völkerverbindenden Zusatzeffekt begrüßen und als kulturellen Mehrwert feiern.

Anlass zum Vergleichen bietet auch *S'arme Darfschulmeisterlein* in der Version der *Zottel Kéniche*, dessen Vorlage vor zwei Jahrhunderten im Schwabenland entstanden ist. Auch die jetzige lothringische Textfassung lebt von derben Frotzeleien über einen die Dorfjugend übers Knie legenden pädagogischen Hungerleider, dessen Sternstunden kommen, wenn er sich auf anderer Kosten so richtig satt essen und trinken kann. Bemerkenswert ist jedoch die Differenz in der vorletzten Strophe. Denn wo man in der Volksweise des 19. Jahrhunderts den Schulmeister nach seinem Tode auf dem Mist begräbt und die Hunde ihm einen Leichenstein setzen, endet die Lothringer Fassung erheblich sanfter. Nun zeigen sich alle Dorfbewohner ungeheuchelt als wirkliche Trauergemeinde im Gedenken an einen, der bei aller Kauzigkeit doch einer von ihnen war. Gehe ich zu weit, aus dieser Textänderung ein bewusst formuliertes Menschenbild der kleinen Räume herauszudeuten, wonach in solchen Gemeinden aller Spottlust zum Trotz doch noch wirkliches Zusammengehörigkeitsgefühl existiert? Wenn ja, dann übe man bitte Nachsicht mit meiner Sympathie für eine solche Denkfigur.

Lothringen als Heimat

Suchen wir – jenseits von existenziellen Grundfragen wie Liebe, Tod, Freundschaft oder Lebenssinn – nach stofflichen Gemeinsamkeiten, so ergibt sich ein intensiver Bezug zu Lothringen, der mal liebevoll und zustimmend, mal melancholisch und bitter, mal humoristisch oder satirisch erlebt bzw. gestaltet wird. Fast alle Texte kennzeichnet dabei ein hoher Gefühlswert, gespeist aus dem ganz persönlichen Verhältnis zu einem von Jugend an wohlbekannten Raum, den man im Umbruch und das heißt zugleich als bedroht erlebt.

Geboten wird dabei niveauvolle **Heimatdichtung**, sofern wir diesen Begriff fernab von literarhistorischen Vorurteilen einer politischen Kontaminierung oder qualitativen Herabstufung verwenden: als solidarische, Identität stiftende Beschäftigung mit Eigenheiten, Problemen, Sprache, Mentalität und gemeinsam erfahrener Geschichte einer als besonders und vertraut empfundenen Region. Dieses Genre reagiert demnach auf Gefährdungen und Verluste von Heimat aufgrund von einschneidenden Veränderungen durch folgende Hauptursachen: Ortswechsel; nachhaltige industrielle, soziale, ökonomische oder politische Modernisierung, die die emotionale Sicherheit einer Region bedrohen; massive Eingriffe ferner Zentralinstanzen bzw. Dominanz ihrer Leitideen wie ihres Lebensstils; schließlich nationale und ethnische Spannungsfelder (z.B. infolge von Kriegen, Gebietsverschiebungen, Vertreibung, Zuwanderung).

Dies gilt fraglos für die hier versammelten Autoren und Texte. Heimat ergibt sich für sie vornehmlich durch ihren intimen Bezug zur Regionalsprache (Kieffer: *De Sprooch for deich*, *Mei Sprooch és en alter Knochen...*; Nousse: *Ech jaizen*), zu deren Pflege sich alle in besonderer Weise bekennen. Das bilinguale Lothringen kommt gleichfalls zur Geltung, indem manche Texte zwischen Francique und Französisch wechseln (Kieffer: *Et letscht Wuert / le dernier mot*; Nousse: *Dräilännergeck*).

Solidarisch verbunden zeigen sich die Verfasser zudem mit einer in besonderem Maße als eigen empfundenen Landschaft, Mentalität und Schicksalsgemeinschaft (Kieffer: *Lottringen*, Schmitthäusler: *Landlos*). Beschworen werden regionaltypische Orte, Sagen oder Originale (Kieffer: *Met-*

zer Kathedral, Legenden von der Nittnix, Der Bousendrower Pater). Teils spürt man auch die schmerzliche Liebe zu einem spezifischen Begegnungsraum (Nousse: *Dräilännergeck*). Bei diesem Stichwort darf natürlich auch ein Kommunikations-Zentrum par excellence nicht fehlen, eines, das jede Stadt emotional zum Dorf macht und in Marcel Adams liebevoller Sicht durch Jean-Pauls Saargemünder Café gegeben ist. Dass hierbei zuweilen auch mit einem gewissen Augenzwinkern über »Saargeminer Bumpiers« hergezogen wird, versteht sich fast von selbst. Desgleichen, dass alles nicht so heiß gegessen wie gekocht wird.

Doch auch Politisches wird zum Thema, vor allem als Folge der einst heftig umkämpften nationalen Grenzen respektive durch die Forderung nach gänzlicher Assimilation (Schmitt-häusler: *Die Narb*, Kieffer: *De Knopp* oder *For de Katz, Gedicht for welschisierten Lorrains*). Manche erfahren ihren von Jugend an vertrauten Raum in seinen gegenwärtig rasanten Veränderungen, seien diese ökonomisch (Atamaniuk: *Unsa Handwerk*) oder durch bestimmte Modernitätsschübe bzw. globale Überformungen bewirkt.

Die meisten Dorfgeschichten sind humoristisch gehalten, so etwa Schmitthäuslers *S'Uscheni, De Franz, »Vous« odder »Wuh«?* oder Kieffers *Der Nongkercher Paschtuer* als Erinnerungen an die »gute alte Zeit«. Diese wird jedoch nicht nostalgisch verzeichnet. Vielmehr bleiben die Stimmungsbilder von einst durchweg glaubhaft. Auch Gesellschaftskritik meldet sich, teils mit versöhnlichem Schmunzeln, teils in satirischer Schärfe (Schmitthäusler: *Fawel von de Lothringer Gans*).

Walters Adaption von Thomas obrigkeitskritischer Komödie *Die Lokalbahn* verpflanzt die bayrische Provinzthematik um 1900 ins aktuelle Lothringen (mit Handy und gegenwärtiger Industriepolitik). Das Stück enthält fraglos gegenwartsbezogenen Spitzen, jedoch meist mit einer augenzwinkernden Nachsicht gegenüber Allzumenschlichem. Aggressiver wiederum erfolgt in *Papa Noël* Kieffers lyrische Abwehr einer bestimmten Form kommerzialisierter Neustiftung, die das traditionelle Brauchtum zunehmend zu verdrängen sucht: »Coca Colamännchen, hau ab! [...] / Geh zréck in dein Kaugummiland [...] / Du Chréschtkéndchenfresser!«

Zum Band und zur Reihe

Die Idee des Buchs besteht darin, ein attraktives Panorama lothringischer Dialektliteratur zu zeichnen. Die besondere Betonung liegt dabei auf dem Gesamteindruck regionalspezifischer Texte, Sehweisen und ihrer literarischen Umsetzung. Die differierende Länge der Kapitel ist dabei nichts weniger als Ausdruck unterschiedlicher Wertschätzung, die wir Herausgeber den einzelnen Poeten zumessen. Vielmehr versteht es sich wohl von selbst, dass komplette Dramen oder ein durch zahlreiche Autorenzeichnungen illustriertes Kunstmärchen einen viel größeren Seitenumfang beanspruchen als notorisch knappe Genres wie Gedicht, Legende, Dorfgeschichte oder Impression. Sie alle tragen im Zusammenspiel dazu bei, ein wirkliches künstlerisches Ensemble zu vermitteln.

Dialekt kommt erst in mündlicher Rede gänzlich zur Entfaltung. Daher wird die Edition umgehend durch eine CD mit gelesenen Textbeispielen ergänzt. Zu abermals gesteigerter Popularität gelangt Mundart, wenn sie mit Musik kombiniert und von entsprechenden Gruppen in einer auch Jugendliche ansprechenden Atmosphäre dargeboten wird. Das Buch enthält diesbezüglich exemplarische Hinweise.

Mit Band 14 von SAMMLUNG BÜCHERTURM untermauert diese Reihe ihren grenzüberschreitenden Anspruch. Von den bislang erschienenen 14 Büchern stammen (neben acht saarländischen) nun immerhin sechs aus Lothringen, dem Elsass oder Luxemburg, wobei jeweils ein Band thematisch die erste Hälfte des 20. Jahrhunderts abdeckt, ein zweiter Gegenwartsliteratur behandelt. Nachdem der erste Lothringen-Band die in St. Avold geborene, in Metz aufgewachsene Schriftstellerin Adrienne Thomas vorstellte, bietet der hiermit publizierte zweite eine aktuelle

Leistungsschau in rhein- bzw. moselfränkischer Mundart.

Noch ein Hinweis zu den Ziffern in Klammern hinter den Autorentexten: Sie zeigen das Jahr der Erstpublikation an.

Dank

Die Edition ist ein grenzüberschreitendes **Gemeinschaftsprojekt** der Literaturgesellschaften *Gau un Griis* und MELUSINE, ohne deren großzügige Unterstützung der Band nicht hätte erscheinen können. Stellvertretend für alle Befürworter dieser deutsch-französischen Zusammenarbeit seien die jeweiligen Vorstandsvorsitzenden Jean-Louis Kieffer und Harro Salm besonders genannt. Zur Finanzierung haben darüber hinaus folgende Institutionen beigetragen: Conseil Régional de Lorraine, Sparda Bank, Saarbrücken (Patric Weiland). Mme Isabelle Wilt, Directrice der Médiathèque von Sarreguemines, hat für die Verbreitung des Werkes ihre Unterstützung zugesagt.

Nicht weniger verdienstvoll ist der Umstand, dass uns alle Autoren honorarfrei die erforderlichen Abdruckrechte gewährt haben. Das Gleiche gilt für Rémi Blang, Jean-Claude Durmeyer, Christine Frantz, Denis Hilt, Jean M. Laffitau oder Michel Müller für die abgedruckten Fotografien bzw. Zeichnungen (Beatrix Hoffmann: Titelnixe; Stéfanie Klein: Geiss des M. Séguin).

Als wertvolle Ratgeber oder Helfer bei Schreibarbeiten, Korrekturen oder der Informationsbeschaffung wirkten Bertrand Hiegel, Christel Hofer-Alt, Inge Sax, Ilona Scholdt, Alphonse Walter und Dr. Dirk Walter. In gewohnter Kreativität kümmerten sich Volker Schütz um den Satz, Jürgen Kreher um die Umschlaggestaltung. Darüber hinaus profitierten wir von der üblichen Zuverlässigkeit des Röhrig-Verlags und dem Entgegenkommen von Andreas Schorr. Allen, die uns während des langwierigen Prozesses, von der Planung bis zur Auslieferung des Bandes, unterstützt und oft schwierige Durststrecken mit uns durchgestanden haben, sei von den Herausgebern herzlich gedankt.

Günter Scholdt

Épilogue

Ce 14ème volume de la collection «Bücherturm» dont j'ai l'honneur de parrainer la publication est le résultat d'une subtile alchimie transfrontalière. Je dis bien «parrainer», car tout le mérite éditorial en revient au Professeur Dr. Günter Scholdt, à son équipe sarroise et à l'association transfrontalière MELUSINE.

C'est à Günter Scholdt en effet que revient l'idée d'un ouvrage consacré exclusivement à des auteurs de Lorraine francique. Directeur jusqu'à récemment des archives universitaires «Sarre-Lor-Lux-Alsace» à l'Universität des Saarlandes, cet éminent germaniste a ouvert les portes académiques à notre langue en encourageant, voire en suscitant des créations.

On pourrait épiloguer sur le manque d'appétence de l'université française pour cette exceptionnelle situation de langue de lisière qu'est le Platt lorrain, mais tout compte fait, pourquoi se plaindre si la langue commune nous mène à Sarrebruck plutôt qu'à Metz? Tous anciens sujets du Duc de Lorraine nous partageons avec les sarrois un destin sinon commun, du moins analogue, qui a profondément marqué notre relation fraternelle.

Les «boches de l'est» et les «saarfranzosen» furent de la même manière les jouets des états et les victimes des nationalismes qui se succédèrent tout au long des 19ème et 20 ème siècles, dans cet espace singulier et attachant.

La Lorraine, comme la Sarre d'ailleurs, est un territoire étonnant. Une région qui n'appose sa marque identitaire que difficilement, comme à contre cœur, à la fois étonnée d'être différente et si heureuse d'être néanmoins identique.

Dans ce territoire, l'identité, qu'elle soit individuelle ou collective, s'offre par le paradoxe, d'être ce qui rend à la fois semblable et différent, unique et pareil aux autres. C'est dans cette polarité que l'identité de la Lorraine fonde son essence et il convient que ce paradoxe subsiste dans toute son astuc-ieuse nuance.

Pour un français de l'intérieur, voire pour un Mosellan non dialectophone, ce phénomène est difficile à imaginer. Les habitants de la Grande Région (qui regroupe la Sarre, le Luxembourg, le sud de la Belgique, la Rhénanie-Palatinat), traversent quotidiennement les états pour y faire leurs courses, y travailler, s'y rendre pour leurs loisirs... dans ce flux incessant qui détermine des lieux pôles, des espaces frontières, sorte d'îlots européens avant la lettre, la culture francique, cette langue passerelle, tient un rôle déterminant.

J'oserai l'image selon laquelle la culture francique traverse physiquement les frontières nationales.

C'est dans ce contexte linguistique et culturel qu'ont pu être formulées les œuvres littéraires régionales les plus remarquables de ces vingt dernières années dont vous découvrirez quelques perles réunies dans cet ouvrage. Je n'ai rien à ajouter à la brillante postface de Günter Scholdt, éminent spécialiste de la littérature régionale, si ce n'est pour lui renouveler notre fidèle amitié et notre infinie gratitude.

Hervé Atamaniuk

Sammlung Bücherturm

Heinrich Kraus

Poetische Haltestellen

Eine Auswahl der Lyrik aus vier Jahrzehnten

Sammlung Bücherturm Band 1
417 Seiten, ISBN 978-3-86110-306-6   24,– EUR

ausgezeichnet mit dem Dr. Wilhelm-Dauter-mann-Preis für eine hervorragende mundartliche Neuerscheinung

Palatina-Buch des Monats

Die Textauswahl ermöglicht eine nuancierte Begegnung mit dem Lyriker Heinrich Kraus und seinem in Jahrzehnten gewachsenen bedeutsamen Werk in Hochsprache und Mundart. »Der Band lässt einmal mehr erkennen, dass der Autor der einheimischen Dichtung neue Formen und Inhalte erschlossen hat.« (Die Rheinpfalz, 29.6.2002). Seine formale und thematische Vielfalt sichert Kraus eine Spitzenstellung innerhalb der saarländisch-pfälzischen Dialektliteratur.

Alfred Petto

Die Mädchen auf der Piazza

Roman und Auszüge aus dem
italienischen Kriegstagebuch von 1944

Sammlung Bücherturm Band 2
413 Seiten, ISBN 978-3-86110-321-9   24,– EUR

Der autobiografisch getönte Italien-Roman erzählt die irritierende (Liebes-)Geschichte eines deutschen Soldaten während des Zweiten Weltkriegs. Die seelisch belastende Verletzung der bürgerlichen Norm ist ein Hauptthema des in seiner saarländischen Heimat verwurzelten Autors. »Pettos Stil, mit reportageartigen Passagen und Tagebucheintragungen«, schrieb die Saarbrücker Zeitung (5.12.2002), »zieht ins Geschehen«.

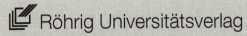

Röhrig Universitätsverlag

Postfach 1806 · D-66368 St. Ingbert · www.roehrig-verlag.de

Sammlung Bücherturm

Anton Betzner
Basalt

Sammlung Bücherturm Band 3
395 Seiten, ISBN 978-3-86110-344-8   24,– EUR

»Mir knirscht Basaltstaub zwischen den Zähnen,
und die Augen tun weh nach all den Sätzen, die
scharfkantig sind wie gebrochenes Hartgestein.
Was Anton Betzner da geschrieben hat, ist einma-
lig, und verdient es, im Förderkorb des Bücher-
turms zutage gebracht zu werden.«

Heinrich Kraus in einem Brief an Günter Scholdt

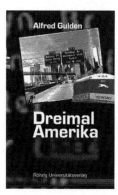

Alfred Gulden
Dreimal Amerika

Sammlung Bücherturm Band 4
378 S., ca. 60 Abb., ISBN 978-3-86110-353-0   24,– EUR

Alfred Gulden lebt wechselweise im Saarland
und in München. Die Polarität zwischen hei-
matlichem Interesse und Weltläufigkeit kenn-
zeichnet sein Werk ebenso wie die Bereitschaft zu
erregenden Sprachexperimenten. 1982 erschien
»Greyhound«, seine literarische Auseinanderset-
zung mit dem American Dream, und machte den
Autor schlagartig bekannt. Der Roman verarbeitet
Erlebnisse und Irritationen einer USA-Reise, die im jungen Mann des Jahres
1967 fast einen Kulturschock auslösten. 23 Jahre später bot ein Amerika-
Stipendium Gelegenheit zu erneuter Bestandsaufnahme. Daraus entstanden
die Filmerzählung »A Coney Island of my heart« (1991) und »Silvertowers.
Geschichten aus New York« (1993). »Dreimal Amerika« enthält alle Texte
sowie mehr als 50 Filmbilder.

Sammlung Bücherturm

André Weckmann

Wie die Würfel fallen

Roman und Werkauswahl

Sammlung Bücherturm Band 5
446 Seiten, 20 Abb., ISBN 978-3-86110-382-0   24,– EUR

Hauptthema des 1924 geborenen Schriftstellers André Weckmann ist die schwierige Identitätssuche seiner elsässischen Heimat. Das Elsass begreift er dabei als Modell eines europäischen Brückenschlags.
Aus Anlass seines 80. Geburtstags erschien diese repräsentative Werkauswahl. Den Schwerpunkt bilden der große Elsass-Roman »Wie die Würfel fallen« (1981) und »Sechs Briefe aus Berlin« (1969). Weitere Lyrik-, Erzähl-, Dramen- oder Filmtexte, mal satirisch, mal elegisch oder reflexiv, zeigen den Autor in seiner ganzen literarischen Vielfalt. Der Band wurde durch zahlreiche Zeichnungen von Tomi Ungerer reizvoll illustriert.

Liesbet Dill

Virago

Roman aus dem Saargebiet

Sammlung Bücherturm Band 6
449 Seiten, 35 Abb., ISBN 978-3-86110-392-9   24,– EUR

»Virago« (1913) erzählt das Schicksal einer als männerhaft verschrienen saarländischen Industriellentochter, deren Wunsch nach eigenverantwortlicher unternehmerischer Tätigkeit an zeitgenössischen Rollenerwartungen zerbricht.
Anschaulich erleben wir die Gesellschaft um 1900, besonders das Verhältnis von Mann und Frau, Bürger und Offizier, Kapital und Arbeit. Zugleich enthält der Roman als regionale Rarität ein Stück Industriegeschichte des Neunkircher Raums mit Schwerpunkt auf der großen Streikbewegung der Jahre 1889-1893.

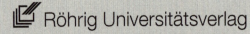

Röhrig Universitätsverlag

Postfach 1806 · D-66368 St. Ingbert · www.roehrig-verlag.de

Sammlung Bücherturm

Roland Stigulinszky
»Scherz, Satire, Ironie und tiefere Bedeutung«
Werkauswahl aus 60 Jahren

Mit einem Nachwort von Günter Scholdt

Sammlung Bücherturm Band 7
463 S., zahlr. Abb., ISBN 978-3-86110-408-7   24,– EUR

Seit knapp sechs Jahrzehnten zieht der Saarbrücker Roland Stigulinszky mit Feder und Zeichenstift auf Pointenjagd. So entstanden (zunächst als Beiträge in »Der Tintenfisch«, »Saarbrücker Zeitung«, »Kieler Nachrichten«, »Süddeutsche Zeitung«, »Neue Illustrierte«, »Pardon« oder »Twen«) Hunderte von amüsanten Stellungnahmen zur Zeit: Satiren, Kurzgeschichten, Appelle, Reisebilder, (Nonsense-) Gedichte, Aphorismen, Cartoons, Karikaturen und Werbegrafik. Eine vergnügliche Bildungsreise durch ein gutes halbes Jahrhundert, eine kritisch-satirische wie humorvolle Musterung von Kultur, Geschichte, Politik, Gesellschaft und allzu menschlichen Schwächen auf dem täglichen Jahrmarkt der Eitelkeiten.

Morand Claden / Eduard Reinacher / Oskar Wöhrle
Das Drei-Elsässer-Buch
Mit einem Nachwort von Günter Scholdt

Sammlung Bücherturm Band 8
450 S., 14 Abb. ISBN 978-3-86110-434-6   24.– EUR

Der Erzählband vereinigt bedeutsame Texte dreier elsässischer Autoren aus der (damals deutschsprachigen) Generations- und Schicksalsgemeinschaft der sog. Reichslandzeit, die allesamt nach dem Ersten Weltkrieg erschienen: »Désiré Dannacker« (1930) von Morand Claden, »Robinson« (1920) von Eduard Reinacher und »Querschläger« (1925) von Oskar Wöhrle.

Sammlung Bücherturm

Adrienne Thomas
Die Katrin wird Soldat
und Anderes aus Lothringen

Mit einem Nachwort von Günter Scholdt

Sammlung Bücherturm Band 9
480 Seiten. ISBN 978-3-86110-455-1   24,– EUR

Die in St. Avold geborene Schriftstellerin Adri-
enne Thomas (1897-1980) wurde 1930 durch
ihren Bestseller »Die Katrin wird Soldat« welt-
weit bekannt. Er behandelt die tragische Liebe
einer jungen Rot-Kreuz-Schwester, die im Ersten
Weltkrieg am Metzer Bahnhof verwundete Soldaten betreut. Neben dem Text
dieses Klassikers der Antikriegsliteratur enthält der Band wichtige Rezepti-
onsdokumente sowie Passagen des Tagebuchs der Autorin, das dem Roman
zugrunde liegt. Hinzu kommen auf Metz und St. Avold bezogene Kapitel aus
dem 1950 erschienenen Reisebuch »Da und dort«.

Germaine Goetzinger / Gast Mannes (Hrsg.)
Zwischenland! Ausguckland!
Literarische Kurzprosa aus Luxemburg

Sammlung Bücherturm Band 10
376 Seiten. ISBN 978-3-86110-470-4   24.– EUR

Germaine Goetzinger, Leiterin des Lëtzebuer-
ger Literaturarchivs / CNL, und Gast Mannes,
Leiter der Großherzoglichen Hofbibliothek, haben
als ausgewiesene Kenner der literarischen Sze-
nerie ihres Landes aus den letzten knapp 100
Jahren Belletristik in Luxemburg eine facetten-
reiche Auswahl getroffen. Anhand von 56 meist
kürzeren Prosatexten ergibt sich eine repräsentative Bilanz des erzählerischen
Schaffens im Großherzogtum.

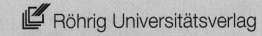

Röhrig Universitätsverlag

Postfach 1806 · D-66368 St. Ingbert · www.roehrig-verlag.de

Sammlung Bücherturm

Heinz Dieckmann

Narrenschaukel

Mit einem Nachwort von Hermann Gätje

Sammlung Bücherturm Band 11
472 Seiten. ISBN 978-3-86110-486-5   24,– EUR

*Bitte Platz nehmen auf der „Narrenschaukel"
und anschnallen! Der Roman nimmt den Leser
mit auf eine rasante Achterbahnfahrt durch die
Welt der Medien. Wir reisen mit einem Kamera-
team um den Globus und begegnen Ländern und
Menschen, Stars und Sternchen. Heinz Dieck-
mann (1921-2002) wusste, wovon er schrieb, er*
war Redakteur beim ZDF und drehte mehr als hundert Fernsehfilme. Der
erstmals 1984 erschienene Text ist eine der ersten kritischen Auseinanderset-
zungen mit den Entwicklungen in den modernen Massenmedien.

Norbert Jacques

Aus fünf Kontinenten

*Literarische Bilanz eines Weltenbummlers
Herausgegeben und mit einem Nachwort von
Günter Scholdt*

Sammlung Bücherturm Band 12
526 Seiten, zahlreiche Fotos
ISBN 978-3-86110-515-2   28,– EUR

*1921 erfand er Dr. Mabuse, den dämonischen
Spieler mit Karten und Menschen, der als reprä-
sentative Horrorfigur der Inflationsjahre in die
Weltliteratur eingehen sollte. Aber Jacques' lite-
rarisches Schaffen beschränkte sich nicht aufs*
Krimigenre. In der ersten Hälfte des 20. Jahrhunderts galt er als führender
deutschsprachiger Exotist. Vor 100 Jahren unternahm er eine Reise um den
Globus, die 480 Tage währte und unauslöschliche Eindrücke vermittelte. Aus
all dem bietet der Band eine reizvolle Auswahl. Auch der subtile Schilderer
regionaler Schicksale in Luxemburg und am Bodensee ist nicht vergessen.

Röhrig Universitätsverlag

Postfach 1806 · D-66368 St. Ingbert · www.roehrig-verlag.de

Sammlung Bücherturm

Erich Baunach, Günter Scholdt (Hrsg.)

Stimmen aus dem Saarstaat

Sammlung Bücherturm, Band 13
Festeinband, 280 Seiten
ISBN 978-3-86110-579-4   22,– EUR

Der vorliegende Prosaband vereinigt literarische Stimmen, in denen sich das erste Nachkriegsjahrzehnt im Saarland spiegelt. Aus der exemplarischen Sicht von zehn Autoren (Johannes Kirschweng, Maria Croon, Alfred Petto, Hans Bernhard Schiff, Karl Christian Müller, Johannes Kühn, Heinrich Kraus, Werner Reinert, Ludwig Harig und Roland Stigulinszky) ergibt sich ein repräsentatives mentales und kulturgeschichtliches Mosaik jener Epoche in unserem Grenzraum zwischen 1945 und 1955.

Hervé Atamaniuk und Günter Scholdt (Hrsg.)

Von Bitche nach Thionville

Lothringische Mundartdichtung der Gegenwart

Sammlung Bücherturm, Band 14
Festeinband, 299 Seiten, zahlreiche, teils farbige Abb.
ISBN 978-3-86110-593-0   24,– EUR

Die vorliegende Leistungsschau Lothringer Dialektautoren der Gegenwart enthält reizvolle Texte aus der Feder von Marianne Haas-Hekkel, Jean Louis Kieffer, Lucien Schmitthäusler oder Alphonse Walter. Alle haben sich über Jahrzehnte in unserer Großregion einen Namen gemacht und gelten als wortmächtige wie engagierte Repräsentanten Lothringens und des Francique.

Ergänzend wirft das Kapitel „Mundart und Musik" Schlaglichter auf Bands und Interpreten, die sich gleichfalls der Mundart bedienen, wie etwa Schaukelperd, MANNIJO (Jo Nousse), Marcel Adam oder die Zottel Kéniche. Die Anthologie, getragen von MELUSINE und Gau un Griis, erweist sich als klassisches Editionsprojekt im Dreiländereck.

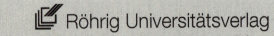

Röhrig Universitätsverlag

Postfach 1806 · D-66368 St. Ingbert · www.roehrig-verlag.de

Lothar Quinkenstein

ERINNERUNG AN KLARA BLUM

Essays und Kritiken aus der Mitte Europas

2015. Festeinband, 310 Seiten
ISBN: 978-3-86110-587-9   22,80 EUR

Lothar Quinkenstein begibt sich mit diesen Essays auf eine faszinierende Spurensuche. Ebenso einfühlsam wie präzise beschreibt er den Weg aus dem »tiefen Westen« Europas in seine Mitte. Dort heißen die Zentren nicht Hamburg oder München, sondern Prag, Lemberg oder Czernowitz, und es erklingen die Stimmen so einzigartiger Autorinnen und Autoren wie Jiři Mordechai Langer, Bruno Schulz, Jerzy Ficowski, Klara Blum und Debora Vogel. In der Überblendung von Lektüre, Reflexion und persönlicher Erfahrung entsteht eine Landkarte, die die fatalen Folgen einer allzu lange asymmetrisch geprägten Wahrnehmung kenntlich werden lässt. »Erinnerung an Klara Blum« ist eine Fundgrube des unterschlagenen Gedächtnisses – ein Buch, das getragen wird von dem Gedanken, dass das Unwiederbringliche in den Momenten, da wir davon lesen, etwas weniger verloren ist.

Lothar Quinkenstein, geb. 1967 in Bayreuth, aufgewachsen im Saarland, Studium der Germanistik und Ethnologie in Freiburg im Breisgau. Lebte 1994-2011 in Polen. 1998 Promotion, seit 1999 tätig an der Adam-Mickiewicz-Universität in Poznań. Unterrichtet seit 2012 Interkulturelle Germanistik in Frankfurt/Oder bzw. Słubice. Veröffentlichungen in deutscher und polnischer Sprache: Lyrik, Prosa, Essay, Kritik. Übersetzer aus dem Polnischen. Stipendiat der Villa Decius (Krakau), des Künstlerhauses Schloss Wiepersdorf sowie der Denkmalschmiede Höfgen.

Röhrig Universitätsverlag

Postfach 1806 · D-66368 St. Ingbert · www.roehrig-verlag.de